リベラリズムの系譜学

法の支配と民主主義は「自由」に何をもたらすか

中村隆文

みすず書房

目次

凡例

一、外国人名については、原則として姓をカタカナで記した。
一、参考・引用文献は巻末に一括して掲載した。
一、本文中の引用文献については、原則として、著者名［刊行年］で表記した（例：Sandel［1998］）。ただし、重要な古典のほか、文脈に応じてタイトルをそのまま表記したものもある（例：『政治的リベラリズム』）。
一、引用箇所については下記のとおりである。
・「／」は原書引用頁、および、その邦訳書の引用頁である（「／」がない場合は、原著もしくは邦訳書のいずれか一方からの引用である。詳しくは巻末の参考文献を参照）。
・引用箇所については、「.」が付いている場合には、原著の部・章・節などの区分を意味する（例：『リヴァイアサン』1.14.1）。それ以外は参考・引用文献の頁数を示している。
一、引用文中の［　］は、前後の文脈との関連上、筆者が補足したものである。

まえがき

「自由」とはわれわれの社会において常に関心事である。もし、やりたくもない仕事に就かされてそれで一生を終えるとすればそれは奴隷人生のようなものである。また、やりたい仕事についてどんなに働いて稼いでも、それで自分の欲しいものを買えないほどに税金を搾り取られるのであれば、そんな社会を飛び出したくなるか、あるいは社会を変革したくもなる。身体・労働・財産に関する権利といったものが認められるからこそ、それに基づいた自由な就職や退職、恋愛や結婚（離婚）など人生の選択肢が広がる。それに、人は自分自身の自由意志を価値あるものと信じており、その生をできるだけ自分の意志のもとで生きたいと望んでいる。こうした望みのもと、われわれ人間は、自身の人生の可能性を追求したり、幸福を実現するための運動を、個人レベルだけでなく社会レベルでも長年にわたり続けてきた。人類の歴史は自由を求める歴史といってもよい。

自由を重視する立場は通常「自由主義 liberalism」（以下「リベラリズム」）と呼ばれるものであるが、概してリベラリズムとは、「社会において保障されるところの個人の自由をできるかぎり最大化しようとする立場」といえる。ただし、リベラリズムにおいて自由が保障されるということは、自然そのままに、なんの足枷もなく好きなことを各自がしている、という自然状態を意味するものではない。それは、自然状態とは異なる意味で「自由に自己決定をする」という社会状態を意味するものであり、だからこそ、政治に参加したり、公平に裁かれたり弁護人を立てたり、といった社会制度のもとある程度の正当と認められるような――権限・権利が保障されることをリベラリズムは求めるのである。つまり、ある社会において有意義な形で個人を自由たらしめるためにはそれに適した社会システムが必要といえる。そして、それは「民主主義」という駆動系システムと、「法の支配」という制御系システム、それら二つのバランスのとれた両立にこそあるのではないのか、というスタンスこそが本書の議論の出発点であり、そして示されるべきゴールということになる。

本書ではこの二本の柱に焦点をあてつつ、それらに沿って派生・変容してきたリベラリズムの流れを思想史的に辿ってゆく。それら両者はどちらも欠かせないものであると同時に、どちらかが支配的になりすぎてはならず、絶妙なバランスがとれていなければ、おそらくリベラリズムは成り立たないであろう。たとえば、法の支配が一方的なまでに強すぎてしまうと、それは自由な個々人に対する抑圧的な支配となり、その状況で生きている人たちの意向（民意）を無視した教条主義として、民主主義を通じて社会を変えてより幸福になろうとする個々人の自由意志や価値観を拒絶することにもなるだろう。たとえ「既定路線的な法の支配のもとでこそ個人の自由は守られているんだ！」と法曹が強弁しても、市民一般の民意というものを排除している以上それはリベラリズムの形骸化であり、自由が不活性のまま人々が抑圧された状態である。しかし、だからといって法の支配をどうでもいいものとしてしまうほどに市民的意思決定が強くなりすぎると、多数派の民意やそれを受けた政治権力が特定の個人や集団の自由な活動を抑圧しようとするとき、それを制御・制止することができなくなるだろう。これは、制御系を失ったシステム同然であり、そこでは反リベラリズムがはびこるリスクも高まる（多数者の専制や、市民に全権限を委任された一党独裁制、全体主義などがまさにそれである）。自由の尊重をその核に組み込むところの法の支配あってこそ、公民的な自由を前提とした民主主義そのものが自壊せずにすむのであって、この意味で「リベラリズム」とは、民主主義という駆動系、そして法の支配という制御系、これら二本柱の絶妙なバランスのもとに成り立っているように思われる。もっとも、それら二本柱はそれぞれが完全に独立的で無関係というわけではない。たとえば、ある観点からみてコードとしての法が理に適っていないと判断される場合、なんらかの形で再入力したりすることで——たとえば、民意に後押しされた新たな制定法や憲法改正、あるいは、そうした新たな政治的意思決定に法的お墨つきを与えるような司法裁量権などによって——それを適正なものへと書き換える余地が残されていなければならない。[1]

こうした点を踏まえ、本書では法哲学と政治哲学の両方にコミットする形で「自由」というものの系譜を辿ってゆく。系譜を辿る以上、それぞれの時代の諸思想・諸言説を時代ごとに分析する作業に努めるつもりであるが、概略的にいえば、前半のロックの社会契約論までは「法の支配」に主に焦点を当てつつ、それ以降は、具体的な社会改革を推奨するための議会制度や権力分立論、公共的議論といった政治思想に焦点をあてている（ときに、それをサポートするための熟議民主主義やアーキテクチャなどにも言及する）。

前もっていっておくと、「リベラリズム」とはそのわかりやすそうな響きとは裏腹に、捉えがたい概念であり、それはさまざまな意味をもつ。これは「自由」という意味の捉えがたさにその理由がある。

1　この点については本書の最後のほうで、不合理なわれわれ人間の社会における「合理的な法の支配」として論じている。

まず、「自由」とは、①自分で何かを決めることができる「自己決定権」の保障、②何を選び何を選ばないかという「十分な選択肢」の存在、そして、③なんらかの選択を自己決定する際に自分以外のものにコントロールされているわけではないという「自律」、これら三つの統合的形態といえるが、しかし、最初から最後までこのような形態が十全に保障された人生など存在しない。人間の能力は有限であり、さらには生まれ落ちた環境や教育などの影響下にある以上、②の「十分な選択肢」や③「自律」はある程度制限されている。もちろん、だからこそ個々人が集まることでその不都合を乗り越え自由を拡張するための社会が形成されているわけだが、政治や法や各種マナーのもとで社会生活を営む以上、何をするか自分一人で決めることができる①の「自己決定権」についても、ある事柄については自然状態以上に制限されることとすらある（気にくわない他者に対して侮蔑を自由に示すことができないなど）。それに、そのメリットゆえに多少の社会的制約を甘受しているような自己決定権があったとしても、そのような自己決定がマスコミや知識人、政治家などによって誘導される形のものであれば、それはいつのまにか③の「自律」が奪われているのかもしれない（これについては第4章のリバタリアン・パターナリズムの箇所で述べる）。人は自由を求めるが、完全に自由になることはできず、だからこそ、「何の自由を求めているのか？」という問いと向き合い、本当に必要な自由を自覚したうえで目指すべきである。この点でいえば、リベラリズムとは単なる政治的ポリシーであるだけでなく、その中核には、必要な自由とはどんなものであり、それは何をもって実現できるか、を模索するような哲学的スタンスを含むものなのである。

さて、そのようなリベラリズムにおける自由のカタログをざっと眺めるだけでも、「身体の自由」「労働（経済活動）の自由」「居住の自由」「財産使用の自由」「思想の自由」「表現の自由」「政治参加の自由」などが並んでおり、どのリベラリズムがどの自由をどの程度重視しているのかについては論者や文脈によって異なりを見せる。たとえば、（ⅰ）「個人に対する政治権力の不干渉」や「他者に危害を加えないかぎり、その個人の選択に対し干渉・否定しない寛容さ」を強調するような（個人主義的な）**古典的リベラリズム**[2]、あるいはそれが基礎づけ主義的形態をとった**権利基底的リベラリズム**[3]、（ⅱ）消極的な個人主義・自由放任主義ではなく、社会的公正に基づく自由や幸福の実現のためある程度の政治権力の介入――財の再分配や社会資本の共有など――を肯定的にとらえる**社会的リベラリズム**[4]（social liberalism）、（ⅲ）多元的価値のもとで生きる個々人の自由意志を所与として、共生のための政治的合意を目指そうとする**政治的リベラリズム**[5]（political liberalism）、（ⅳ）経済活動の自由と市場原理に基づき、市場に対する政府の介入を最低限にすべきという**経済的リベラリズム**[6]など、枚挙に暇がない。そして、上記のそれぞれのリベラリズムのなかでも、さらに論者の間で差異や対立がある。

2　古典的リベラリズムの代表者として当然ロックが挙げられるが、しかし、その理論的先駆者としての自然権論者としてのホッブズを位置づけたり、あるいはヴォルテール、J・S・ミルなどをその系譜上に付け加えることもできるかもしれない。

3　権利基底的リベラリズムとしては、本書後半で登場するノージックやロスバードのリバタリアニズム、文脈によっては（たとえば、司法における権利テーゼなどを考慮すれば）ドゥオーキンの立場もここに分類できる。なお、リベラリズム（リバタリアニズム）はその出発点もしくは終着点において「自律した個人」を尊重・想定するものであり、その意味ではカント的な自律的人格（と実践理性）との共通点はみいだせるものの、カントの自律的人格概念は、定言命法的な義務を認知するような理性的存在者にのみその自律的自由を認めるような、いわば「義務論 deontology」の延長線上にあるリベラリズム的概念であるため（しかも、他者や自分が権利を有しているかどうかとは独立的にそれが論じられているため）、それが政治哲学・法哲学における権利基底的リベラリズムと同一視できるかどうかは、そもそものカント哲学とは別の論点が必要となるように思われる。

このように、リベラリズムにもいろいろな種類があって、リベラリズムを定義するのは正直なところ難しい。しかし、「とにかく自由が大事だって言うのであれば、それは全部リベラリズムといえるんだ！」という論調では、それぞれのリベラリズムの長所・短所、メリット・デメリットがわかりにくいし、そのわかりにくさのまま、あるイシューに関してリベラリズム同士が対立したとき、「おまえのなんかリベラリズムとは呼べない」と言い争ったり、「そもそもロックが提唱したものこそがリベラリズムなんだ！」といった教条主義や原理主義の対立にもなりかねない。あるイシューの問題構造をきちんと整理して把握し、その構造においてどんな自由が問題となっているかを精査・分析してみてはじめて、そこで問題となる自由とそれを守ろうとするリベラリズムに関する有意義な議論が可能となるだろう。

本書の流れにそって社会思想史を振り返ればわかるように、既存の社会システムおよび人々の意識の変化に応じ、リベラリズムそのものも発展してきている。法的に保護された個々人による自由な発想が政治的主張となってそれが政治システムに入力され、それが多くの人々の意識に影響を与え、新たな正義概念を醸成し、それがさらに政治や司法に影響を与える形で社会システムが変化し、そこからまた新しい発想のもと……というような相互作用の繰り返しがそこにはある。その結果としての「法の支配」と「民主主義」のこれら二本の柱を今後いかなる形で補修・強化してゆくかによって、われわれの「自由」の在り方も変わってくるであろうし、それは社会で生きていくうえで避けがたい仕事でもある（政治家にまかせるにせよ、自分たちで取り組むにせよ）。「自由」の種は、二千年ちょっとの間に芽吹き、花を咲かせ、その果実を享受し、ときに品種改良しながらわれわれ人類はここまでやってきたわけである。ただし、もしかするとわれわれは、種を再度土壌に戻したり、あるいはさらに改良することで「自由」を後世に託しつづけるか、あるいは、果実を味わい尽くしてしまったうえでその種を大地に戻すことなく、ここ二千年あまりのプロジェクトに終止符を打つか、の分岐点に立っているのかもしれない。リベラリズムにおいては自由を拒絶する自由すらも認められるべきか、あるいはそんな矛盾した不合理な自由は拒否されるべきか、という問いは非常に難問ではあるが、知の探究としての哲学（法哲学および政治哲学）をする以上、「自由を拒絶した先に何があるのか？」と真剣に考え、その選択可能性を考慮すること自体も決して無意味とはいえないように思われる。とはいえ、まずは、議論の背景ともいえる自由の実現の歴史を辿っていくことにしよう。哲学的営みを行うにあたっては、自分で考えることはもちろん大事なことではあるが、しかし「使えるもの」は使ったほうがよいわけで、これまでの「自由」の収穫作業・改良作業のプロセスを学ぶことで、ここからどこへ進むべきかの指針が見えてくるかもしれない。そうした点では、リベラリズムの系譜を振り返るということにはそれなりの意義があるし、本書がその一助となれば幸いである。

4 「社会的 social」とはわかるようでわかりにくい形容詞であるが、ここでは、「社会」を「法と統治のシステムと呼べるもののなかで人々がそれに従いつつ生活している共同体」として捉えたうえで、「自由の概念や意味とは、社会と無関係な形で個人そのものに還元主義的に基礎づけられるものだけでなく、社会構成的な形で有意味となるものも含まれており、ゆえに社会的観点からある個人（集団）の在り方が不自由であるならば、社会制度の改良をもってその個人（集団）の自由を回復することには意味があるし、それができる場合にはそうすべきである」といったスタンスをここでは意味している。ルソーの社会契約論、ヘーゲルの法思想やマルクス主義、センのケイパビリティアプローチ、ドゥオーキンの平等主義的リベラリズムなど、さまざまな社会思想がここには含まれるが、格差原理に関していえばロールズの正義論もここに分類されるものである。失業や労働環境、機会の平等などの問題に取り組む点では、穏健な社会改良主義としての「社会民主主義 social democracy」の立場に近いものといえる。

5　狭義では後期ロールズ、およびそれに賛同的な立場とされる。広義では、特定のマジョリティが支配的な政治集団や体制、あるいは文化的差異や個々のアイデンティティに無頓着な一元的な社会政策のもとで個々人が信じる生き方やよりよい自己実現が妨げられることへ警鐘を鳴らし、それを改善しようとする立場といえよう。マイノリティの感情面にも配慮すべきとするヌスバウムのリベラリズム、あるいは、強制されることなく、個々人がそれぞれの善の構想のもとで自己実現を行うことを推奨するラズの卓越主義的リベラリズムなどもここに含まれる。また、個の尊重をベースとした多元主義的自由主義の祖としてのバーリンも――その元型として――ここに分類してもよいかもしれない。ただし、バーリンの場合、政治的リベラリズムの構築以前に、消極的自由の保障を根源的なものとして強調している点では、（i）に分類することもできる（ここには、「政治社会」における価値多元主義と消極的自由の両立に関する後述のジレンマも関わっているように思われる）。

6　ここでは古典的なアダム・スミスのような自由市場主義だけでなく、フリードマンやハイエクに代表されるような、ケインズ主義に対するアンチテーゼとしてのネオ・リベラリズムなども含むものを考えるが、総じて、政府が統制の意図をもって市場に介入することに消極的・否定的な立場である。

リベラリズムの系譜学

第1章　法の支配

第1節　「法の支配」の必要性

アリストテレスの政治分析

まず、基本的なことを最初に確認しておくのがよいだろう。「法の支配」[7]「民主主義」といえば、それらが大事なものであるというのは多くの人が認識しているのであろうが、なぜそれらは大事なのだろうか。そもそもそれらはなんなのだろうか？

両者の歴史は古く、それは紀元前にさかのぼることができる。民主主義といえば古代ギリシア、とりわけアテナイといったポリス政治を思い浮かべる人もいるだろう。「民主主義 democracy」[8]とは自分たちで自分たちの社会を決定するという人民主権を軸とした「その共同体を構成するところの〈人民〉による政治」を提唱する立場であり、いわば自律決定型共同体が採用する平等な市民による公平的自治システムである。それは、人民を超越した「神」やその代行者、あるいは「王」といった特権階級——つ

表１　アリストテレスによる政治体制の分類（『政治学』第３巻第７章をまとめたもの）

	一人の主権者	少数の主権者	多数の主権者
公共的政治体制	王制	貴族制	国制（ポリティア）
逸脱的政治体制	僭主制	寡頭制	民主制（デモクラティア）

まり共同体を支配する「特定の誰か」——が勝手に決定するような専制システムではなく、「われわれ＝人民」のそれぞれの自由意志と自律的判断を推奨するような制度ともいえる。ただし、それは社会的なシステムであって、個人的自由を優先的に保障するようなシステムとは限らない。もちろん、「誰に投票するか」とか、「自分で立候補をする・しない」といった政治的権限（いわゆる公民的自由）を認めてこその民主主義なので、それはある程度のリベラリズムを前提としたものであることには違いない。ただし、各自が自分たちで自分たちの社会のあり方を決めた結果、誰か特定の個人もしくは集団の自由を制約することもありえるのだ（アテナイの民主主義のもと、自由に振る舞いすぎたソクラテスが非難され、結局死刑になってしまったように）。こうした社会システムとしての民主主義では、その人民主権がポピュリズム[9]（大衆主義）を産み出し、本来保護されるべき個人の自由——思想だけでなく身体の自由なども——を否定したり[10]、あるいは、民意を歪め、望ましくない政策を大義名分のもとで行うような「正しくない統治」となりかねない。

アリストテレス（BC384-322）はその著書『政治学』において、政治システムそれ自体は、独裁制であろうが民主制（人民主権の民主主義）であろうが、それぞれ長所と短所があり、いつだって正しくないものとなりうる、と主張した。その主張内容は表1のように分類できる。

人民主権のもと、それがうまくいけば理想的な「国制（ポリティア）」となるが、うまくいかなければ正当性から逸脱した形態の「民主制（デモクラティア）」となってしまう。アリストテレスにいわせると、国制とは徳と教養を備えた市民が政治的権力をもつ公職の大部分を占めるものであるのに対し、それがうまくゆかなくなった民主制では、貧困で無教養な多数の市民が自分たちの利益を確保するために政治的権力をもった公職を占めようとするものである（『政治学』第3巻第9―11章）。これはルソー（1712-1778）がいうところの一般意志が欠落した状態であり、個々の利害関心（特殊意志）が渦巻きながら政治的決定がそこで行われるような社会的意志（全体意志）の状態である（ルソーの政治理論については後述する）。このように、人民主権そのものは常にうまくゆくとは限らない。

もっとも、人民主権それ自体はアリストテレスも好意的に捉えており、『政治学』第3巻第11章には、「少数者よりも多数者のほうが間違えにくい」として、集合知のようなメリットにも言及している。ただし、多数派の「群衆」としての流されやすく熱狂しやすい性質を忘れることなく、一応の留保つきで

7　一般的に、「法治主義」とは、立法的権威のもと定められた実定法に則って国家は運営・統治されるべきという考え方であるのに対し、「法の支配」とは、実定法やそれが許容するやり方に沿った運営を行う政治権力・公権力であっても、それが法の理念のもと正当化できるか否かという点で制約を受けるべき、というものである。日本では、ドイツの立憲君主体制をロールモデルとするにあたって前者の特色をもつ「法治国家 Rechtsstaat」のシステムが導入され、一定の形式的・体系的な法システムに従うところの政治社会のあり方を「法治主義」と呼ぶようになった。しかし、英米法に特徴的な「先例拘束」「法の適正手続き」などの司法的制約、および、既存の政治権力の逸脱的振る舞いを制約するような憲法的理念を採用するのであれば、法治主義を採用している国家であっても「法の支配」のもとでそのシステムの変更を迫られるケースは当然ありえる（ただしその要求は、既存の法システムのもとで言語化・正当化され、適正な手続きを経たうえで実行される必要があるが）。時々「法治主義は大陸法的であり、他方、法の支配は英米法的である」と説明されるのは法思想史上の歴史的・地政学的特徴も関わっているのだが、法の支配はイギリス以外のヨーロッパ大陸でもみることができるし、法治主義もまた立憲君主制であるイギリスにおいてみいだすことはもちろん可能である。

8　語源はギリシア語で「人民」を意味する“demos”と、「権力」を意味する“kratos”とが組み合わさったもの。

認めているところはいかにもアリストテレスらしい。そこでよき民主主義（アリストテレスがいうところの国制）が成立する条件として、政治的実権を握る公権力が「法の支配」に服していなければならないことをアリストテレスは示唆する。

> しかし、この［互いに等しい者同士の社会において不平等な配分を受けたりせず、互いに等しく公職に就くことで、公平な形で支配し、そして支配されることが自然に適っているという］ことは、すでに法の領域に属する。なぜなら組織は法が律するものだからである。したがって［この議論によれば］法の支配がどんな一人の市民よりのぞましいことになる。そしておなじ理屈によって、たとえいくにんかの人が支配するのが［一人が支配するより］よいとしても、彼らは「法の守護者」「法に仕える者」として任命されるべきである。（『政治学』1287a）

こうしたアリストテレスの議論は、人による支配ではなく法による支配を提唱していたといえる。[11] 能力が有限であり、感情的で、しかも大部分において利己的な人々による支配では間違いも起こるゆえに、公職のあり方、そして公務の仕方というものはそれとは独立した「正しき法」によって定められる必要がある。このことは、アリストテレスが「法は欲求を欠く知性である」（『政治学』1287a）と言っていることからも明らかであるのだが、こうしたスタンスには、「正しき法というものは、人間特有の情念が捨象された、理性的なもの」というプラトン以降の合理主義的な法の精神をみることができる。それは、理性の法としての自然法思想のルーツといえるものであり、民主主義をコントロールするための「法」の理念がそこにある。実際、アリストテレスは、逸脱した政治制度が定めた法（実定法）であれば、それに市民が従うべき理由はないと明言している（『政治学』1282b）。これは、ある統治機構のもと手続き上合法的に制定された法そのものの正当性をも問いうるような（法治主義と別概念としての）法の支配の考え方と合致する。[12]

こうした主張には、ソクラテスからプラトン、そしてアリストテレスにいたるまでの政治的変遷もその背景にあったことだろう。民主主義的決定がすべてを決めるような「多人数による人の支配」では、大衆による恣意的で感情的なその都度ごとの判断によって大局を見失ってしまい、失敗してしまうこと

9　語源はラテン語の「民衆 populus」といわれる。グラックスやカエサル、アウグストゥスなどが元老院を軽視し、民衆に直接呼びかけて人気をとろうとしたことに由来するとされている。当時は、大衆に娯楽や利益を提供する代わりに自身への支持を呼びかけたりするなどの政治活動も盛んであった。現代の政治思想において用いられる「ポピュリズム」という語には、単に民衆に楽しみや利益を保障する形で人気を取る手法というだけでなく、単純明快なスローガンで惹きつけたり、荒唐無稽な希望的観測を信じ込ませるなどの手法も含め、扇動的手法によって大衆から支持を得たり、そうした支持のもとで政治が執られるような意味も含まれている。

10　当時のギリシアの諸国家では奴隷は一般的であったし、異民族に対してはとりわけそうした扱いを行っていた。もっとも、アテナイなどはわりと緩いものであり、奴隷が家庭教師を務めたり、のちに市民権を与えられるようなケースもあったが（たとえばテミストクレスのもとでその息子たちの教育係を務めたシキンノスなど）、スパルタの「ヘイロタイ」と呼ばれる奴隷身分の人たちは不自由な身分の労働者（あるいは戦時中に徴兵される軽装兵要員）として抑圧されており、恣意的に生命を奪われることもあった。

11　とはいえ、アリストテレスもまた当時のギリシア人の例にもれず、奴隷制度を容認していたわけではあるが。

12　ただし、アリストテレスがいうところのものが「法治主義」を指すか、「法の支配」を指すか（あるいはその両方であるか）については議論の余地があるだろう。そもそも現代的な問題意識を――とりわけ、あらゆる政治権力を時間超越的に拘束するような実在論的な「法の支配」という理念を――われわれとは異なる時代のアリストテレスの意図に対し読み込みすぎることには慎重であるべきだろう。

もある。実際、古代ギリシアでも、政治家同士で足の引っ張り合いをしながら才能ある者・功績ある者を追放・処刑したりした結果、ポリス全体が没落してしまったこともあった。「法」が整備されているようにみえるとしても、「法の支配」が確立しないままの民主主義であっては、結局のところ、各個人の政治的自由は法的に保障されないままであるし、そこで効力をふるう法は、結局のところ「人の支配」の産物でしかないだろう。こうした背景のもと、「知慮」「知恵」に適う形で「法」を尊重しようとするアリストテレスの主張は、理性的な法をもって民主主義をコントロールしようとする点で大きな意義をもつものである。さらにアリストテレスは、「慣習的な法のほうが誤りが少ない」とも主張しており（『政治学』1287b）、ここにおいてすでに後世のコモン・ロー的な自然法思想の萌芽もいくぶんかみてとれる。

「法の支配」のもとでの市民社会の形成

リベラリズムとしての「法の支配」を理解するためには、法の特徴としての「一般性」「公平性」「明示性」「安定性」「無矛盾性」などの法内在的な規範的性質[13]、さらにはそこで暮らす人民がそれを法として認め、それに従うところの――手続きの正当性やルール、安全や自由などの最低限「当たり前」と信じられているような公益性（効用）、さらには命令や強制など――社会事実的性質[14]について押さえておく必要があるだろう。というのも、歪みやすい民主主義を一定の枠内でコントロールしつつ、そこでの人々の「自由」が保障されるようにするその機能は、そもそも「法」の性質あってのものだからである。

たとえば、紀元前七世紀ころにアテナイではじめて憲法を制定したドラコンのそのやり方は、単なる恣意的な政策以上の意義があった。当時の法というのは特権階級的な貴族のみが独占的に利用するような不文法的なものであり、そこでは市民間の不平等があったがゆえに、アテナイ市民にわかるよう制定法を文字として刻んだのであるが、これは単なる法制定以上に、「法の支配」を導入した偉業ともいえるものである。ローマでいえば、紀元前四五〇年に制定された十二表法は、法知識を独占していたパトリキ（貴族）に対し、不満をもっていたプレブス（平民）との対立と妥協のもとでつくられたが、それは、それまでの慣習を誰の目にも見えるようにすることで――とはいえ、やはり識字能力をもつものにかぎられるのだが――法のもとでの市民間の平等性を実現するものであった。こうした法のもとでの平等は、それぞれの市民の自由を保障することにも繋がる。なぜなら、こうした法整備によって、思いもよらず、あるいは、恣意的に有罪となってしまい身柄を拘束される（つまり自由を奪われる）ケースは減少するからである。[15] こうした法の公平性と明示性は、現在では**罪刑法定主義**という形で、恣意的な有罪判決を市民がうけることのないような法の支配の一条件として広く知られるようになっている。[16]

こうした「法の支配」は、なにも多数者の意見に支えられた民主主義的な立法や、それを実行する行政を制約するだけでなく、司法権力の濫用を抑制するものでもある。なぜなら、司法に関わる裁判官が

13　フラーは「一般性（場当たり的でないこと）」「公布性」「将来効（かつ不遡及）」「明瞭性」「無矛盾性」「遵守可能性」「恒常性（安定性）」「公権力合致性」の八原理を法の根本的要請としてそれを満たす「法」を自然法論的に肯定している（ただし、それは伝統的な実在論的な自然法論とは一線を画す形で、法内在的道徳が課す手続き的要請とみなしている（Fuller [1964] 33-38, especially, at.38)）。

14　これはベンサム、オースティン、ハートなどの法実証主義的考え方と関連する。

15　とはいえ、十二表法はなにも刑法的なものではなく、民法的なものや、法の適正手続きに関するものなども含まれる。

16　罪刑法定主義については、イタリアのベッカリーア、ドイツのフォイエルバッハが有名である。

そのときどきの判断で「この人は有罪」とみなすならば、それは裁判官を特権階級とするような「人の支配」に他ならないからである。だからこそ、司法もまた「法の支配」に服していることが、それぞれの市民が安心し、社会制度を信頼して暮らしゆくために必須なのであるが、罪刑法定主義だけではこれを十分に満たすことはできない。なぜなら、罪刑法定主義によってどんな行いが罪となり処罰の対象となるかが事前に定まっていたとしても、実際、膨大な法を細かい部分までチェックして暗記できるのは法曹や士業に従事する人々以外にはそうはいないだろうし、しかも、ある特定の目的をもって制定された法であっても、想定外のことが起きたり、微妙なケースでトラブルとなる可能性は常にある。[17] そんなときにも、「市民として法のもとで法によって適正に裁かれる」ということが保障されていなければならない。

それを可能とするのが、**法の適正手続**（due process of law）と**先例拘束性**（stare decisis）である。前者は、人がもし罪に問われ罰を受けるかもしれない場合には、法的社会で暮らす人々が法によって守られるべき市民として取り扱われることを示すような適正な手続き（訴状の送達などの「告知と聴聞」、弁護士を呼んだり依頼したり、自分の意見を述べるなどの「弁護の機会」といったもの）が等しく保障されなければならない、というものである。これは、一方的な身体拘束や財産没収を禁じ、適正な裁判を受ける権利を保障するものである。ただし、そうはいっても形式的な手続きだけでは実質的に恣意的に裁かれてしまうこともあるわけで、だからこそ後者が重要な要素となってくる。

先例拘束性とは「同様の事例は同様に扱うべき」という法のもとでの平等を保障するものであり、これは法のもとで人々が恣意的に取り扱われるリスクを排除し、安定性・論理的一貫性・公平性を備えた法社会を実現しようというものである。大陸法においては基本的には成文法が中心的法源とされているが——とはいえ、慣習の法源的効力を排除するとは限らないのだが——英米法においては裁判所の判断である「判例 precedent」が先例としてそれ以降の法源となり、かつ、司法実務に対する法的拘束力をもつ。[18] もっとも、日本のように大陸法的な司法制度を採用している国であっても最高裁が示した法的判断は事実的な拘束力をもち、下級審においてそれに反するような意見を制約したり、上告（もしくはその棄却）の理由となりうるものであるのだが。[19]

社会そのものは流動的・可変的であるので、時代とともにその在り方が変化する以上、そこでの法もまた変化する。法の変化によって、以前は処罰されなかった行為が今後は処罰されるようになることは十分ありえるわけであるが、それによって「禁止されていなかったときに行った行為が、禁止された後に「罪」として処罰される」となってしまうと、困ったことになる。これまでの政権のあり方を否定するような新政権ができ、そこにおいて新たな法が制定・施行され、旧政権のもとで合法的であった特定

17　既存の法は曖昧で不確定であったり、あるいは、ある事柄についてそもそも適用すべき法律が存在しなかったりなどするので（法の欠缺）、司法はそれらを解決すべく裁量が与えられているわけであるが、その裁量の駆使の仕方についてはさまざまな解釈がある。①法体系を閉ざされたものとみなし、所与の法規範から論理的・整合的に演繹しようとする**概念法学的手法**、②法体系は開かれており、確実な領域はともかく、その周辺には「半影 penumbra」がつきまとっていたりもするし、法の欠缺としてそもそも正解がない場合もあるので、そこでの方針を定めるべく司法が判断を下すべきとする**司法裁量論**、あるいは、③過去・現在・未来との間で整合性が獲れる形で正解を探しあてられるような法（**インテグリティとしての法** law as integrity）のもと、そこでの当事者がそもそももっているはずの当然の権利を指し示す形で保障・保護しようとする原理論法（**正解テーゼ・権利テーゼ**）、などがある。

18　英米法においては、主文の直接の理由となる「判決理由」のうち、判例法としての法的拘束力が認められる核心部分を“ratio decidendi”、そこに含まれない部分を「傍論 obiter dictum」と呼ぶ。

の行為が遡って違法扱いされるようになったとしよう。これは、それまでその行為をしていた人が有罪判決を受けて次々と投獄されかねない事態を意味するが、しかし、それが当たり前のような政治社会であれば、政権が変わるごとに人々の自由が脅かされることになってしまう。ある時点において合法的に活動していたはずの人が事後的に有罪扱いされて自由を奪われてしまうような不安定な社会は、支配権力が定めた人為的ルールによって人々の自由な個人としての権利を奪うような「人の支配」に等しい。この点から、法の支配として**法の不遡及**（事後法の禁止）も保障されていなければならない。これは政治権力、あるいはそれと結託した司法権力による恣意的な有罪認定を防ぐものであり、権力から自由であるような市民の身分保障のためのものといえる。これら諸性質が備わった「法の支配」という理念のもと、各市民が公平かつ適切に取り扱われ、安心と信頼のもと、市民の自由な活動が保障されることになり、それはリベラリズムの基盤となっていることがうかがえる。[20] 注意すべきは、リベラリズムといえども単なる自由放任主義ではなく、個々人が「誰からも支配されない」「他人の顔色も窺うことなく堂々と生きていける」「誰もが誰かの下位に置かれることのない」といった平等的自由あってのものであり、この点で、正義（公平）が前提とされてはじめて自由が意味をもちうることも理解されるべきである。

さらにいえば、「法の支配」そのものがリベラリズムであるわけではない。中世において、「神の法」という法の支配のもとでは、各市民の自由はきつく制限されていたわけで、民主主義だけではリベラリズムが瓦解してしまうのと同様に、法の支配もまた、民意を重視する民主主義ぬきでは一方的な形式主義的支配となってしまい不自由社会に陥ってしまう。社会の成熟につれて土から芽が出て花が咲き実がなるかのように、リベラリズムがそこで芽生えて社会に反映され、個々人の生き方を変化させるには、民主主義の登場（あるいはギリシア・ローマ以来のその再来）を待たねばならなかった。しかし、そのためには、政治権力と市民が互いを信じること、そして市民同士もまた互いを信じるような信頼や寛容さ、およびそれに支えられた譲歩というものを「法の支配」が組み込む必要があったように思われる。そのような成熟へと至る歴史的変遷をここからみてゆこう。

第2節　自然法の歴史

そもそも、「リベラリズム」という理念、もしくはそうした政治的スタンスはどのようにして生まれたのであろうか。初期リベラリズム、いわゆる「古典的リベラリズム」と呼ばれるものは基本的には個人主義的リベラリズムであり、それは近代市民革命期前後に登場したという理解が一般的であろうが、しかしそれは誰かが突然閃いてゼロから作り出した考え方ではない。権利や自由を求めた政治権力との

19　ただし、先例は尊重されるべきものでありながらも、必要に応じては見直されたり、それとは異なる判決が下される可能性もなければならない（そうでなければ、最高裁においてある判断を先に下した裁判官を立法者とするような制度となってしまいかねないので）。すると、先例に拘束されるべきかどうかの判断は、「公平さを保ちつつ、その時代の規範、制度、正義感覚に応じたバランスをとれるかどうか」に依拠する、という言い方もできるだろう（この論点については、Noland［1969］103を参照）。

20　ただし注意すべきは、こうした「法の支配」は公法的なものだけでなく、私法的な性格もそこに含まれるという点である。なぜなら、かつては貴族とそれ以外との間の市民的平等がそれによって保障されることでさまざまな約束事が意味をもっていたこと、さらに、近代においても政治的権力側にいる公人あるいは国家（や自治体）に対し、市民が民事的に損害賠償などの訴えを起こせるからこそ、法のもと、人民間の平等な立場、自由意志と権利の尊重があるともいえるからである。

駆け引きと妥協、宗教的権威だけではもはや収拾困難な社会的混乱に関し、ギリシア、ヘレニズム、ローマ時代から継承されてきた人間理性に望みをかけるような風潮、異なる価値観同士の対立に疲れた人たちが求めた「寛容さ」など、さまざまな社会的問題と向き合う人々の意識変化と相互交流のもとにそれは醸成されてきたように思われる。

その意義を理解する手がかりとして、自然法思想および社会契約論をもってリベラリズムを築き上げてきた近代イギリス思想に焦点をあててゆきたいが、その前にまずイギリス独自の政治史に言及してゆきたい。結論を先取りするならば、イギリスの歴史において登場した個人主義的リベラリズムとは、自然法としてのコモン・ローの歴史的積み重ねのなか、政治権力が人民との間の（明示的であれ暗示的であれ）約束事を守るよう要請するような「法の支配」のなかで生じたものであり、ここに法の支配と、自由人の自由意志（に基づく同意）に支えられた民主主義、これら二本の柱に支えられた「近代社会」の出発点が垣間見えるだろう。

自然法思想

ただし、イギリス的な法の支配からリベラリズムを抽出・分析するにしても、その前に「自然法natural law」についていくつか言及しておくべき点がある。まず、①自然法思想そのものは、イギリス的な法思想に限定されるものではないということ、そして、②自然法のもとでの法の支配は、当初は政治権力を抑制するための憲法的なものというよりは、むしろ、自由な個々人同士が理に適った形で互いの利益を実現するような民法的・商法的なものに由来している、という点である。

自然法の考え方はヘレニズム思想（とりわけストア派）においてすでに見受けられるが、そうした理性主義的な普遍主義は、領土拡張をしていたローマ帝国においても次第に採用され普及してゆく。キケロがいうには、理性を共有する人々は、天の秩序、神聖な意志、強大な神に服従するものであり、この宇宙を、神々と人間とが共有する一つの国家とみなしている(『法律について』I.vii.23)。「自然によって理性を与えられている者には、正しい理性も与えられているのであり、したがって、命令と禁止における正しい理性である法律も与えられている。[…]したがって、法はすべての人間に与えられていることになる」(『法律について』I.xii.33)と記しているように、自然的理性によって保障されるところの法は、あらゆる場所・あらゆる時代でも通用するような正義を示す普遍的法として考えられていた。[21] 当初、ローマにはローマ市民を対象とした市民法(*ius civile*)が存在していたが、外国人との接触は増え、支配地域の他民族を包摂してゆくなかでそれだけではうまく機能できなくなり、諸国民に共通する法体系としての「万民法 *ius gentium*」がつくりだされる。これはローマ特有の伝統的な法慣習でなく、広く人々が共有する自然的理性に由来するとされるものである。[22] 人々の商取引や日常でのいろんなトラブル解決を可能とするそうした万民法は、個別的習慣にとらわれることなく公平に正義の観点から解決するとい

21 ただし、キケロにおいては、「書かれた法」としての制定法と、それを超越しつつその正当性を保障するような実在論的な自然法とを明確に区別していたというわけではなく、理性によって書かれた制定法は諸国民のすべてに対し永久的に効力をもつものとして描かれている節もある(『法律について』「訳者解説」331-332)。

22 実際、契約を行えるのは自由意志をもった自由人であり、万民法とはそうした自由人同士の(それがローマ市民でなくとも擬制的にローマ市民とみなすような)契約が不正なく行われるためのものであった。こうした「法」の動きに関し、それがストア派的な理性主義に基づく形で意図的になされたというよりは、ローマの法体系の特徴ともいえる解釈的技法を駆使した法的実践のもと、社会的な形でかつてのギリシア的な理性に基づく営みが具現化されていった、と解釈することもできる(この点については千葉[2007]59-60を参照)。

う点で自然的理性を反映するものとみなされ、次第に現実の政治社会や時代を超越するような自然法思想へと変化してゆく。[23] そこには、「自由人」[24]「理性」「契約」「正義」といったものが「法」として包摂されてゆくプロセスがあった（もっとも、そのプロセスの背後には、法学者たちが生み出した解釈や著作を次々と組み込むような技術的体系の拡充もあったのであるが）[25]。

その後、キリスト教が国教化されると、西洋社会における普遍的な法は「神の法」（永久法：*lex aeterna*）を指すようになった。『神の国』の著者アウグスティヌスなどはその下位に「自然法 *lex naturalis*」、そのさらに下位に「人定法」（人間の法：*lex humana*）と置いている。こうした分類は、キケロが「神々と人間とが共に暮らす宇宙」というギリシア・ローマ的世界観を採用していたのに対し、アウグスティヌスは「人間は現世の地上で、神々はそれを超越した天上の世界で」というようなキリスト教的世界観を採用していたことに起因する。実際、人定法は有限存在者である人間がつくった時間的な法律（*lex temporalis*）であり、時間超越的で普遍的な理性的正しさをそなえた神の法と異なる類のものとみなされていた。とはいえ、完璧な理性ではないにしても、その一部を有する（神の被造物であり自然の一部である）人間の理性によって、神の法の一部である自然法としてそれは理解可能なものとされている。ゆえに、制定された人定法の正当性を検証する際、自然法に沿ったものであればそれは必然的に神の法にも沿ったものということになる。

中世キリスト教社会においては——少なくともルネッサンスまでは——人間理性よりも神への信仰のほうがより重視され、そこでの自然法による法の支配はなかなかリベラリズムと結びつくことはなかった。もちろん、神の法の代理執行者たる教会によって定められたカノン法（Canon Law）と世俗的な政治社会の法とは別物であり、自然法は特定の教会組織や教区を超えたものとして全市民が従うべき規範を示すものなのであるが、カトリック教徒が多数を占めた中世の西欧諸国で暮らす個々人にとって、カノン法の実質的影響力はやはり大きいものであった[26]。それに、教会権力と政治権力とは時に対立することはあったが、後者は前者からその統治の正当性を公に認められるというメリットを享受し、前者は後者からの寄進や権勢維持の手助けをしてもらうなど、両者は互いに持ちつ持たれつの関係でもあった。ゆえに、教会関係者に対して政治的権力はある程度抑制的に振る舞うしかなかったが、主要な教会に睨ま

23 『ガーイウス 法学提要』では、すべての民族がもちいるところの万民法は、「自然の理がすべての人々の間に定める法」、すなわち自然法と同一視されている。そしてそうした自然法＝万民法は、特定の時代の地域・国民に対し適用される市民法と明らかに区別されている（『法学提要』1.1）。ただし、自然法上は本来認められない奴隷制などが、あらゆる民族に共通して適用されるところの万民法で容認されていたりするなど、両者が完全に一致していない点が存在するのも事実である。

24 なお、自由人といっても、「生来自由人 ingenui」、奴隷から解放された「被解放自由人 liberti」、帝国領域内の非ローマ人である「外国人 peregrini」というふうにいろいろある。自身の土地を所有している生来自由人（その多くはローマ市民）はともかく、自身の土地をもたず土地所有者のもとで働きながら賃金などをもらう土地賃借人や農業労働者、日雇い労働者たちは社会的には劣ったものとみなされていたが、彼らもまた合意契約（pactum）を結びうる主体であることを踏まえれば、奴隷というよりは自由人の扱いであった（ローマ時代の農民のこうした状況については、長谷川［2001］第I部を参照）。

25 それら煩雑なものをビザンティン皇帝ユスティニアヌス一世がとりまとめて整理したものがローマ法大全のうちの「学説彙纂 Digesta」である。なお後のドイツのパンデクテン法学はこれを重視しており、そのことは一九〇〇年に成立したドイツ民法典にも影響を与えている。日本の民法成立（旧民法）に大きな影響を与えたのはフランス民法典（のインスティテュオネス式）といわれているが、現行民法の整理・構成の仕方は「総則」からはじまり個別的規定へといたるような体系的なパンデクテン方式であり、ドイツ民法典の影響を受けている。

26 カノン法では教会信者たちの慣習、公会議の決定なども法源としており、信者たちはそれに基づき裁かれることになる。

れればたとえ教会関係者といえどもその地位を失い、世俗的に有罪判決を受け処罰されることもあった。たとえば、初期の宗教改革時に反ローマ・カトリック教会的な活動（贖宥状批判など）を行ったヤン・フス（1369–1415）は、公会議において聖職者の身分を剝奪された直後に火刑に処されている。つまり、いくら自然法という考え方があり、「法の支配」という建前があったとしても、当時としてはリベラリズム的な法の支配とは呼び難いものであったのだ。

さて、そうした状況のもとでの近代リベラリズムの芽吹きを説明するにあたり、本書ではイギリスの法・政治思想に焦点をあててゆこうと思う。もちろん、イギリスにおいてもキリスト教的な神の支配（そしてその代行者としての教会の支配）は存在していたのであるが、イギリス独自の歴史——先例拘束的なコモン・ロー制度の充実、さらには、ヘンリー八世以降のローマ・カトリック教会からの政治的独立、国王と諸侯との同意契約の歴史——を振り返ってみると、そこでの自然法思想においてリベラリズムがいち早く芽生えたことには理由があるようにもみえる。このことを論じるにあたり、まずはイギリスの政治史を振り返ってみよう。

イギリスの歴史

われわれが現在「イギリス」と呼ぶところの島国は、主にイングランド、ウェールズ、スコットランド、北アイルランドから形成されていることは周知のとおりである。ただし、そこは島国ではあるものの、単一民族によって形成されているわけではなく、さまざまな民族が移住してきた歴史がある。紀元前には大陸から移動したケルト人たちが暮らしていたことが知られてはいるが、ローマ帝国の支配下のもと、大陸からのローマ人が流入した。その後、ローマ帝国の崩壊につれ五世紀初頭にローマ軍が撤退し、そこにゲルマン系のアングロ・サクソン人が流入してきて七王国をつくった。九世紀以降はヴァイキングであるデーン人がたびたび襲来し、そのなかでウェセックス王のアルフレッド大王がアングロ・サクソンをとりまとめ、その息子エドワード長兄王がデーンロウ地方に居座っていたヴァイキングを隷属させた。しかし、一〇世紀末から再度デーン人の侵攻がはじまり、一〇一六年、クヌートに制服され（デーン朝）、その後の北海帝国に組み込まれてしまう。クヌートの死後、ウェセックス王家の血統であるエドワード懺悔王が統治するも嗣子をもつことなく没し、その後のウィリアム征服王[27]（ノルマンディー公ギョーム二世）のノルマンコンクエストによってブリテン島は征服されノルマン朝が開かれた。その後、フランスのアンジュー伯家から君主を招く形でプランタジネット朝、そして、ランカスター朝になり薔薇戦争が起きヨーク朝になるも、最終的にはランカスター家の血をひく――しかしウェールズを発祥とするテューダー家の――ヘンリー七世がテューダー朝を開き、エリザベス女王までそれが続いた（その間に、ヘンリー八世のもとでのローマ・カトリックからの宗教的独立・改革があった）。その後、エリザベスがかつて処刑した悲劇のスコットランド女王メアリ・スチュアートの息子ジェームズ六世（英国王ジェームズ一世）がスチュアート朝の王となりスコットランドおよびイングランド王として君臨し、王権神授説のもとで強権的な政治を執る。その後のチャールズ一世のときに清教徒革命がおきるも、クロムウェルの死後、チャールズ一世の息子チャールズ二世のもと王制復古がおき、その後その弟がジェームズ二世として即位する。だがそれも名誉革命によって追放され、オランダから招いたウィリアム三世とメアリ二世による共同統治となる。両者の死後はジェームズ二世の娘アンがスチュアート朝最後の女王

27　ノルマンディーをフランス国王シャルル三世に封土されたロロの子孫、ウィリアム一世（William I, 1027–1087）のこと。

として君臨し、後継者を残すことなく亡くなってしまうと、当時の王位継承法に基づき、神聖ローマ帝国ハノーファー選帝侯がジョージ一世として招かれ即位した[28]（ハノーヴァー朝の始まり）。その末裔であるヴィクトリア女王[29]の死後、息子エドワード七世によるサクス＝コバーグ＝ゴータ朝、そしてその息子ジョージ五世のときにウィンザー朝と改名し（第一次世界大戦中の一九一七年）、それから現在に至る。このように、イギリス（イングランド）の政権の中核に位置する王家の家柄はめまぐるしく変わってきた。

　さて、統治者と王朝が目まぐるしく交代するイギリスの歴史において、よそからきた新統治者は支配者として強権的に振る舞うことが常であったし、ノルマン朝成立以降はフランス流の封建制度がイギリスにも定着し、国王はブリテン島の外で暮らそうが内で暮らそうが、その全土の所有者であることが徹底された（ウィリアム一世のもとでのドゥームズデイ調査や、ソールズベリの誓いなど）。ただし、北海帝国のクヌートにしても、ノルマンディー出身であるウィリアム征服王にしても、よそ者である支配者にとっての本拠地はあくまでブリテン島の外部にあった。そうしたなか、大陸のノルマンディーを本拠地とするイングランド王たちにとって、フランス王との対立など、政治的緊張が高まるにつれ保険としてブリテン島の重要度が高まってゆくことになる。何かあったときにブリテン島をうまく利用するためには、きちんとその実情を把握し、うまく管理しておく必要が生じてきたのである。

　こうした背景のもと、プランタジネット朝を開いたヘンリー二世[30]（1133-1189）は、大胆な司法改革を行った。それまでのイングランドでは世俗の裁判所の他、教会法によって裁かれる教会裁判所があり、殺人などの重罪を犯した聖職者は後者のもとで裁かれるものの、ただ聖位がはく奪されるだけなどその処遇は前者よりも軽いものであり、これはある意味で特権とも呼べるものであった[31]。ヘンリー二世は一一六四年にクラレンドン法（Constitution of Clarendon）を制定し、聖位剝奪後の元聖職者は世俗の法廷で裁かれるべきものとした。一一六六年のクラレンドン巡回裁判法（Assize of Clarendon）では、不合理な事件立証方式（神証や決闘など）を排除し、事件発生地域住民代表による事実認定を重視し（いわゆる陪審の始まり）、力の行使による土地の争奪などの自力救済を禁止した。[32] それがきちんと行われているかどうかを確認するため、被疑者の名簿をきちんとつくって提出したり、国王裁判官の地方巡回も制度化されている。これは封建制のもと国王の支配を明示化するという政策的なものであったが、結果として、単なる部族的慣習のままでは生じかねない地方差や混乱を軽減し、そして司法的統治の仕組みを整えることで統一的なコモン・ロー形成へとつながることになる。[33]

そのヘンリー二世の後を継いだリチャード一世（1157-1199）は獅子心王と呼ばれるほどに戦争と冒険に明け暮れてほとんどイングランドに滞在せず、しかも十字軍に参加するなどして国費を浪費した。リ

---

28 ジョージ一世の母ゾフィーは、かつてのイングランド王（かつスコットランド王）ジェームズ一世の娘エリザベス・スチュアートの娘であり、ゆえにジョージ一世はスチュアートの血筋であった。

29 その治世は六三年あまり続き、大英帝国を象徴する女王であったことから「ヴィクトリア朝」とも呼ばれる。

30 ノルマン朝最後の王ヘンリー一世の娘マティルダとアンジュー伯ジョフロワ四世との間に生まれたヘンリー二世は、祖父であるヘンリー一世の死後の無政府時代を経て、最終的には王位を獲得した。ヘンリー二世の父ジョフロワ四世は在位中にノルマンディーを攻略、ノルマンディー公を名乗りその領土を息子ヘンリー二世に渡したので、ヘンリー二世はフランスに広大な領土をもつアンジュー帝国を築いたといわれる。

31 しかし、聖位を失った被告がその後また世俗の裁判所で裁かれるというやり方が、聖職者に対し二重の罰を加えるという点で不公平である、という考え方もできる。

32 クラレンドン巡回裁判法などについては、児玉［2014］、児玉［2016］を参照。

33 ただしそれ以前のアルフレッド大王も、古い規則を明確にした法典をつくったりなど、習慣や先例に重きを置くようなスタンスはアングロ・サクソン系の国家にもみいだせる（『イングランド法史概説』第1章第2節）。

チャード一世の戦死後に後を継いだ弟ジョン（1167-1216）はフランス国王フィリップ二世との対立からノルマンディーの領土を失い、その後もやっきになって戦争をして国費と人的資源を浪費した。さらに悪いことに、それに抗議した諸侯を弾圧しようとしたために、いよいよ差し迫った状況になり、一二一五年にマグナ・カルタを制定することでようやくことなきをえた。ヘンリー二世による司法システムの整備に加え、諸侯の利益を保障するこのマグナ・カルタの制定によって「歴史的な法の支配」という考え方が根づいたといえるが、それは、王やその周辺の諸侯によって形成される「政治権力」の在り方を規定するという役割を担いつづけてゆくことになった。

マグナ・カルタの意義

もちろん、当時としては「法の支配や民主主義を確立させます！」といった意図はジョン王にも諸侯にもなかったことだろう。諸侯においてそれは封建社会における負担軽減と安定した所領相続といった既得権益保持を目的としたものであったし、ジョン王においては反乱をおこされ、自身が処刑されたり退位させられることを免れるための妥協ともいえるものであった。[34] ゆえに、当時におけるマグナ・カルタについて、現代的な文脈でよく見受けられるように「政治権力を抑制する憲法的意義をもっていた」とまではなかなか言い難いようにも思われる（ただ、現代においては憲法的意義をもってしまっているわけで、このことは、コンヴェンショナルな約束事が時代を通じて法的拘束力をもつに至ったケースとも解釈できる）。しかし、そんな場当たり的な妥協と既得権益保持のための産物とはいえ、この約束事を守る政治体制こそが「法の支配」に沿った正しきあり方とみなされるようになったことは、リベラリズム的にも非常に大きな意義がある。たとえば、「いっさいの楯金もしくは援助金は、王国の一般評議会によるものでなければ、これを課さない」（第一二条）という**課税同意権**、さらには「自由人は彼の同輩の合法的裁判もしくはその土地の法によらなければ、その人の逮捕、投獄、侵奪、法益剝奪、追放、あるいはいかなる仕方でも傷害を受けることがないし、また、［兵力という］実力行使をもってその人を襲うことも、それを差し向けることもない」（第三九条）という**法の適正手続き**[35]（due process of law）などは、個々人の権利を保障するための法の支配といってよい。つまり、マグナ・カルタは、自由人の権利を保障するための「大きな先例」として、それ以降のイギリスにおいて同様の問題が生じた際に適用されるべき法源となったのである。[36]ときにマグナ・カルタは国王側の都合によって無効宣言されたり削除されたりなどもあったが、一二九七年のエドワード一世による憲章確認のもと制定法記録簿の一部として認められることで、[37]その後、何かあるたびにこの憲章は掘り起こされて確認されるようになった。イギリスには明示的

34　実際、その後ジョンは教皇インノケンティウス三世に働きかけマグナ・カルタを無効化させたり、それ以降の時代でも、それは修正されたり再確認されたりの繰り返しであった。

35　類似したものとして、第三八条「これからは、いかなる執行吏も、その事実に対し信頼できる立会人を立てることなくして、立証されない自身の申し立てのもと、いかなる人も審理の場に立たせてはならない」というものもある。

36　ただし忘れるべきではないのは、マグナ・カルタは古くからの慣行への復帰を目指すものでもあった、という点である。マグナ・カルタ以前は、王から土地を受け取った受封者は同じような受封者たちからなる裁判のもとで裁かれ、中間領主から土地を受け取った受封者たちは、マナー（荘園）の領主裁判所に勤める同輩から裁判を受けるなどしていた。しかしジョン王はその原則を無視し、王の指名する裁判所（とその裁判員たち）による判決のもと政治的敵対者から財産を奪うなどしていた。第三九条の「彼（自分）の同輩 his peers（parium suorum）」という箇所は、そうした点を踏まえ、マグナ・カルタ以前の法慣習を遵守するよう要求している表現でもある（これについてはMckechnie［1914］377–378/402–403を参照）。

憲法としての特定の制定法はないが、しかし、憲法的法規としていくつかの制定法が「憲法」を構成しており、[38]マグナ・カルタはその一つであると同時に、文書として確認できるものとしての出発点ともいえよう。いずれにせよ重要なことは、こうした歴史的経緯のなか、単なる実定法とは別次元のものとして、「法の支配」はその背後に実在するものとして認識されるようになっていった、ということである。[39]

ここで注目すべき点は、(i)マグナ・カルタそのものは当事者間での(理に適った)政治的譲歩であったこと、そして、(ii)その譲歩の積み重ねとそこで実現されてきた法益が、「理性の法」としてのコモン・ローと結びついたこと、(iii)当事者同士の政治的トラブルを解決するための法源として、コモン・ローがたびたび参照されつつそれに準ずる在り方が法慣習として定着し、そうした文化が判例中心主義的な社会を形成・定着させてきたこと、である。こうして、社会の秩序・安心・利益をもたらす「知恵ある理性的あり方」としてのコモン・ロー的な法の支配は、特定の時代や地域を超えた普遍性をもつものとして、特定の政治権力の暴走を制約する社会のあり方を意味するようになり、それはやがて芽生えるリベラリズムの苗床となってゆく。

第3節　自然法と自然権

自然法論への批判

さて、イギリスにおける自然法思想がコモン・ローと結びつきつつ、時代超越的な理性のもと、それぞれの時代の法や政策に正当性を与えたり、個々人の権利を法の支配のもとで保障したりするようになった、ということは前章で述べた。しかし、そうした法の支配に関しては、以下のような批判も寄せられうる。

問い1　コモン・ロー的な「法の支配」というのが歴史的な政治的譲歩や妥協の積み重ねにみいだされる正当性（あるいはそれがもつ規範的拘束力）に基づくとすれば、それが「理性の法」といえるための条件とは、一連の歴史のなかで無矛盾的体系を実現するような、各時代の当事者たちが従う取り決めの整合性にあるようにもみえる。しかし、それは結局、調和主義的な実定法群にすぎないのではないのか？　だとすれば、コモン・ロー的な自然法とは、人為的にうまく組み立てられつづけてきた「調和を選好する人間の意図」に基づく慣習法体系でしかなく、それがある時代の（いわゆる民主主義的な民意に支えられた）政治的意図を規制したり、正当性を付与するといった権威をなぜもちうるのか

37　しかしそれ以前にも多少の修正が加えられている。ちなみに、歴史上しばしば引用されるマグナ・カルタは一二二五年のものであり、一七世紀にクックが依拠したのものはそれとされる。

38　マグナ・カルタをはじめ、その後の「権利の請願 Petition of Right」（一六二八）「権利章典 Bill of Rights」（一六八八）「王位継承法 Act of Settlement」（一七〇一）「（スコットランドとの）合同法 Act of Union」（一七〇七）など、イギリスというコモンウェルス（理想的共和政体としての国家）の在り方を規制すべく、それらは立憲主義のもと法の支配を構成しつづけている。

39　ただし、こうした慣習における理念的な「法の支配」を、そのまま「自然法」と呼ぶべきかどうかはまた別の問題である。なぜなら、明示的立法がないからといって、それがすぐさま（法実証主義者がその普遍的正当性の根拠の曖昧さを批判しようとするところの）「自然法」という超越的な理性の法を意味するわけではないからである。実際、そこでの法とは、人々の日常的な相互作用から形成されたコンヴェンショナルな慣習・義務感をその都度確認したにすぎないケースもあるだろう（こうした議論については嶋津［2014］27-28 を参照）。

が不明である。それは、それぞれの時代における民主主義の否定、ひいては、民主主義に参加している個々の自由意志が実現することを拒絶するような整合的懐古主義とどう異なるのか？

問い2　自然法というものが、社会秩序の安定と利益をもたらすような政治的歴史や慣習の積み重ねのうちにみいだされるような理性の法であるとすれば、西欧とは別の政治的歴史を積み重ねた安定した社会における法の支配は（たとえばイスラーム法など）、それらとはまったく異なる理性の法ともいえるわけで、そうしたときに「自然法」や「法の支配」というものが（それぞれの共同体を超越するような）普遍的な意味を果たしてもちうるのか？

問い1については、自然法の規範的正当性のありかに関わる問題といえる。理性によって知ることができる自然法が、仮にプラトンのイデアのように理性によって知られる実在的なものであるとしよう。しかし、そうであれば、たとえば「三角形」というものについては、誰が何をいおうと当該対象が三角形であるかどうかの条件というものが決まっているように、「自然法」というものは、いくら先例を積み重ねようが何をしようが、それとは無関係に決まっているはずであろう。つまり、先例の積み重ねを通じて見ればよい、というものではないはずである。もちろん、先例の積み重ねのなかで見えることもあるのかもしれないが、そうであるとすれば、その先例の積み重ねのなかで何を見るのか、というところが問われなければならない。

もちろんそこには、理性の法としての「理」がみいだされねばならないが、この「理」とはなんなのだろうか。もし、それぞれの時代の人々が自分たちの選好とは独立的に論理的・整合的・無矛盾的な仕方のもと法の「理」というものをみいだし、それを尊重してきたというのであれば、そうした自己制約的な法体系を「自然法」とみなすことは十分可能であろう。[40] しかしそれだけでは正当化の論拠として乏しいことは否めない。なぜなら、整合主義的な規範的要請に沿った法体系が本当に理性の産物であるかどうかは不明だからである（単に、あるタイプの論理的・整合的な法体系を人々が選好してきただけなのかもしれない）。それに、論理的に整合しているからといっても、それが規範的に正当なものであるかどうかは常に疑う余地がある（また、その正当性が問われることが許されていなければそれは単なるドグマでしかないだろう）。

たとえば、科学の分野においてなんらかの事象を説明するための仮説群を考えてみよう。そうした仮説群のなかで無矛盾性が確保されていればその仮説群の総体を「科学理論」、すなわち、その理論が真なる知識（法則性）を必然的に示すものかといえば、必ずしもその保証はない。もしかすると、ある宗教理論の類は、すべての事象をきちんとその理論の枠組み内部で説明できるかもしれないが、われわれはそうした宗教理論を「科学的だ」とか「真なる知識だ」とは考えないだろう。つまり、ある法体系が整合性（無矛盾性）を備えているからといって、それが正しいものとは限らないのである。たとえそれが、その社会において通用している「正義」をうまく説明できるものであったとしても、それが規範的

40　これは「秩序や法は知性の産物である」という、スコラ的な主知主義の系譜に連なる自然法理解である。スコラ的な主知主義において、神の意志を反映した自然法は「神から人間へと与えられた理性」によって理解可能であり、ゆえに自然法を世俗的に具現化するところの実定法は、神から人間に与えられた理性によって作り出されたもの、と解釈できる。近代以降、宗教色が捨象される形で残ったこうした主知主義的な自然法論では、人間の欲望・情動を捨象・超越しつつ、普遍的正義を理解するところの理性に沿うものである、とされている。

に正しいかどうかはまた別の問題なのである。この点からいえば、政治的歴史の積み重ねにおいて整合的な指針から逸脱しないような自己制約的な法体系のもとで続く法－政治社会があったとしても、それが自然法論者たちがいうところの理性的な法の支配であるという保証はないし、そもそも自然法と法の支配が何を意味しているかがハッキリしないまま過去の文脈を重視するだけの整合主義は、単なる保守主義もしくは懐古主義にすぎないのではないか、という疑念も寄せられる。

以上の論点は前述の問い2にも関連するものである。歴史依存的な自然法というだけでは、それぞれ異なる政治的歴史をもつような異なる社会間において通用するような「普遍的な規範」を示すことはできない。だからこそ、ある社会における「法の支配」は——かつてのスパルタ、二一世紀におけるイギリス、スウェーデン、タイ、日本がそうであるように——君主制を容認してはいても、別の社会における「法の支配」は君主制を拒絶しているわけである（二一世紀のアメリカ、フランス、ドイツのように）。結局、実定法に正当性を与えるような自然法による法の支配を訴えるとしても、それがどのようにしてそうであるのかその基礎部分を明示しないことには何もはじまらない。では、コモン・ロー的な自然法論はいかにそうした基礎部分を明示しうるというのであろうか。[41]

イギリスの自然法論の系譜を受け継ぐ論者たちが行ってきたその仕方としては、（i）理性的な人々が当然要求するとされる権利や目的をまず想定し、（ii）それらを尊重するならば、どのような統治形態であれば同意可能であるか、という形で議論を組み立てるものである。これは自然法における理性主義のスタンスと、事実上の権利保障をもとめるような政治社会のニーズとを接合させ、その結合が「法の支配」と合致していることを示すことで、政治社会における個々人の権利を保障するような政治体制のあり方を描き出す仕事といえる。つまり、「法の支配」に実質的な意義を与えるためには、権利概念や人々の利益・目的を取り扱いながらの合理主義的な政治哲学が必要であるということであり、これはホッブズ、ロックのような自然法論的な契約論者がなしてきた仕事といえよう。そのことをみるにあたり、まず**自然権**（natural rights）の概念に注目したい。その概念は、西洋近代社会においてリベラリズムが芽吹く種子であったことがわかるであろう。

自然権という考え方

自然権とは、政府があろうがなかろうが、あるいは、政府がどのようなものであろうが、自然的状態において個々人に認められるところの権利である。それは単なる制度的な権利以上に重要なものであり、実定法上の権利に優越したもの（あるいはその正当性を担保するもの）として尊重されてきた。「生命を脅かされない」とか「鎖につながれた一生を送らない」とか「自分が手に入れたものをみだりに権力者や他者から取り上げられない」ということはほぼ議論の余地なく、どこの時代やどこの国においても根源的な権利として保障されるべき、とわれわれは考える。だからこそ、そうした根源的な権利という概念は、自然法のもと市民同士が従うところの、また、政治権力もそれに沿うべきところの「正しき義務」、す

41　コモン・ロー的な自然法論とは別の形で、普遍的な立法原理を与えようとしたのが功利主義者のベンサムといえる。およそ万人に共通な快を求め苦を避ける傾向を基礎的事実とし、快を最大化して苦を最小化する「最大多数の最大幸福 the greatest happiness of the greatest number」によって、自然法および自然権という（ベンサムからすれば）曖昧な理念に頼る必要などない、とベンサムは主張する（「最大多数の最大幸福」の元のオリジナルはハッチスンのものであったが（Hutcheson［1725］II.3.viii）、ハッチスン自身はそれは効用計算というよりはモラル・センスによって直観的に理解可能な徳性であるとしている）。

なわち「正義」を指し示すものとして重視されるに至った。

自然権という概念の成立についてはさまざまな意見・学説があるが——古くはアリストテレスの哲学にその起源をみいだせたり（Strauss［1953］）、あるいは、ノミナリズム神学としてのオッカムの反プラトニズム（反イデア主義的な唯物論的個物主義）が関連していたりなど（小林［2008］）——おおまかにいってしまえば、「自然的な正しさ」について、個々の個別的なあり方においてそれが示されているありさまといった捉えられ方がなされるとき、それは、その人固有のものであり侵害されるべきでないものを示すところの「権利」の形態をとった、ということである。客観的・理性的な秩序をもって義務を課すという制約的意義をもった「自然法」の正しさが、ある主体において侵害されるべきでない権利を指し示す、ということは、自然法に沿った政治社会というものは、そうした自然権を侵害してはならないということを意味する。こうした自然法と自然権の関係は、その用語法からもうかがい知ることができる。たとえば、ホッブズなどはその著作『リヴァイアサン』のなかで、古くは「自然法」を意味していた“Jus Naturale”（Ius Naturale）、を「自然権 natural right」として用いている（自然法は“Lex Naturalis”として用語的に区別されている）。この用語の変遷の背後には、“jus”がもつ意味の多様性があったこともその一因となっている。“jus”には「法」のほかに「正」という意味があるが、[42]“jus”がもつそうした「正」の意味に即した権利概念（自然権）について、国際法の父と呼ばれるグロティウス（1583-1645）は、「その人が正当に何かを所持することや、正当になんらかの行為をすることを可能にするもの」と位置づけており、「かくのごとき権利（jus）は人格に属する」として、それを個人内在的なものと捉えていた（『戦争と平和の法』1.1.4）。具体的に該当するものとしては、「生命、四肢、自由」が挙げられており、それらに対する他人からの侵害はいかなるものも不正であるとされる（『戦争と平和の法』1.2.1.5）。

グロティウスと同世代のホッブズ（1588-1679）は、自然権を「彼自身の判断力と理性において、彼がそれに対する最適の手段と考えるであろうような、どんなことでも行う自由である」と定義するが（『リヴァイアサン』1.14.1）、やはりグロティウスと同様、そこからの「正当な行為」を行うための生命と四肢を念頭に置きつつ、正当な政治社会のあり方を自然法論的に描きだそうとしている。もっとも、この「正当な権利」としての自然権の保持者たる人格（個人）に対し、ホッブズは自然界においてそのすべてを制約するところの自然法特有の「合理性」を読み込んでいる感もある。というのも、ホッブズにとっての「自由」とは、基本となる自身の生命・身体を損ねるようなことを禁じるような自然法則的な戒律としての自然の法（Law of Nature）に沿うよう行使されるかぎりにおいて認められるところのものであり、それを逸脱するような自己破壊的・自己破滅的な存在者の自由などはそもそも保障されていないからである。不合理で自然法に反する行為者は、自然法を理解し実践するような枠組みからすでに排除されており、そうした個人は自然法に沿った社会契約の当事者とはなりえない[43]。だからこそ、ホッブズにおいては、生命・身体の安全をできるかぎり保障するような国家権力（リヴァイアサン）のみが法の支配のもと正当性をもつといえるし、その国家権力に従うことを社会契約において選択することは理性的な判断ということになる（この点については後で述べる）。

このように、単に従うべき義務を課すだけでなく、その法のもとで守られるべき自然権を示唆するよ

42　この jus（ius）の歴史的変遷についてもう少し詳しく紹介しているものとして市原［2010］が参考になる。
43　自己保存から始まり、自然法論に即した社会生活や神についての正しき認識へと至るというプロセスはトマス・アクィナスにもみてとれるし、そこにはストア派の影響もあるように思われる（これについては藤本［2011］150-151 を参照）。

うな議論を経ることで、そこでの法の支配は公法的な形で政治権力を制約しつつ個人を保護するようなリベラリズム的意味を帯びてゆく。イギリスのコモン・ロー的な自然法思想において、それが単なる抑圧的な慣習主義を超えて、個々人の権利と自由を正当な形で保障するような政治社会を産み出した理由はここにあるように思われる。

もっとも、ホッブズが念頭に置いていた政治権力は、今現在のわれわれが最低限当たり前とみなすところの自由だけでも守ってくれる夜警国家であるかすら定かではない。だからこそ、私有財産権や課税同意権、いざというときの革命権までを組み込むようなロックの社会契約論へと進むなかで個人主義的な古典的リベラリズムは芽生えるのであるが、ホッブズの理論を境に、自然権が保障されるところの「自由意志をもった人格」はアルキメデスの点[44]として、その後の社会思想を近代へと動かす個人主義的リベラリズムの基礎となった。

第4節　自然権と統治の正当性——ホッブズの『リヴァイアサン』

自然権を出発点として、いかにそれが「法の支配」のもとリベラリズムを実現してゆくのかについて、まずはホッブズの社会契約論を分析してゆこう。「法の支配のもと、政治が制御され自然権が守られる」ということは、政治というシステムが人為によって暴走することなく、政治が理性的な原理に従い、市民にとって当然とされる目的・利益を実現していることを意味する。当然、そこでは生命・身体・財産が実質的に守られているわけであり、政治権力はそれらを侵害しない義務を負っているわけであるが、ホッブズの社会契約論の最大の魅力は、国家や政府といったあらゆる政治権力が存在しないような状況において個々人が有するところの自然権をまず想定したうえで、それがいかに強権的な政治権力と両立しうるかを描き出した点にある（とはいえ、こうした描き方は当時の他の思想家――たとえばプーフェンドルフなど――にも見て取ることができる）。ホッブズの狙いが個人主義的リベラリズムの擁護にあったかは定かではないが、政治権力の不安定さが個々人の自然権をも不確かなものとし、それまで自由であった市民が不自由な目にあってしまうということはその時代において身に沁みていたであろう。[45] ホッブズ個人の政治的スタンスは別としても、個々人の自然権を出発点とした時点において、すでにそこでは個々人の自由意志を肯定するようなリベラリズムの芽生えをみいだすことができる。

さて、自然状態において個々人は自然権をもっており、それは「餓死しないこと」や「他者からの攻撃に対する防御」などの生命維持はもちろんのこと、自身がその自由意志に基づきいろいろな選択ができる自由がある、といえる。しかし、個々人は、単独的にあるいは家族単位ではなかなかその「生」を充実したものとはできない。ゆえに社会的協調が必要とされるのであるが、「情動性」「利己性」「自己防衛」「攻撃性」などの自然本性（人間本性）のもとで生きる個々人は、自発的にうまく社会的協調を続けることはなかなか難しい。これについては、現代の実験経済学でもある程度実証済みであり、有名な「囚人のジレンマゲーム prisoner's dilemma game」では特定状況での協調的行動の一歩目が踏み出しに

44　「アルキメデスの点」とは、支点さえあれば梃子をもって地球ですら動かすことができるというアルキメデスの梃子の原理になぞらえ、他の状況が同じであるならばその一点を導入することによってそこから派生する結果に大きく作用するような基礎的なポイントのこと。

45　ピューリタン革命の際に亡命していたことや、後年の『ビヒモス』でのピューリタン革命批判などをみるかぎり、政治的混乱をかなり忌避していたことがうかがえる。

くいこと、「公共財ゲーム public goods game」などでは、フリーライダーの振る舞いが他者へ伝染してしまい、社会的協調の度合いが次第に低下してしまうことなどが知られている。しかし、協調しなければその生活は貧弱なものとなるし、協調しないまま個々人がバラバラに暮らしていると、他者から危害を加えられやすくなるなどの不安も残るし、相互不信のもと互いに武力で対抗しようとすると果てしない闘争がいつまでも繰り返されてしまう。そんな哀しい性《さが》をもったわれわれ人間であっても根源的利益である「生存」が保障されれば、安心してそこからよりよい社会的協調を構築できる。そのような役割を担うことこそ政治権力の本質であり、その在り方は「法の支配」に即したものとみなせる。この考え方に従いつつ理性的に——あたかもデカルトが行った基礎づけ主義的な演繹法のように——推論してゆくことで、どのような政治体こそが理に適ったものとなるのかを分析したのがホッブズの『リヴァイアサン』である。

リヴァイアサンの理論構造

まず、出発点となる「自然状態 state of nature」をどのように位置づけるかといえば、ホッブズは、そこは「統治」や「正義」の意味を誰も知らない状態であり、「そもそも自然の被造物として人は心身能力について人はみな等しい Nature hath made me so equall, in the faculties of body, and mind」（『リヴァイアサン』13.1）とみなす。もちろん細かい点ではそんなことはないのだが、一般的にみれば、寝込みを襲われると強いものが弱いものに負けることもあるし、強いからといって長生きできるわけでないので、おおむねそれは正しいといえる。自然の被造物として、ありのままの人間同士はせいぜい変わりはしない。「自然状態は平等状態」であるかぎり「あいつも私も同じ人間だ」とみんな考えているとしてもそこまで間違っているわけではない。

これだけでいえば平等主義的な響きがあり素晴らしいのであるが、しかし、この実質的平等性と、自然権を有するそれぞれの個々人の自己中心性こそが、さまざまなトラブルを引き起こし、各種自然権の前提となる「生存」というものを脅かすことになる。たとえば、人が群がって摑み取りをするようなタイムセールを思い浮かべてほしい。彼ら・彼女らはみなそこにある品物に対し等しい権利を有していて、だいたい同じくらいの目利きで、似たようなものをできるだけ多く欲しがっている（実質的平等性のもとでの欲望の類似性）。しかし、お買い得な商品なので全員の欲望を満たすようには行き渡らず、手に入れられない人もなかにはいるので、それぞれが好きなだけ摑み取りをするのであれば、財の稀少性とゼロサムゲーム的状況として、予想される帰結は「各人の各人に対する戦争の状態」である。この戦争状態の背景には、（a）各人が「できるかぎり多くの品物を奪おう」と考えていること、そして、（b）「自分にはその権利がある！」と信じており、（c）ルールや統治の不在こそが（b）の信念内容を正しいものとしていること、がある（このようなセール状況では、「おひとり様一品まで」と指示されているわけではないので、すべての客が共有するところの「自分には好きなだけ多く手につかむ権利がある」という信念が間違いとはいえない）。これがいわゆるホッブズの「自然状態」という考え方である。各人は自分のために何をしてもよい。もちろん、通常のタイムセールは法治国家内での疑似的戦争状態であるので、許されるのはせいぜい肩で相手を押しのけたり、力づくで品物を引っ張ったりするくらいだろうが、法や統治以前の真なる戦争状態においては肩ではなく「拳」「剣」「槍」でそれをするであろうし、結果として、そうした実力行使のもと人々は互いを排除・殺害するだろう。もちろん、自然状態においてそれは別に不正でも不法でもない。なぜなら、そこにはいまだ何が正しく何が不正であるかという取り決めなど存在していないのだから（これはホッブズ自身が認めていることである）。

各人の各人に対するこの戦争から、なにごとも不正ではありえないということもまた、帰結される。正邪と正不正の観念は、そこには存在の余地をもたない。共通の権力がないところには、法はなく、法がないところには、不正はない。（『リヴァイアサン』13.13）

たとえるなら、戦争状態である摑み取りセールでは、他人を押しのけることでよい品をたくさん奪う人もいれば、押しのけられてハズレをつかませられたり何も得られない人もいるだろうが、だからといって摑み取りセールそのものが悪いわけではない。そこは単なる欲しがり屋さんたちの戦場であり、それ自体は善も悪も正義も不正義でもないのだ。彼ら・彼女らも同じ人間であるので、日々戦う買い物客たちの体格や能力はだいたい同じだし、ある人が勝者になる日もあれば敗者になる日もあるだろう。とまあ、摑み取りセール程度ならばそれはよいかもしれない。月に二、三度の摑み取りセールで勝者になれなかったからといって誰も死ぬことはないだろう。しかしそこが正真正銘の自然状態であり、その対象が生命に関わるような水や食料、土地などであればどうなるだろうか？　命綱であるところの食糧や住処を奪われたり、あるいは脅威となりうるという理由で四肢をもがれたり、命を狙われたりして平気であろうか。そこで押しのけられるということは「死」を意味する。ゆえに押しのけられないよう自身も他人を押しのけて抵抗するわけで、ここに互いに互いが戦おうとするような「万人の万人による戦争」の背景がある。

しかしこれでは、人間の基本的利益である「生存」「自己保存」を長期的に実現できない。これについてホッブズは、「人間の平等性」と「できるだけ多く要求できる権利」こそがその原因であるとみなす。無秩序な摑み取りセールにおいて、「自分は他の人たちと同じ買い物客なんだ！　別に禁止されているわけではないんだから、とにかくできることはなんでもやって自分の利益を確保しよう」とみんなが行為すると買い物敗者が生まれやすくなるし、それはもしかすると自分であるかもしれない。無秩序な自然状態では、「とにかく自分の生存のためならばなんでもしてやろう」という感じでみんなが振舞うと、そこでは生存敗者が出やすくなるし、もしかしたらそれは自分かもしれない。

しかし、そもそも知恵ある理性的な人間は「平和を獲得する希望があればそれに向かって努力し、そうでなければ戦争状態においてどんなものでも利用して何をしてもよい」と考えるはずである。つまり、状況を見極め、必要なことはなんでもするのであれば、いろんな可能性を考えてみるはずである。平和を獲得して生存率が高まる見込みがあればそれを実行することが理性的な行いであり、ホッブズが主張するに、これこそが「自然法」に従うような理性をもった個々人同士による選択的行為となりうる（第一の自然法）。

もちろん、これは誰であれ単独でなしえることではない。ゆえに、敗者になるリスクを少しでも減らして基本的利益を確保しようとするならば、自身が求めること、やろうとすることを互いが自主的に制限し、敗者がそこで生じないようにするような相互間の取り決めが必要である。摑み取りセールにおいてみんなが「できるだけ多く奪ってやろう」と息巻くからこそ何も手に入れられない敗者が生じるわけで、生存競争においても「生き残るためだったらどんなことだってやってやる！　相手に配慮することなんてあるものか！」とみんなが鼻息を荒くしているからこそ死人が出る。このことについてホッブズは以下のように言う。

人は、平和と自己防衛のためにかれが必要だとおもうかぎり、他の人びともまたそうであるばあいには、すべてのものに対するこの権利をすすんですてるべきであり、他の人びとに対しては、かれらがかれ自身に対してもつことをかれがゆるすであろう他の人びととおなじおおきさの自由をもつことで満足すべきである。(『リヴァイアサン』14.5)

たとえば、あなたともう一人が摑み取りセールに参加しているとする。そこには残された品物が三品ある。あなたはできれば三品全部ほしいがそれは相手も同じである。そしてあなたは惨めな敗者とならないためにも最低一品は持って帰りたいし、それも相手は同じである。だが、その一方であなたは三品すべてを持ち帰る自然権を行使しようとしているわけで、もし相手がそのうちの一品を（奪って）持ち帰ろうとすれば、それは「相手が自分に干渉しようとしている」とあなたは認識することだろう。これは相手もまた然りである。

こうした状況下、相手があなたに「私もあなたと同様、本当は三品全部欲しいですけど、最低一品くらいはあなたが持ち帰ろうとしてもいいですよ」と認めるならばどうなるだろうか？ もちろん「ふざけんな！ 俺は三品全部もらうんだ！」といってよいが、そうした意地を張った末に一品も持って帰ることができなくなるリスクを抱えてもよいものであろうか。このとき、もしあなたが「おお、それならおまえも最低一品くらいは持ち帰ってもいいぞ。さて、互いに最低一品は持ち帰るとして、残りをどうするかだが……」と相手の提案に一旦乗れば、その摑み取りセールにおいて最悪の結果は回避でき（最低限の利益を手に入れ）、さらには交渉次第でもう一品手に入れることができるかもしれない。ここでは互いが理性的に譲歩しているともいえる。[46] 同様に、自然状態でも互いに自制・譲歩することで、本来の、そして究極の目的である生存が可能となり、さらなる余剰利益をそこから追加的に享受できる。これは自発的な自由の制限、すなわち、本来もっていた自然権の一部を譲渡・放棄することによる理性的選択に他ならない。これが第二段階の自然法（第二の自然法）がそうするように命じるところの「協定 pact」もしくは「信約 covenant」である。[47] こうした第二の自然法に従うところの理性的人間からすれば、その状況は単に奪い合うゼロサムゲームであるだけでなく、そこには当事者同士が協力することによって最低限の利益を享受できるような協調ゲーム的構造ともいえる。

ただし、当事者同士で自発的にそれができるかといえば、なかなかそれは難しい。なぜなら、戦争状態では、相手に対する不信感があるし、自分と同程度しか権利をもたない相手が、自分を出し抜く形で自分より多くのものを得ることは許せないからである。万一そうなるくらいなら、思いっきり邪魔をしてやりたい。相手もそう思っており、そしてそのことはあなたもわかっている。しかし、互いに邪魔しあうのは利口ではない。そこであなたはもしかすると相手をけん制するかもしれない。たとえば、摑み取りセール開始前にたまたま隣合わせた見知らぬ相手に、「互いに譲り合い、最初につかんだ一品で我慢してレジに行くべきよねえ」と話しかけ、相手は「うんうん」と話をしたとしよう。とりあえずけん制はしておいた。そして、「それではセールスタートです！」という掛け声がかかったとして、互いが

46　これを現代的な合理的戦略論の形で練り直し、合理的譲歩のための仮説的契約論を唱えるのがGauthier［1986］である。

47　この自然法の命令としての自然権の贈与は、『法の原理』第1部第15章「贈与と信約による自然権の放棄について」でも見受けられる（ただし、『リヴァイアサン』のように第二の自然法として明言されているわけではない）。

さきほど確認し合ったとおりに振る舞うかといえばどうであろうか。品物が豊富にあってそうしたセールが頻繁に開催されるならいざ知らず、そうではなく、しかもみんなが欲張りであり、会場の空気がピリピリしていたら（と感じられるなら）、結局はあなたも隣の人も走り出し、仁義なき戦いが始まるだろう。これは政治権力がいまだ存在しない自然状態でも同じである。互いに「不意打ちはやめよう」「暴力はやめよう」「互いに公平に獲物を分け合おう」などと言っても、裏切ったり裏切られる可能性は常にある。第二の自然法に各人が自発的に従うことはとても難しいのだ。ではどうすればよいかといえば、そこでの平和的共存を妨げるような権利、すなわち「他人の目的達成の邪魔をし、他人の最低限の利益ですら脅かしかねない実力行使をする権利」を第三者へと譲渡しそれを管理してもらえばよい。そうすることで、その管理体制のもとで誰かの生存を脅かす「自由」を行使する人——すなわち第二の自然法に背く人——はその管理者から処罰され、そうでない人たちが平和に暮らせる状況が実現できる。摑み取りセールでいえば、以下のようになるだろう。

ホッブズ的な社会契約をする買い物客

あなた　やだやだ、醜く互いを押しのけ、商品を引っ張り合うなんて！　せめて慌てず走らず、互いに譲り合い、最初につかんだ一品で我慢してレジに行くべきよねえ。

相　手　まったくです。

あなた　では、誰かがもし他人を押しのけたりすれば退場させるように、そして二品以上つかんだら、余分なものをきちんと売り場に戻したのちに一品だけもってレジにこなければ会計をしないよう、お店の方に頼んでみましょうか？

相　手　いいですね！　たとえば、私がたくさんの品を奪ってしまおうとすることを邪魔する権利があるとしても、あなたや他の方ではなくお店がそれを行使する、ということですね。すなわちお店にあなたが行使しえたその権利を譲渡するということでしょうか。そして、あなたは私もそうするようにもちかけている、ということですね？

あなた　そうです。あなたや他の方々がそれに同意してくれるなら、「品物を好きなだけつかめる権利」や「他人に好きなだけ品物をつかませないよう邪魔をする権利」がお店にすべて譲渡されるので、われわれは安心して買い物ができます。何か問題が生じたときや、品物が手に入らなかったときの対応はお店にまかせればいいんですよ。お店が確実に対応してくれるなら、その指示にきちんと従うだけでいいんですよ。これこそが理性的な買い物ができる洗練されたデパートというものなんです（めでたしめでたし）。

こうやって第三者であり統治者である店側の管理のもと、あなたも他の買い物客も、最低限ほしいものを持ち帰ることができるようになる。ゆえに、第二の自然法の命令が実行される場合には、他の人々との協定を結び、自身が所有していた実力行使権を第三者へと譲渡することによって、その第三者は、信約を守るように人々を管理（ときに処罰）する統治システムとして機能する。ここにおいて「人々は他人の権利を侵害しないよう、結ばれた信約を履行すべきである」という（第三の）自然法を——われわれの社会において当然守られるべき約束事として——理解できるようになるし、第三者である権力的統治者の強権的な振る舞い、そしてわれわれの服従は「正義」に適ったものといえる。自然状態では他人のものを奪おうが他人を傷つけようが正も不正もなかったが、権利譲渡以降、統治の権威が存在する段階においてはそうした振る舞いをすることは不正に他ならない。何も決まり事がない摑み取りセールでは、他人を押しのけようが他人のもっているものを力づくで引っ張って奪おうが、一人で三品もってレジに行こうが構わなかったが、管理者であるお店が「おひとり様一品までです。きちんとお並びください。なお、商品を引っ張ったり、他のお客様にご迷惑をおかけにならないように」と指示を出している状況で、走って他人を押しのけたり、大量の商品を抱えてレジにいくことは明らかに間違いであり不正である。そこはもはや自然状態ではなく、理性的な人々が同意するところの統治社会であって、そうした勝手気ままな振る舞いは最低限の利益を保証する統治ルールに逆らっていることを意味する。最低限の利益を保障するルール（法）が機能し、そこでの人々が平和に暮らしている以上、理性的な市民個々人はすでに自発的・合理的同意を済ませていると（擬制的に）みなせるわけである。

　ホッブズの政治哲学では、このように自然状態からの理性的推論を推し進めることで、演繹的に政治権力の正当性を導出しようとする。「私は、この人、また人々のこの合議体を権威づけ、それに自己を統治する私の権利を与えるが、それはあなたも同じようにしてあなたの権利を彼に与え、彼のすべての行為を権威づけるという条件においてである」（『リヴァイアサン』17.12）というように、理性的かつ自発的に政治権力に従うことに同意することで、大衆は一つの人格に統合されたコモンウェルス[48]（commonwealth）すなわち「リヴァイアサン Leviathan」を生み出し、その統治と保護のもとで本来重要視していた「生存」を最大化し、そして手元に残された自由を他人に迷惑をかけないかぎりで行使しながら、そこでの法（完成された自然法）を順守する市民・国民として幸福な生活を送ることができるようになる。これは、法のもと一体化した「国民」となることを意味するが、その人格を担う政治体は主権者（Soveraigne）と呼ばれ、他のすべての人々はその臣民（Subject）と呼ばれることになる。

これがホッブズの社会契約説の概要である。とはいえ、ホッブズの理論には曖昧な箇所も残されており、とりわけ「信約」についての説明・事例はややわかりにくい。一見するとそれは、「譲渡する市民」と「譲渡先の政治権力」との間の契約であるかのようにみえるところもある（『リヴァイアサン』14.21-29などは特に）。しかし、議論の流れとしては、「自然状態において、理性の法としての第二の自然法が示す自然権の制限を、信約のもとでいかに個々人が主体的に実行できるか」という問題提起から、自然権の一部を第三者へと譲渡し、その命令に従う義務を果たすことでそれが可能となる（そしてその義務に背くことが「不正」となる）という論調であることを踏まえると、そもそもの信約の相手としては自身と同格の市民と解釈したほうが妥当であろう。もちろん、社会契約において主権者（命令権者）に従うべき義務を負い、その見返りとして恩恵を受けるという観点もそこには含まれているので（ロックのように）当事者を「政治権力／市民」のように記述している箇所もあるが、ホッブズにおいて統治的政治権力は「信約実行補助者＝統合的社会人格」であり、その理論構成は、市民相互の契約に内在する「平和実現のための意志」がそれを導出する流れとなっている。

とはいえ、よく言われることであるが、こうしたホッブズの思想は、理論的には強大な政治権力（王権）を正当化しうるものである。実際、清教徒革命で処刑されたチャールズ一世に対し、そして、王政復古で舞い戻ったチャールズ二世に対しホッブズは好意的であった。そのような反革命的な様子もうか

48　コモンウェルスとは「共和国」という意味であるが、しかしそれは民主主義的なものに限定されるわけではなく、いろいろな人々が共通的・共存的に同一国家に属しているという状態をも含むものである（たとえば、立憲君主的なイギリス連邦は“commonwealth of nations”とも呼ばれている）。

がえるので[49]、ホッブズ自身を近代リベラリズムの擁護者とみなせるかどうかは難しい問題であろう。しかし、その分析手法においてはその可能性をみてとることができるし、出発地点として個人同士の平等性と自然権行使の自由を認め、そこから政治的統治と法の支配の必要性を解説し、市民の基本的利益を実現するという合理性を説いたその政治理論は、(本人の政治的意向はともかくとして) その後のリベラリズムの理論的先駆けともいえるものであった。

第5節　権力分立と議会政治——ロックの『統治二論』

ホッブズ批判

前節ではホッブズの政治理論から、個人的自由の適正な制限が、結果として個々人の生存という基本的利益を確保する政治権力とそこでの法の正当性をみてきた。しかし、このホッブズの理論には、従来の自然法/自然権とは異なる考え方が含まれており、そしてそれこそが、いろいろ批判される要因ともなっている。

まず、従来の自然法論では、世俗的な政治権力の「外側」に自然法が存在しており、ゆえに政治権力が暴走して理に反することをした場合、「自然法の支配」に服するよう理性的‐道徳的命令のもとでそれが批判される、という議論が一般的であった。つまり、特定の政治権力の外側にいようが内側にいようが、自然権は守られなければならない (もし守られなければ自力救済が当たり前であった)。ホッブズとほぼ同世代のグロティウスの『自由海論』(1609) や『戦争と平和の法』(1625) では、政治的権力 (国家権力) の空白地帯である公海においてでさえ貿易の自由、商業の自由が自然権として認められているし、国家vs.国家の戦争においても、それぞれの国家が自らの財産と生命とを守るために行使できる正当な交戦権を認めつつ、一方的にある国家の財産や生命を侵害するような戦争行動を不正とみなしている。これは、世俗的な政治権力の上位に自然法が存在し、そのもとであらゆる国家・個人の——すなわち権利主体の——自然権とその自由が保障されている、という理論構造をとっている。

他方、ホッブズの場合、「法がないところには不正はない」として、自然状態においては何をしてもよい権利がある、と主張していたことを思い出してほしい。これは、いまだリヴァイアサンたる政治権力が成立していないところ、すなわち、「政治権力の空白地帯においては何をされても文句はいえないし、何をしてもよい」ということになるが、この主張は明らかにグロティウスなどの自然法・自然権の理念とは異なっている（自力救済の点では共通しているが）。ただし、ホッブズがそのように主張したことにも理由はあるので、このことだけをもってホッブズを否定すべきではない。というのも、ホッブズの真意は、「自然法の理念に基づいて個々人の生存権が実際に保護されるためには、まっとうな政治権力の内側でしかありえない」と主張するような現実主義に立っていたからである。グロティウス的な自然法論はたしかに理想的ではあるのだが、しかし実際はどうなっているかといえば、政治的空白のもとでは悲惨な戦争状態が継続していたわけであり、そんな状態のもと「自然法のもと個人の権利は守られるべきであってね……」と言っても無駄であったことだろう。これは諸侯同士が争い、国王と諸侯とが争

49 『リヴァイアサン』は分析的な政治理論の書であるのでなかなかそれは伝わりにくいが、後期対話篇『ビヒモス』では、歴史的談義のもと、熱狂にまかせて革命を許してしまったイングランド社会の愚かしさや、革命体制のもとでの社会的混乱や安定・安心の欠如などが批判的に語られている。

うような内乱状況であっても同様である。ならば、関係当事者たちが自由と権利を自発的に制限し、それを譲渡するに値する（実在する）権力機構のもとで平和を享受するほうがより実践的な方策といえる。そうすることで、自然法は政治権力内部において具現化され、現実的に意味ある形で自然権は保護される。ホッブズの政治哲学をこのラインで解釈すると、それはマキャベリズムの系譜に連なるものともいえるだろう。

しかし、政治権力のもとでのそうした「自然法の囲い込み」は、そこでの政治権力に賛同的な人々からすると「理性的な法の支配」といえるが、それに反する側からすればそんなことはないであろうし、その支配の仕方は市民の権利を法的に保護するとは限らない。「自然法は政治権力のもとで完成する」が真であるとしても、「政治権力のもとで完成するものが自然法である」とは限らないからだ。特定の政治権力のもとで成立した法が自然法であると主張するためには、その法が「法の支配」に沿ったものであることをその政治権力とは独立的に説明できる論拠が必要となる。それがなければ、結局そうした自然法の囲い込み論は「法の支配」を形骸化するものでしかない。通常、政治哲学における自然法論の論拠として、いかなる者にも譲渡不可能な「自然権」が援用されるはずであるが、ホッブズはそれを政治権力へと譲渡しつつ妥協するという戦略をとっていたことは前述のとおりである。そして、それこそが権利基底的な自然法／自然権の議論としては不十分であることをホッブズの批判者たちに印象づけるものになっている。ホッブズが自然権というものを切り売りできる物権のように考えていた点については下記の箇所がある。

どんな権利でも、譲渡するものは、それを享受する手段をも、かれの力のうちにあるかぎりで譲渡する。土地を売却するものは、牧草その他、そのうえに成長するすべてを譲渡するのだと理解され、水車を売却するものは、それを運転する水流を切り離すことができない、というようにである。そして、主権者として統治する権利をある人に与える人びとは、兵士たちを維持するための貨幣を徴収し、裁判の運営のための為政者たちを任命する権利を彼に与えるものと理解される。(『リヴァイアサン』14.21)

たしかに、自身の所有物(properties)を切り売りすること、すなわち財物に関わる物権を他人に譲渡することはできる(私がお金に困れば自身の持ち物や土地を売りに出すように)。しかし、「所有 property」そのものを権利譲渡することはできるであろうか。たとえば、私は自分の命の恩人に「ありがとうございます! 生命より大事なものはないので、お礼として私の所有物のみならず、私の私有財産権をあげますね。今後それはあなたのものですので、私は何か手に入れるたびにそれをあなたに差し出す、ということを約束します!」という契約を結んだとすれば、たしかにそれは所有権そのものを自発的・同意的に譲渡したことになる。しかし、それはいわば奴隷契約を結ぶようなものではないのだろうか。そしてそのような奴隷契約そのものは理に適っているのだろうか。

実際、恐怖のもとで強要された信約であっても有効であり、戦争において生命を奪われない代わりにお金を差し出すことは自然状態において不正ではない、とホッブズは主張する(『リヴァイアサン』14.27)。このように、生命を助けてもらう代わりに所有物や財産を譲渡することをホッブズは「不正ではない」と主張するのだが(グロティウスも同様の主張をしている)、こうした理屈は「権利」という概念を形骸化するものであるとして、ルソーに手厳しく批判される(『社会契約論』1.4)。もちろん、ホッブズにおいては生存権はそのように奪われたり譲渡できるものではないと考えられており、「自分の生命を守らないという信約は自然法に背くもので無効である」（『リヴァイアサン』14.29）と主張されてもいる。これは、生命は譲歩できない自然権として自然法のもと守られるべきものであり、理性的な人間ならばそれを放棄することは絶対ない、という意味である。しかし、だからといって生命尊重を約束した政治権力が、それと引き換えに個々人の財や土地を専有してしまうことを無批判的に正当化できるのであろうか。生存権を約束された市民がそうした諸権利や諸利益から排除されてしまうならば、合理的な個々人はどこかでそれに反対するであろう。そもそも、まともな生存のためには「譲渡すべきでない所有権」の保護も含まれていなければならない。そうでなければ、それは自然状態の満足度にすら届かない奴隷状態となるからである（もちろん、そんな状態ではわざわざ契約した意味もない、となる）。

たしかに、ホッブズの理論において、警察機構としての政治権力の正当性は担保されているかもしれないが、しかし、そのことと、「自然権をもって自由意志のもと生きる個々人の自由の保障」とは別に考えられねばならない。そして、後者の文脈においては、切り売りできない自然権はいろいろある（自然権を駆使して手に入れた物財は切り売りできるとしても）。つまり、切り売りできる権利というのは、自然法的に正当化された状況における制度・慣習のもとでの――たとえば市場において取引できるという――実定法上の権利にすぎない。そこでの既存の制度に参加しているかぎりは自分の好きなように物財を切り売りできるし譲渡もできる。そこでは物財を手放して損をするような不合理な振る舞いをしたとしても、権利上保障された自由を行使した行為主体としての自己責任を問われるにすぎない。しかし、自然権そのものは、損得や自己責任の以前に、決して切り売りできないものであり、それは市場内部であろうが市場外部であろうが変わりはない。そして、生存権ともトレードオフされてよいものではない。そうした基本的権利こそが自然法のもとで保障されるべきその人固有の自然権なのである。自然権譲渡を前提とするホッブズの社会契約論ではこの点が見過ごされており、だからこそそれは反リベラリズム的な法の支配ともなりうるのだ。

ロックの自然法論

ロックはこの点を重要視し、ホッブズとは異なり、法の支配のもとで守られるべき、そして譲渡されるべきでない自然権を強調する。もちろん、ロックもホッブズ同様、基本的には人間は生まれながらにして平等であり、自然法が定めるところのすべての権利を制約なしに享受することへの権原をもつ、と主張する。その権利とは、権利主体として活動してゆくのに必要な「生命」「自由」「資産」、いわゆるpropertyであり、それを侵害するものを処罰し、社会成員同士の間で生じる争いに決着をつけたりすることこそが政治的共同体の役割と強調する（『統治二論』II.7.87）。

ここから、ロックは政治権力をリヴァイアサンのような絶対的なものではなく、その意志がpropertyに対して不適切である場合にはむしろそちらこそが制御・制止されるべきものであると主張する。

> 立法権力は［…］あらゆる政治的共同体において最高の権力ではあるが、しかし、第一に、それは、国民の生命と財産とに対して絶対的で恣意的なものではなく、また決してそうしたものではありえない。［…］また、人は、自然状態において、他人の生命、自由、所有物に対する恣意的な権力をもっておらず、彼がもっているのは、ただ、彼自身とその他の人類とを保全するために自然法が与えた権力だけである。［…］従って、立法部もそれ以上の権力をもつことはできない。立法部の権力は、その範囲をどんなに大きく見ても、社会の公共善に限定される。（『統治二論』II.11.135）

ここにおいて、自然権の概念に関するホッブズとロックとの差異はもはや明らかであろう。ホッブズにおける自然権は「自然状態においてそれを有する情念的人間が自ら欲するものをそのまま享受できる権利」であったが、ロックにおけるそれは「理性的人間であればそれが不可侵で譲渡不可能であると理解できるような、その人の固有性を示す権利[50]」である。そして、ロック的な自然状態にいる理性的な人々は「公共」の尊重と並行的な形で自然権を行使しようとしている（つまり、本来人々は狂暴で利己的な狼ではなく、それゆえ自然状態は戦争状態というわけではない）。上記引用箇所後半の「その他人類を保全するために」というのは、人々は自然状態においてさえ、すべてを意のまま欲するままに独占しようとするものではないし、またそのための自然権などはそもそも存在しない、ということを意味する。このことは、『統治二論』第2編第5章「所有権について」の「ロック的但し書き Lockean proviso」で有名な箇所をみればすぐにわかる。

〔…〕自然が供給し、自然が残しておいたものから彼が取りだすものは何であれ、彼はそれに自分の労働を混合し、それに彼自身のものである何ものかを加えたのであって、そのことにより、それを彼自身の所有物とするのである。〔…〕この労働は労働した人間の疑いえない所有物であって、少なくとも、共有物として他人にも十分な善きものが残されている場合には、ひとたび労働が付け加えられたものに対する権利を、彼以外の誰ももつことはできないからである。（『統治二論』II.5.27）

ここでは「共有物として他人にも十分な善きものが残されている場合には」というところがポイント

となる。たくさん余っているものを利用する形で労働し、その成果を獲得するのは、誰にとっても認められる自然状態での権利である。ゆえに、「身体の自由→労働→財産取得」という一連の流れそのものが自然権であり、政治権力はそれを保障しなければならない。ただし、その権利保障は他の人に十分なものが残されているかぎりにおいてであり、それがほとんどなく、みんなで協力してそれを分けなければならないような場合、あるいは分割所有すると役に立たなくなるような共有地などの場合には、それを全部自分のものとして使用し利益を得られるような自然権などは存在しえない。その場合には（自然法上）そもそも誰も権利をもっていないので「譲渡」もできるはずがなく、政治権力がそれを自分のものであるかのように独占的に使用することも、そして市民を排除することも許されない。ここにおいて、私有財産をきちんと個々人に保障しつつ、しかし、公共財は市民全体に使用許可を与えるような、恣意的・独裁的な政治権力を排除した「法の支配」をみてとることができる。

　さらにロックの理論に特徴的なことはホッブズ以上に権力分立的な点である。ロックは権力機構として執行部[51]（Executive）と立法部（Legislative）とをハッキリと区別しており、後者を召集したり解散したりする権限を前者に認めてはいるものの、選挙によって選出される後者のほうに優位性を認めている点で、人民主権を意識していたことがわかる（『統治二論』II.13.156）。もちろん国王大権など前者に関わるものも認めてはいるのだが、しかしそれは議会によってコントロールされる仕組みとなっている。だか

50　別の箇所では、自然法たる理性が「侵害すべからず」と全人類に命じるものとして「生命」「健康」「自由」「所有物」がある、と述べられている（『統治二論』II.2.6）。

51　戦争や条約締結など国外に対する行政機関としては「連邦部 Federative」なるものがあるが、それは国内を統治する執行部と実務的に分かちがたいと主張している（『統治二論』II.12.148）。

らこそ「立法部は、法を作る権力を他のいかなる者にも移譲してはならないし、また移譲することもできない」とあり（『統治二論』II.11.142）、こうした権力分立論のもと、自然権であるpropertyを基礎としたリベラリズムは、理念的には法の支配のもとで、そして実質的には議会制民主主義によって支えられるということになる。

そもそも、このような権力分立は、立法・行政・司法を統合していた君主が、「法」を恣意的に運用することで生じてきたトラブル再発を防止するためでもある。実際、近代イギリスの政治的歴史は、王権と議会（を構成する貴族）との間での課税をめぐった対立をぬきに語ることはできない。[52] こうしたなか、国王が議会の主流派と結託して好き放題できないよう、立法部の独立性が保たれる必要があるが、そのためには、立法部の意思について、国王でもそれに近しい貴族にでもなく、人民側に位置づける必要がある。ゆえに、主権者である国民の意思（を代表する議会）のもと課税権に制約をつけるべき、とロックは考えているのであるが、これはマグナ・カルタの課税同意権に関する「国王／諸侯」関係の規定を「国王／国民（人民）」に拡張するような適用といってよい。このことは「立法部は、国民が、自ら、あるいはその代表者によって同意を与えないかぎり、彼らの所有権に対して課税してはならない」（『統治二論』II.11.142）という箇所からもうかがえる。このように、真の主権者である国民およびその代理人たる議員による集合体が目を光らせることで、「法の支配」とそこでの自然権保障が随時確認されてゆくことになるが、これはリベラリズムへの大きな歩みといえよう。なぜなら、そこには主権者である人民の「意思」が理念としてだけでなく、「選択」として政治に注入されるような（たとえそれが直接的にではないにしても）政治システムの構想が描かれているからである。ただし、やはり気をつけるべきは、ロックの社会契約論それ自体はリベラルでありリベラリズムなのであるが、それはマグナ・カルタ以降に積み重ねられたコモン・ローのもとでの——諸侯や人民を自由意志の主体としてその立場保障を約束するような——法の支配に沿ったものということである。

こうした法の支配に沿った権力分立体制は、執行部たる王権のみならず、立法部たる議会（議員）にも制約を課し、必要があれば立法部を修正するためのフィードバック機能をもっている。諸侯や市民の自然権を侵害するかのような議決・法制定は裏切り行為としてみなされるので、そのとき人民は統治を解体し、自分たちの安全と利益のためにもっともよいと考える立法部をつくれるとされる（『統治二論』II.19.219-222）。これは一般的に「抵抗権」「革命権」と呼ばれるものであるが、ロックは別に革命推奨や扇動を行っているわけではない。リベラリストとしてのロックの主張は、①政治社会の主権者としてのイニシアチブは人民にあり、信託を守らない行政部は、人民の代表者たる立法部がその行動を制限したりすること、そして、②その立法部が権力と結びついて長期的に専制政治が行われないよう、ある程度の期間が終了すると、統治権力は人民に戻り、人民は再度統治形態を構築することが約束されている、ということにある（『統治二論』II.19.243）。これはその都度ごとの代表者の選出を通じた穏健で漸進的な社会変革を示唆するものであり、こうしたロックの思想は民主主義[53]と法の支配との結合のもと、政治哲学における近代リベラリズムの到来を告げるものであった。

52　エリザベス一世統治はイギリスの黄金期であると同時に戦費もかさみ、その末期は財政難に陥った。スチュアート朝時代に起きた強権的な政治やそれが起こした市民革命はその延長線上にあるといえるだろう。

第6節　法的保護と寛容さ――ロック、ヴォルテール、モンテスキュー

王がその権限を駆使しうる行政部と立法部を分離し、課税決定権限を（民意をその背後におくような）後者へと移譲しようとした点ではロックは民主主義の提唱者であった。社会的意思の基礎単位である市民個々人が、自らが受け入れた政治体制に従いながらも、自然権に基づきつつ自由な選択ができることを保障しようとする点では――権力による一方的な命令を排除していることから――、ロックが近代リベラリズムの祖であったといっても過言ではない。ただし、議会政治と民主主義の充実だけでは、リベラリズムの成立条件としては不安な面もある。なぜなら、単に「われわれ」が「われわれの社会」を決めるだけならばそれはすでに古代ギリシアやローマ帝国でも見られたわけで、それが単なる民主主義でなく、民主主義的リベラリズムであるためには、「われわれ」のうちの誰もが、他者侵害的行為、あるいは反社会的行為をしないかぎりは、その「個人」としての身分と自由とがきちんと保障されていなければならないからである。

　自由人の身分保障はマグナ・カルタで言及されてはいたものの、イギリスにおいてそれがきちんと守られていたとは到底いいがたい。とりわけ宗教改革の嵐が吹き荒れた一六―一七世紀では、国王が信仰する宗派以外の人は財産を没収されたり投獄・処刑されたりしており、そして国王が変わるたびにその対象が変わることもあった（たとえ宗教的対立がなくとも、政治的対立や反乱の疑いなどによって投獄・拷問・処刑もされていた）。国王大権のもと国王がもつ権限は強力であったし、また、国王に近い大法官主導のエクイティ裁判所の影響力も強かった。[54] ヘンリー八世以降、イギリスでは政治的権力者である国王が宗

教的権力者としても君臨しており、特定の宗教的信念をもった国王の交代に伴い、それまで保障されていた身分や地位が簡単に剥奪されてしまうことは頻繁に起きていた。これは「安定」「安心」という性

53　ただし、議会制民主主義のようなものはロック以前にも存在していたわけで、マグナ・カルタ以降、諸侯の会議のもと国王の一方的な課税を否決することもあった。ローマ帝国にもそうした議会制はあったし、そこに侵入してきた（後にイギリスにも渡った）ゲルマン部族社会においては民会があったとされている。ローマ・カトリックにおいては「枢機卿団Collegium Cardinalium」による教皇選出選挙（コンクラーヴェ Conclave）など、等しい政治的権限をもった集団的意思決定システムは宗教組織にさえ存在していた。なかでも、とりわけシステマティックであるのは「長老主義」（プレスビテリアニズム Presbyterianism）であろう。各会衆が所属する教会（kirk）は平信徒の中から選出された治会長老によって運営される「カーク・セッション kirk session」を有し、そこでは牧師が議長を務める。そして、これら長老と牧師が代表となってその地域の同様の代表者たちが集まり構成する「長老会 presbytery」があり、さらにその長老会から選出された代表者が集まり構成する「シノッド synod」がある。教会総会は、その各シノッドから選出された代表が取り仕切るようになっており、かなり議会制民主主義的な組織構造であったといえる（ただし、各会衆は直接自分たちで牧師を選ぶことはできず、長老会があらかじめ立てた候補の中から指名するようになっており、各信徒の自由裁量は制限されてはいるのだが）。

54　時代や状況が異なってくると、画一的・前例踏襲的な判決を出すコモン・ロー裁判所にて救済が与えられないこともあり、その場合、国王に直接介入を求める事例も出てきた。そして、コモン・ローでは示しえなかった特定履行（あるいは差止命令）などで救済する「エクイティ equity」が定着したが、そうした訴えについては、国王発信の法令文書作成を取り仕切る行政トップの大法官がその請願を処理しており、ここから、国王に近い大法官による司法と、それ以前からできあがっていたコモン・ロー的司法とが分離してゆくことになる（前者はいわゆるエクイティ裁判所）。ただし、気をつけるべきは、エクイティは法の一部ではあるが、「法」そのものではない、という点である。これは従来のコモン・ローでは救済できないものを救済する衡平の原理に沿った準則的措置であるので、これによって救済される場合には、コモン・ロー上の救済が充分でないこと、そして、それまでの先例にはない特殊な個人事情、背景、影響などが立証されねばならない。

質を欠落した統治であり、コモン・ロー的な法の支配に反するものともいえる。
『寛容についての書簡』（1685：以下『書簡』）はそうした時代（の終わり際）に書かれたものであるが、ここにおいてロックは、国王大権といえども個人の宗教的信条には立ち入るべきではなく、人々の思想・良心の自由を保障するよう説く。その大まかな議論のポイントは以下の通りである。

ロックの寛容論のポイント（『書簡』18-20/354-356）

①政教分離論

魂の配慮は誰にも委ねられず、社会契約によって成立するような政治権力の役割ではない（他方、身体や財産への配慮は、世俗的・政治的事柄として社会契約の対象となる）。

②個々人の自己救済・幸福追求権

自然権の保護のための為政者の権力はただ外的な力（実定法による命令と刑罰）にのみ存在するが、真なる救済のために行使されるべき権能は個々人の内的な信仰にあること。[55]

③個人的信条（救済手法）の多様性

救済への扉はそもそもがすべての個々人に開かれているのであって、それぞれの社会におけるそれぞれの君主やそれが定める法に依拠する形で開かれているのではない。

④教会組織の自由民営化

教会は人々の自発的な集まり・結社（society）であり、抜けるのも留まるのも自由であるし、それぞれの教会は他の教会に対するいかなる支配権ももっていない、ということ。

基本的に、上記ロックの政治論および寛容論は、「政教分離の原則」と、「(不寛容な)干渉の不合理性」という論点でまとめることができる。前者によれば、合理的な人々は、政治的な社会契約をする一方で、自発的に自身が信じることでその魂の救済を願う——それは教会に集ったり、聖書中心主義的な生き方をしたりするような——宗派を形成するのであって、その区分を越境して、特定の宗派がその意向をもって介入するような権力は不正義であるとされる(ロックはローマ・カトリック教会をそうした一例としている)。そして、後者のポイントとして、「神の名のもと、強権的にいろんな宗派に介入したり弾圧しようとする権力は、結局他宗派を救うことはできない」という点を指摘する。こうした観点からすると、不寛容な政策や宗教裁判は救済の点では無意味であり、社会においては無駄な不幸を引き起こす点で有害ですらあるとロックは主張する。[56]

こうしたロックの議論から受ける率直な印象としては、それは「帰結主義的な政策論としての寛容論」であり、ゆえに、不寛容の犠牲者となりうる個々人の「思想の自由」「信教の自由」といった個人的権利を不可侵のものとしてみなすようにもみえなければ、寛容そのものの「徳」としての素晴らしさ

55　このように外的強制とは区別された内発的動機づけのもとでの救済をよしとするスタンスはアクィナスのような自然法論者のなかにもみいだされるものであり、ゆえにこうしたロックの寛容論に関し、それを、脱神学的な個人主義的市民社会論とみなせるかどうかについては議論の余地があるだろう。

56　もちろん、例外的に寛容の対象とはならないものもあるわけで、それは政治社会に実際に害悪を与えるものがそうである。ロックが具体的に挙げるものとしては、(1) 社会契約的に市民の自然権を保護する国王すらも「破門」のもとにその政治的実権を奪おうとするような宗派(ローマ・カトリック教会)は、市民社会を崩壊させるものであり寛容の対象ではなく、また、(2) 神を否定する無神論者などは、社会の基礎としての契約などに拘束されないので、社会的に害悪ゆえに寛容の対象とはならない、とされている(『書簡』50–52/390–391)。

を訴えている感はいまいち薄い[57]（実際には、キリスト教徒としての慈愛にも言及してはいるのだが）。政教分離の合理性と妥当性から寛容の重要性を説く議論を展開してはいるものの、実はその裏面には、「社会的混乱を引き起こしたり、あるいは社会的に有害ともいえる思想であれば、それを政治的に抑圧したり、法を通じてその活動を禁止すべきである」といった強権主義が隠されているようにもみえる（実際、カトリックと無神論を寛容の対象から除外していることからもその可能性は否定できない）。

ただし、ロックの寛容論は、政治的・世俗的な目的として寛容の必要性を訴えるだけではない。やはり、個々人の思想・信条が法のもとで保護され、その身体・生命・財産が保障されることは「理性」に適った無矛盾的な「自然法」と考え、それは無矛盾的な「神の法」としても考えていた節がある。このことは以下の箇所からも確認できる。

> 彼ら［宗教を理由に他者を迫害する熱狂的な狂信者たち］が人々の財産を奪い、身体刑を加えることによって不具にし、不潔な牢獄で苦しめ飢えさせ、ついにはその生命さえ失わせるということが、彼らの言うように慈愛の原理に発するならば［…］どうして彼らは『ロマ』第一章に（使徒により）はっきりと異教徒的腐敗として示されている「邪神崇拝、欺瞞、その他の大罪」が、かくも多く自分たちの仲間や国民の間にはびこるのをそのままにしているのでしょうか。（『書簡』14/351）

これは、異教徒に対するアンフェアでダブルスタンダードな態度を糾弾するものであり、異なる宗派だからといって不当なまでの自然権侵害（生命、健康、自由、財産の侵害）を行う判断は、理性の法たる自然法の支配に背いていることを示唆している。

宗教的寛容のもとでの司法改革論

しかし、ロックにおいては厳密な三権分立が提唱されているとは言い難く、政治権力の介入を禁止するような独立的な司法機関の在り方については明言されてはいない。そもそも、イギリス社会において司法が完全に独立的役割を果たすような体制が確立していたのかどうかについては議論の余地がある。というのも、貴族院常任上訴貴族が最高裁判所裁判官役を務めていたという点では、立法部の一部が司法と結合していたとも解釈できる。[58] もっとも、そうしたシステムを推奨する議論はロックの『統治二論』以前にも存在するわけで、[59] 当時のイギリスの伝統としては、貴族院議員の教養・知見・バランス感覚というものこそが自己利益に囚われることのない正義に近いものとする考え方があり、だからこそ、「横暴で不正義をはたらく国王vs.それに抵抗する、法の支配のもとで守られるべき対象としての貴族たち」という対立図式が生まれたのかもしれない（しかし、国王に近い貴族が司法権力のトップである大法官として君臨するという時代もあったのだが）。

名誉革命も終わるころのイングランドの政治的状況を鑑みるに、ロックの権力分立論の目的は、王やその側近から、国民およびその代表者側へと政治的イニシアチブを移行させることで長期的・安定的な

57　この点は、Mendus［1989］27-28/41 でも言及されている。
58　イギリスにおいて司法機関が完全に立法部から独立した組織となり三権分立が機能しはじめたのは二〇〇九年の連合王国最高裁判所（Supreme Court of the United Kingdom）の設置時とみなすこともできる（the Constitutional Reform Act 2005 に基づくもの）。
59　Sadler［1649］や Baxter［1659］など。

政治社会を構築することにあった。これは、行政部に対する立法部の優越性はコモン・ロー的な法の支配のもとで強調されていたことを意味する。もちろん、貴族院を包摂する立法部が司法権を好き勝手に乱用したり、一時しのぎの恣意的な法令などを乱発しないよう、公布された恒常的な法と、権威を授与された公知の裁判官のもとで立法府も規制されるべき、とロックは述べている（『統治二論』II.11.136）。しかし、権力分立論として社会的安定がもたらされたとしても、個々人の自由は、法的観点から確実に保障されていたとは言い難い。たとえば、名誉革命後の一六九七年、スコットランドでは神を冒瀆した罪で、法的手続きを経て、一八歳のトマス・エイケンヘッドが死刑宣告を受けて絞首刑となった[60]（ロックはこの事件について報告を受けていたと言われている）。たとえ国王などの政治権力が積極的に宗教的弾圧をしなくとも、教会的な考え方に取りつかれた検事が訴追し、不寛容な陪審員が「有罪」と評決することで、合法的に個人の自由が侵害されるケースはあるわけで、封建社会から議会制民主主義になったからといって、それだけでは、必ずしも個人の自由が保障されるようになるわけではない。

寛容論と司法との関係でいえば、カラス事件[61]で有名なヴォルテール（1694-1778）を忘れるべきではないだろう。ロックは割と「民意」に信頼を寄せており、民意に沿わない執行部（行政府）の横暴こそが市民的自由の障害になるという論調のもと、民意とその代表である立法部（議会）に理性と法をみいだし、民意とそれによる社会全体の安心感のために寛容論を提唱していた節が見受けられる。しかし、民衆の宗教的偏見やそれに起因する冤罪事件などをみてきたヴォルテールからすれば、民意や世論であっても（そしてそれを反映した立法や司法が）理性的とは限らず、だからこそ、慣習的な法とは異なる理性的な「法の支配」を実現すべきと考えていた。それは、適正な「司法」のあり方を実現し、個々人の思想の自由を保護するような寛容に基づくものでなければならない。この点では結論はロックと同じでも、そこでの「法の支配」の在り方は――どちらも理性は重視しながらも――コモン・ロー的かどうか、という点で大きな違いがあるように思われる。

こうした寛容論の高まりのなか、自由人としての市民の身分保障を合理的な司法制度のもとに確立しようとした人物といえば、やはりモンテスキュー（1689-1755）であろう。モンテスキューは三権分立の提唱者として有名であるが、彼はその原型をイギリス的な政治権力の分立にみいだしており、『法の精神』第Ⅱ部第11編第6章「イギリスの国制について」の冒頭部分にて、以下のように三権分立の基本構造を述べている。

> 各国家には三種の権力、つまり、立法権力、万民法に属する事項の執行権力、および公民法に属する事項の執行権力がある。
>
> 第一の権力によって、君公または役人は一時的もしくは永続的に法律を定め、また、すでに創られている法律を修正もしくは廃止する。第二の権力によって、彼は講和または戦争をし、外交使節を派遣または接受し、安全を確立し、侵略を予防する。第三の権力によって、彼は犯罪を罰し、あるいは、諸個

60　この事件の詳細についてはHerman [2001] 1-9/2-9を参照。

61　カラス事件とは、カトリックの風習が色濃く残るトゥルーズの町にて、新教徒（プロテスタント）一家の長であるジャン・カラス（当時六八歳）が息子殺しの疑いから裁判にかけられ、証拠不十分にも関わらず処刑された事件。二八歳の息子が旧教（カトリック）へと改宗しようとしているという噂が流れ、それを妨げようとした父親による犯行と世論が決めつけ、その世論に流された――あるいは世論に乗じて名声を得ようとした――裁判官たちの判断によって父親は処刑され、一家は離散させられてしまった。その後、その妻をヴォルテールらが支援し、国王顧問会議の弁護士らなどの強力を得て再審したのちに無罪が勝ち取られ、カラスの名誉は回復された。

人間の紛争を裁く。この最後の権力を人は裁判権力と呼び、他の執行権力を単に国家の執行権力と呼ぶであろう。[…]同一の人間あるいは同一の役職者団体において立法権力と執行権力とが結合されるとき、自由は全く存在しない。なぜなら、同一の君主または同一の元老院が暴君的な法律を作り、暴君的にそれを執行する恐れがありうるからである。

裁判権力が立法権力や執行権力と分離されていなければ、自由はやはり存在しない。もしこの権力が立法権力と結合されれば、公民の生命と自由に関する権力は恣意的となろう。なぜなら、裁判役が立法者となるからである。もしこの権力が執行権力と結合されれば、裁判役は圧制者の力をもちうるであろう。(『法の精神』II.11.6.1-5)

モンテスキューがイギリスの権力分立の仕組みをきちんと理解してこのように紹介したかは定かではないが、ここでは立法と行政との分立と同様に、司法もまたそれらから等しく距離を置くべきことが示唆されている。民意を代表する議会(立法府)すらもその行いは別の独立的機関によってその是非が問われるわけであり、その裁判権力を司法は担うことになる。そのためにも、「裁判所を構成するための裁判権力は常設的な元老院ではなく、法律に規定された仕方で、人民の集まりから選出されるべき」とモンテスキューは主張する(『法の精神』II.11.6.13)。これは、立法府と同様に、司法においても主権者たる国民がその代表者を選び、しかしそれは立法府とは独立的な活動を行うことを意図するものである。実際、立法府には自身が制定した法律がどのような仕方で執行されたかを審査したり告発するような権限はあっても、その立法そのものの正・不正の判定などは司法に委ねられねばならないし、ゆえに、裁判権力は立法権力のいかなる部分とも結びつけられてはならない。モンテスキューは「裁判権力が立法権力や執行権力と分離されていなければ自由はやはり存在しない」(『法の精神』II.11.6.5)というが、これはまさに法の支配のもとでのリベラリズムを意識した発言といえよう。こうした法の精神は、後の一七八九年のフランス人権宣言一六条での、「権利の保障が確保されず、権力分立が定められていない社会は憲法をもたない」という箇所にも見受けられる。つまり、分立してあるべき権力が束ねられてしまうと恣意的な立法が実施され個人の権利と自由が踏みにじられ、しかもそれが常に合法なものとして司法的お墨つきが与えられてしまう。ゆえに、人民主権的なシステムは必要であるとしても、法的精神からの逸脱・混乱を避けるためのストッパーとしての司法の独立性が重視されていたといってよい。ただし、司法はあくまで法に沿って裁きを下すのであって、立法権力とは独立的であろうが法そのものには従わねばならないし、そうでなければ、司法に関わる人間が好き勝手できることになってしまう。司法と結びついたある派閥があるとして、それが気に入らない別の派閥を「有罪」の名のもとに処刑しがちになるのはこれまでの歴史ですでに証明済みであり、だからこそ罪刑法定主義のもと何が法律違反かを事前に明示し、そして事後の裁判においてはどのような根拠によってその裁定が下されたのかについての法源(判決において正当性をもった基準)とその説明(明示性・透明性)が必要となる。

モンテスキューの混合政体論

人民主権を訴え、立法だけでなく司法にまでそれを(それぞれ独立的に)反映させようとしたモンテスキューではあるが、特徴的であるのはやはりフランス啓蒙思想よろしく、理性的な「法の支配」を重視する一方、感情的な人民裁判を懸念している点であろう。彼は「権勢ある者は常にねたみにさらされている。そこで、もし彼らが人民によって裁判されるならば彼らは危険に陥るかもしれないし、自由な国家において最下級の公民でももっている同格者による裁判という特権を享受できないこととなろう。それゆえ、貴族は国民の通常裁判所ではなくて、立法府のうちの貴族によって構成されている部分〔貴族院〕に呼び出されるべきである」（『法の精神』II.11.6.47）と言っているが、この箇所は非常に興味深い。これだけみれば従来のアンシャンレジームに即した貴族に対する特権保障のようにもみえるが、それだけでなく、これは混合政体においてそれぞれ異なる社会クラスに属する人々の共存のための知恵でもある。たとえば、クラスAに属する人たちの判決をクラスBが取り仕切っているとすれば、クラスAの権利は実質的にはクラスBに握られているといってよい。こうしたことへの懸念は、「裁判役は被告人と同じ身分の者つまり、同格者であることさえ必要である。それは、被告人が自分に暴力を加えそうな人々の手に委ねられていると心中で思うことがありえないようにするためである」（『法の精神』II.11.6.18）という箇所からもうかがうことができる。

それに、モンテスキューの法制史理解において、司法に属する貴族は「シヴィル（公民）」の領域の担い手でもあった[62]。とりわけ「高等法院（パルルマン Parlement）」の役割は大きく、自由人同様に、領主の不当な司法的裁きに対する救済手段としての控訴を平民にも認めるそれは、市民社会における法の支配の象徴とも捉えられていた（もちろん、学問を収めていない単なる帯剣貴族はそれに寄与することはできない）。「君主国においては中間諸身分〔貴族身分〕が存在するだけでは十分ではない。さらに法律の保管所が必要である」（『法の精神』I.2.4.10）とモンテスキューがいうとき、それは常設的である程度の人数をそろえ、人民からの信頼をかなり得ているような貴族階層、すなわち、高等法院の担い手たる法服貴族（Noblesse de robe）を念頭に置いていたように思われる。法服貴族そのものについては売官制のもとでのその購入や相続など民主主義と対立する面も併せもつものであるが、それは従来の帯剣貴族とは異なる由来をもち[63]、そしてそうであるがゆえに学問を収め、無知を克服し、人民の信頼を得ているものであった、とされる（彼らのなかには元「平民」もいるので、その意味でも、彼らは貴族と平民との間の中間層ともいえる）。それに、大商人のような平民の代表格でも、努力次第でそうした官職に就くこともできるし、その世襲によってその子孫たち（法服貴族）は、それまでの私利私益を追い求める必要がなくなり、だからこそ国家のため——すなわち、君主と公民の両方のため——に尽力しようとする（とモンテスキューは考えていた）。これは、「法律は貴族の身分を世襲にしなければならない。それを君公の権力と人民の無力との間の境界にするためではなく、両者の靭帯とするために」（『法の精神』I.5.9.2）という箇所にも表わされている。さまざまな階層からなる当時の社会がうまくゆくことを目指すモンテスキューにとって、司法に関わる貴族の役割はかなり重要であったことがうかがえる。

モンテスキューがその議論において念頭におく社会では、さまざまな社会的階層と既得権、社会的対立が残っており、だからこそ、立法・行政・司法を包摂する社会システムの基盤に「人民主権」を置きつつも、それがポピュリズム的で感情まかせの「人の支配」とならないような制度的工夫を求めていたようにみえる。当時の状況では、「人民主権のもとすべてがうまくいく」などということは、いくらリベラルなモンテスキューでも考えてはいなかったようで、せめてその司法が衆愚的意見に流されないよう、司法権力内部においても権力分立を考えていたといえるのではないだろうか。とはいえ、権力分立

62　こうしたモンテスキュー解釈については定森［2007］を参照。

63　従来の封建制では、国王へ奉仕・貢献した貴族に土地が与えられ、そこでの領主として領民を管理し、税を納め、軍務の義務を負うものであった。しかし、後に、官職としての執務能力が認められたものは金銭でその地位を購入し、税を払うことで子へその地位を世襲することが可能となってゆく。

論そのものはロックやモンテスキューの専売特許というわけではなく、古くはトマス・モアの『ユートピア』、ハリントンの『オセアナ共和国』、それにロック以降はヒューム、さらにはJ・S・ミルなどによっても展開・発展されており、それらはいずれも、封建社会から近代社会（議会制民主主義）への過渡期において、いかに市民的自由が確立できるかを模索していたともいえる。

いずれにせよ、モンテスキューは、ロックのリベラリズム的な権力分立論を推し進め、しかし、あくまで慎重に、社会的混乱を避けるような漸進的な三権分立を提唱していたといえるであろう。彼は「もっとも自然にかなった統治とは、その独自の性向が統治確立の目的たる人民の性向によりよく適合している統治であると言ったほうがよい。［…］それらの法律は、その作られた目的たる人民に固有のものであるべきで、一国民の法律を他国民にも適合しうるというようなことは全くの偶然であるというほどでなければならない」（『法の精神』I.1.3.9-12）というが、これはそれぞれの時代、それぞれの民族にはそれに適した法的統治形態があり、安易な「べき」論に陥って実情に合わないものを用意すると、とんでもない悲劇を生むことを予感していたのかもしれない。いずれにせよ、幅広い教養と知識に裏打ちされつつも、独断を避け、現実をよりよく改善しようとするモンテスキューは、啓蒙思想家であると同時にリアリストとしてバランスのとれた人物だったようにも思われる。

王権の独裁制のリスク、扇動された大衆による意思決定のリスク、これらを注意深く排除しつつ、「正義」を担当する司法権力を提唱したモンテスキューの関心は、「社会的安定」と、異なる価値観（この時代においては異なる宗派）の人々同士が安心して暮らせるような「寛容な社会」の確立にあった。この点では（とりわけ後者における司法的保護を訴えている点では）モンテスキューはロックの寛容論的リベラリズムの系譜に連なるといってよい。

ただし、個人の「自由」に対する言及の仕方は、これ以降、「寛容さのもとで保障されるべき」というものから、「民主主義社会を担う者として、反省し、自律し、正しい選択をしてゆくべき」という形へと変化してゆく。バーリン風にいえば、社会理論の核心が、消極的リベラリズムから積極的リベラリズムへと移ってゆくのであるが、その兆候はすでにルソーの社会契約論にみいだすことができる。

第2章　民主主義とリベラリズム

第1節　社会を担う「自由な個人」——ルソーの社会契約論

イギリスでは自然権を基礎とした法の支配のもと議会制度の重要性が叫ばれるようになり、その結果、王権への制約のもとでの個々人の自由が保障されるようなリベラリズムが確立してきた。しかし、それは近代啓蒙思想のゴールなどではなく、始まりでしかなかった。少なくともフランス啓蒙思想においては、私的所有の保障に終始するようなリベラリズムは、自然本性に背くような——そして自然状態には存在すらしなかった——分断・対立・差別・憎悪をはびこらせるようなものであり、その克服こそが課題として認識されていたからである。ゆえに、「社会契約 social contract」とはそうした課題克服のための社会改良に至るものでなければならなかった。この点から、単なる代議制民主主義のもと個々人の自由に不干渉であればそれでよしとするのではなく、公共へと目覚めた理性的な人民の主権にもとづく政治体制、すなわち理想的な民主主義社会こそが必要であると主張するのが、フランス啓蒙思想の特徴といえる。

私有財産制以降の社会契約

このようなフランス啓蒙思想の代表ともいえるルソーの議論はおおむね次のような論旨である。(i) 自然状態では、本来人間は他人にきちんと同情し、公共心をもってそこそこ平和に暮らしていたはずであること、(ii) そこに私有財産制と個人主義がはびこり、同情心や公共心をなくし、人間本性は歪められたこと、(iii) ゆえにその政治社会もまたそれに応じる形で歪み、公共のための政治は行われなくなり、不平等のもと人々は不和となり社会的分断が生じたこと、(iv) ゆえに、その歪んだ政治社会において欲求や感情まかせで社会参加するのではなく、理性に目覚め、公共的で正義に適った政治社会へと改革すべき、という流れをそこにみることができる。手短にいってしまえば、それは、合理主義的な社会改革論ともいえるもので、そのリベラルな姿勢は、その後のフランス革命思想、さらには、社会主義や共産主義へと影響を与えていった。

それでは、ルソーの社会思想はどのようなものであったのか。ホッブズ、ロックはもとより、社会契約論全般において重要なポイントは、まず、自然状態をどのように位置づけるかである。なぜなら、社会契約論の手法とは、自然状態を設定し、そこでの合理的個々人が合理的選択のもとどのように同意を形成するかを示し、それによって理知的な政治社会を描き出すものだからだ。そして、ルソーの社会契約論は、その自然状態の描き方に関していえば、ホッブズやロックとまったく異なるやり方をとる。ルソーからすると、私的所有と利権政治がはびこり行き詰まりをみせているような(当時の)既存の社会よりも自然状態ははるかに自由で平等で平和であった。なのに、人々はその素晴らしさを忘れ、欲望まみれの価値体系にどっぷり浸かっており、善性は歪んで他人に同情もしなくなり、他者支配的に振る舞ってばかりである。つまり、自然状態よりもひどい政治社会に人々は生きている、とルソーは考えていた。この点についてはモンテスキューも同様であり、それは以下のように述べている箇所からもわかる。

人間が社会生活を始めるとすぐに、彼らは自分の弱さの感情を失う。彼らの間に存在していた平等は終り、戦争状態が始まる。

それぞれの個別的な社会が自分の力を感ずるようなことになると、これが国民の国民に対する戦争状態を生み出す。各社会にあっては、個々人が自分たちの力を感じ始める。彼らはその社会の主たる利益を自分に都合のよい方に向けようとつとめる。これが彼らの間に戦争状態をつくる。(『法の精神』I.3.1-2)

モンテスキューから言わせると、戦争状態とは社会が形成されたのちに生じたものであって、自然状態そのものはなんら戦争状態ではないということである。そして、この考え方はルソーにも共有されている。ルソーは『人間不平等起源論』(1755) の第2部において、社会生活を送るようになった人類の堕落を描いている。そこでは、人類は互いに評価することをしはじめ、尊敬されようと躍起になって権力を欲し、物財を求め、ロックのように労働を加えた土地を「自分のものだ!」と言い張り他人を排斥し、自分のことだけ考えて公共心をなくしてゆくありさまが描かれている。ゆえに、私的所有権を自然権とみなすその社会は不健全であり争いが絶えない、とルソーは強く非難する。

ある土地に囲いをして「これはおれのものだ」と宣言することを思いつき、それをそのまま信ずるほどおめでたい人々を見つけた最初の者が、政治社会〔国家〕の真の創立者であった。杭を引き抜きあるいは溝を埋めながら、「こんないかさま師の言うことなんか聞かないように気をつけろ。果実は万人ものであり、土地はだれのものでもないことを忘れるなら、それこそ君たちの身の破滅だぞ！」とその同胞たちにむかって叫んだ者がかりにあったとしたら、その人は、いかに多くの犯罪と戦争と殺人とを、またいかに多くの悲惨と恐怖とを人類に免れさせてやれたことであろう？（『人間不平等起源論』27/85）

モンテスキューもルソーも、自然状態では起きうるはずもない人間不信・虚栄心に基づくトラブルが当時の社会では実際に起きており、だからこそ、不和がそこでは生じえないような理性的な社会とは何であるのかを今一度問い直し、そしてその実現のための啓蒙と制度的工夫を求めた、といえる。[64]

もちろん、ロック主義者たちからすれば、こうしたルソーの言い分はひどい言いがかりに聞こえるだろう。「誰もが自分のものを所有したがる」のは、文明の悪癖以前に、人間のそもそもの本性であってそこに善も悪もない。せめて、「自然状態では私的所有と他人への配慮が両立していた」とか「私的所有の無制限な拡張は社会を破壊させかねない」と言うのであればまだしも、「私的所有は、他人への配慮を欠落させたり、公共心をダメにする原因である」というのはルソーの個人的思い込みにすぎないようにもみえる。またホッブズ主義者からすれば、「自然状態はよき状態であった」というルソーの考え方は素朴な懐古主義的フィクションにすぎない。実際、政治社会以前の自然状態では人道性以上に攻撃性がいかんなく発揮されており、死亡原因の割合だけでいえば殺人によるものが多かった。[65] われわれの社会に政治権力が登場したこと、そうした政治権力のもと生命や私的所有権を保障してもらおうと個々人が法というルールに従っていることにはそれなりの「理」があるのであって、理由もメリットもなく私有財産を保障・保護するような政治体制になったわけではない。私的所有が人間社会を腐敗させた、という議論はあまりにも単純で暴論といえよう。

ただし、自然状態での人間モデルに関しては、ホッブズ、ロック、ルソー、いずれの思想家においてもその記述は誇張気味であり、特にルソーだけが間違っているというわけではない。自然状態を戦争状態と決めつけ、生存至上主義的に強権政治を正当化するホッブズの議論は明らかに人間の善性を軽んじすぎている。ロックは、西洋型のリベラリズム的な社会契約の概念をあまりに理想化しがちであり、素朴な自然状態で暮らすような社会契約以前の人々を過小評価していたことからも、私的所有を重視する文明社会的価値観に毒され気味であるというルソーの指摘はそこそこ正しいようにも思われる。[66] では、そうした対立を踏まえ、ルソーがどのような政治社会の在り方を提唱したのかをみてゆこう。

64　とはいえ、上記の私的所有批判に対して、同世代のヴォルテールはこうしたルソーの考え方を「ならず者の哲学だ」として糾弾しているのだが。

65　これについてはPinker〔2011〕を参照。

66　以下のロックの言からも、西洋型社会への盲信と、非西洋型社会への見下す姿勢はみてとれる――「彼ら〔アメリカの諸部族〕は、自然から豊かな資源、すなわち、食物、衣服、生活の快適さに役立つものを豊富に生産するのに適した肥沃な土地を他のどの国民にも劣らないほど惜しみなく与えられておりながら、それを労働によって改良するということをしないために、われわれが享受している便宜の一〇〇分の一ももっていない。そして、そこでは、広大で実り多い領地をもつ王が、イングランドの日雇い労働者より貧しいものを食べ、貧弱な家に住み、粗末な服を着ているのである」（『統治二論』II.5.41）。

自分に対する約束としての社会契約

ルソーの『社会契約論』(1762) においても、ロックと同様に、政治の目的としては身体と財産とが保護されることが念頭に置かれている。この点については変わりはない。しかし、それが念頭に置く契約形態は、ロックのそれとは大きく異なる。

> 「各構成員の身体と財産とを、共同の力のすべてを挙げて防衛し保護する結社形態を発見すること。そして、この結社形態は、それを通して各人がすべての人と結びつきながら、しかも自分自身にしか服従せず、以前と同じように自由なままでいられる形態であること」。これこそ根本的な問題であり、社会契約がそれに解決を与える。(『社会契約論』I.6.4)

こうしたルソーの社会契約論(およびロックやホッブズへの批判)が何を意味するかといえば、「政治社会における社会契約論をAさんとBさんとの契約と見なすかぎりはうまくいかない」ということである。Aさんが自然的自由をすべて譲渡して政治社会における自由(財産を守られつつ、安心しながら経済活動を行うなど)をBさんによって与えられる、という契約があるとしても、それはBさんに対する実質的服従を意味するものであって、Bさんが契約違反をする可能性は常につきまとう。このように、誰かに自分を与えるかぎりは常に契約違反や搾取、そこからのトラブルが起こりうるが、自分に自分を与えるかぎりではそのようなことはありえない。理性的である人間は通常、自分で自分を裏切らないからだ。とはいえ、他人と関わらず自分だけで生きてゆくことなどはできない。社会生活における協働のメリットはさすがのルソーといえども認めざるをえず、すると、社会集団のなか他人と関わりながらそのスケールメリットを享受しつつ、あたかも自身を裏切ることのない「自分の分身」が政治を取り仕切っているかのような擬制的システムが必要となる。

それでは、自然状態における他人との信約とは異なり、「自分に自分を与える」という社会契約というものがいったいどのようなものなのかといえば、それは、その社会におけるみんながそれぞれ（各自の自発的な意志のもと）、共同体全体に対し、自発的に自分自身を譲渡する、というものである。

要するに、各人はすべての人に自分を与えるから、だれにも自分を与えないことになる。そして、各構成員は自分に対する権利を他人に譲り渡すが、それと同じ権利を他人から受け取らないような構成員は誰もいないのだから、人は失うすべてのものと等価のものを手に入れ、また、持っているものを保存するための力を〔結社によって〕より多く手に入れるのである。（『社会契約論』I.6.8）

ここの説明は非常にわかりにくいが、その構造は、「みんなが公共財にきちんと投資し、その公共財から各々利益を得る」という形態と類似している。つまり、各人が自身と同じような他者と同程度に「公共」に自らを捧げながら、それは将来の自身の利益として還元されることが約束されているような──しかも、それは単独ではないので、そのスケールメリットを享受できるような──構造である。

あなたが自らの意志のもとにそのように自分自身を共同体に信託・譲渡し、私もそうしているとしよう。そこでの譲渡先の共同体の当事者は「あなた」と「私」を含んだ「全体」であり、あなたの意志を預かったその全体がもし理性的な政治的意志をもっているならば自身の一部である「あなた」を裏切ることはないし（それは「あなたが自分自身を裏切る」を含意していることなので）、同様に、私の意志を預かりつつ私をその一部としているような共同体が「私」を裏切ることもない。これは、共同体において「あなた」と「私」があたかも共同経営者のように、分割不可能な主権者としてその意志を共同体に預け、そしてその意志を受けた共同体が「あなた」と「私」に利益や権利をきちんと保障するようなものである（きちんと保障しなければ、どちらかが「ふざけんな」となってトラブルを起こしたり、その関係を解消したりするだろう）。もちろん、状況によっては「あなた」に多くが行き渡ったり、「私」に多くが行き渡ることもあるかもしれないが、それが理性および公平性の観点からそうであれば別に文句はないはずである。「あなた」も「私」も共同経営者である以上、どちらかが弱ったり欠けてしまうような政策をとることは、共同体の自傷行為を意味する。「あなた」と「私」が理性的な自発的意志のもとで共同経営すれば、そこでは公平な利益配分、権利保障が自然となされることだろう。これこそがルソーが念頭に置く社会契約の在り方である。

一般意志とは

こうして、諸個人の幸福、自由、平等などを実現するような政治社会が実現する、というわけである。もちろん、この背後には、（i）互いに協力的であり、自身に対する権利主張と同様に、他人の幸福を否定したり排除する意志をもっていないこと、そして、（ii）使用するルールや政策については、共に公平なもの、公共的なものには自発的に従う意志をもっていること、という理性的スタンスが前提となっている。このスタンスのもとで政治的共同体へ参加していれば共有されるところの政治的意志こそ、ルソーがいうところの**一般意志**（〈仏〉Volonté Générale、〈英〉General Will）といえる。

われわれのおのおのは、身体とすべての能力を共同のものとして、一般意志の最高の指揮のもとに置く。それに応じて、われわれは、団体のなかでの各構成員を、分割不可能な全体の部分として受け入れる。（『社会契約論』 I.6.9）

つまり、一般意志のもと結集した「われわれ」は、その各構成員を機械の歯車のように利用したり捨てたりせずに、社会のために政治的意思決定を行い、それはひいては各人のためになる、ということである。主権者である人民は一般意志のもとで政治参加をするが、そこでの政権・政策は一般意志に基づいて形成されたものであるので、すべての個々人を正義に背かないよう取り扱い、そしてなるべく自由で意志をもった個人として尊重し、その社会的恩恵を全員に——理性的観点から公平に——与えようとする。そこでの主権者たちは、ホッブズが想定するようにその主権を譲渡しているわけではないので誰も隷属状態ではないし、ロックが想定するように誰かを代行者に立てているわけではないので裏切られたり搾取されたりして、それを引きずり降ろそうと争いになるようなリスクも避けられる。

ルソーからいわせると、ホッブズにおいてもロックにおいても、そこでの社会契約をしようとする個々人は自分の特殊利益のみを追及しようとする「特殊意志」に従おうとしかしていない。各々が「自分の権利保護を最大化するには……」と打算的に考えたところで、その意志の在り方はリスクを伴うものであるし、そんな社会参加のもとでは理想的な政治社会は実現されることはない。もちろん、そうした特殊意志が集団的なものとして総和的な「全体意志」を形成することはあるだろう（『社会契約論』 II.3.2）。しかしそれは部分的結社である大きな徒党の意志にすぎず、異なる徒党同士が対立したり、徒党内での権力争いなどが生じたりするし、ときに政治的敗者は悲惨な目にあってしまい、その苦境を顧みられないような社会的弱者も生まれてしまう。これでは、「自分を裏切らない自分」が政治をしているようなまともな政治社会とはいえない。そのような個人的意志や集合的意志には、一つの社会としてきちんとした社会契約をなすような「理性」が欠落しているのである。つまり、理性的な市民による社会契約とは、そうした特殊意志（とその集合である全体意志）ではなく、一般意志に従ったものであるわけで、そうでない社会契約は理性に反するものということになる。それゆえに、後者は不正・不公平・不自由の温床となるのだ。

ルソーのこうした「一般意志」の考え方は、現代の政治社会が民主主義的でありながらもいまだ混迷を極めている理由を教えてくれる。利権優先の政党政治のもと各党は政党内の仲間をかばう一方、他政党の振る舞いばかりを厳しく糾弾するというダブルスタンダード的振る舞いを平気でするし、自分たちのサポーター、あるいは利益を供与してくれたり投票してくれそうな団体を優遇するような政策ばかり実施する。政局の混乱、政治の私物化などを防ぐためには、主権者たる人民が理性に目覚め、一般意志のもとで政治が行われるべきというルソー流のフランス啓蒙思想は現代に通じるところがある。

ルソーからすると、代議制（間接民主制）とは「代表者を選出することで主権を行使している」と思い込ませるものであって、主権者の当事者意識をなくさせる（あまりよくない）制度であり、人民の意向を直接的に立法に反映させるべきだと強く主張する（行政執行権を代理人に託すことまでは否定しないが）。このことは、ルソーの以下の言をみれば明らかである。

> だから、人民の代議士は、人民の代表者ではないし、代表者たりえない。彼らは、人民の代理人であるにすぎない。彼らは何ごとをも最終的に取り決めることはできない。人民がみずから承認したもので

はない法律はすべて無効であり、断じて法律ではない。イギリス人民は、自分たちは自由だと思っているが、それは大間違いである。彼らが自由なのは、議員を選挙するあいだだけのことで、議員が選ばれてしまうと、彼らは奴隷となり、何ものでもなくなる。自由であるこの短い期間に、彼らが自由をどう用いているかを見れば、自由を失うのも当然と思われる。(『社会契約論』III.15.5)

ルソーの言わんとすることはたしかにわかる。人は共同経営に直接関わるからこそ当事者意識も強いが、「俺、あんまり経営のことわからないし……」といって代理の経営者にまかせるのであれば、結局その経営の仕方は代理人の言いなりになるよりほかはない。政治も同様であり、「わかっている人にまかせればいいさ……」というのであれば、まかされた政治家(代議士)がやりたい放題やるだろうし、それこそが、政治的無関心がはびこった社会の政治的混迷の原因ともいえる(だからこそ、選挙後であっても、新たな立法措置や廃案を働きかけるような政治的デモを行う自由は保障されねばならない)。さらにいえば、代議制においては、主権者の政治的関心が強かろうと、共同参画の意識が希薄になっていれば――つまり、一般意志ではなく特殊意志のもとで参加すれば――政治はやはり混乱してしまう。たとえば、経営はわからないがとにかく利益は欲しいので、うまくいったときに自分に分け前を多く与えてくれそうな代理経営者を立てて「経営のやり方はまかせるから、とにかく俺の利益を確保しろ」と要求をする場合、他人よりもまず自分に利益をもたらすことをその代理経営者に求めてしまうであろう。しかし、誰かがそれをできるということは、他の人も同様のことをできるのであって、そこで行われる代理人同士の共同経営は勢力争いばかりをして、公正的・協調的に経営することを忘れがちとなるかもしれない。なんとか経営が続くにしても、それは公平と正義を欠いた、政治的な駆け引きと妥協的な経営でしかないだろう。当然、あまり影響力をもたない代理人に頼るしかできないような階層には、いつまでもその利益が還元されることはない。政治社会でいえば、なかなか自身の利益や権利を享受できない政治的弱者が生まれるような環境といえる。

とはいえ、政治機構には完全なものはなく、現実路線としては実情に合ったベターなものを選ぶ必要もあるので、現代社会のように複雑な問題が山積みで、しかも日々の仕事にみんなが忙殺される情況では、関係する膨大な当事者たちが政治に共同参画したり、人民が共有する一般意志を反映した政治参加とそこでの立法を求めるルソーの主張は理想論にすぎず現実味に乏しいかもしれない[67]。ゆえに、ある程度の見識をもち、それに専心できるような専門的な人々が舵取りをするような——あるいは専心できるような職種としてそれを用意するような——議会制度が必要となるだろう。もちろん、ここには政治社会のサイズやそこで暮らす人々の多様性とも関わっている。原始共同体に近い小規模な社会であれば、ほとんどの関係者の利害が一致するので直接民主制ですませられようが、大きな国土に多様な人々が暮らし、仕事や生活、資質なども多種多様である場合、それに相応しい形での——混乱を防ぎ、派閥争いのリスクを低減した——統治形態・議会形態が必要となる[68]。しかし、いずれにせよ、ルソーがいうところの一般意志というものがきちんとされるという保証はないのであるが。

もっとも、こうした一般意志の政治的実現の困難さは、ルソーの理論そのものの欠陥というよりは、その実践的射程の問題というべきものであろう。少なくとも、「理性的存在者としての人民に共有されるところの意志」という理念は、社会が抱える政治的課題とその乗り越え方を論じるためのパースペクティブを与えたもので、政治哲学・法哲学におけるその功績は途方もなく大きいものといえる。

ただし、その理論そのものにもある種の疑義が申し立てられることもある。ルソーのそれは、歪んだ近代社会を矯正し、人々を真なる意味で自由にしようとするものであり、だからこそ、一般意志を共有した人民たちによるきちんとした「政治的入力」が必要とされる。それは、ゴールたる真なる自由の実現へと至るスタート地点であり、そこでは「理性によってみいだされるところの正解」というものが想定されている。しかし、その「想定」は正しいものなのだろうか。そして、その想定以外のものは「不正解」として政治的入力から排除されるとすれば、それは真なる自由のため、多種多様な人々のいくらかを抑圧・排除することを正当化するロジックとなりえないだろうか。出発点に一般意志を想定すれば、それは確かにゴールは望ましい社会となるであろうが、その一般意志が本物かどうか、それを検証する（そして疑う）可能性は常に開かれていなければならないように思われる。

67 ルソーの本意が、現代的な代議制そのものを否定するものであったかどうかは議論が分かれるところである。当時の（イギリスの）代議制は、ある意味では「選挙的貴族制 elective aristocracy」ともいえるもので、そこには一般市民が介入する余地はない。ゆえに、ルソーの間接民主制批判は議会制度を否定するものではなく、単に広い人民がそこに参加できるような政治社会を望んでいただけ、と解釈することもできる（この解釈については、Masters [1968] VIII を参照）。ただし、たとえ貴族以外の人民が選挙権をもって政治に参加したとしても、代議制のもとでは結局「彼らが自由なのは、議員を選挙するあいだだけのことで、議員が選ばれてしまうと、彼らは奴隷となり、何ものでもなくなる」というルソーの指摘どおりになってしまうわけで、この点を踏まえると、代議制における一般意志をもった人民の意図と、選出された議員の意図との乖離可能性に関してルソーが警鐘を鳴らしていた、と解釈することはやはり適切であるように思われる。

68 マディソンはこうした点を懸念し、直接民主制よりも間接民主制（共和的代表制）を推奨している（『フェデラリスト』第10篇）。

第2節　自由な個人と「なる」ために——ヘーゲルによるルソー批判

「一般意志」の危険性

ルソーは社会契約を「誰かと誰か」の契約ではなく、「自分と自分」との決して裏切りようのない自己制約的合理性を用いたアナロジーによって、「自分たちと自分たち」における契約形態を（擬制的に）組み込んだ政治社会のあり方を提示した。それは、一般意志のもとでの社会契約（と民主主義的システム）には不正義の可能性がないことを理論的に証明しようとすることでもある。しかし、アナロジーが成立するための一つの、そして重要な前提として、当事者が「一つの共同体」に所属する仲間として合理的でなければならない。この点について、そうした意識が欠落した（いわゆる特殊意思にとらわれた非理性的な）利己的個人がいかに一般意志に目覚め、主権者たる人民としてそれぞれ共通の目的（公共の幸福増大）のために政治に参加できるか、といった疑問が寄せられるであろう。『エミール』で説かれるように教育が必要なことはもちろんであるが、ただ子どもを教育すればよいだけでなく、大人もまた堕落しないような適切な習俗のもとで生きなければならない。そうでなくては、いい大人であっても一般意志のもとで政治参加しようとしないからだ。そこでルソーは『社会契約論』において、一般意志に背くような堕落したものを規制すべきと説く。

ひとはつねに美しいもの、あるいは美しいと考えるものを愛する。しかし、ひとが誤るのは、まさにこの判断においてである。だから、この判断をこそ規制しなければならない。習俗をさばくものは名誉をさばくのであり、名誉をさばくものは世論をそのおきてとする。

一人民の世論は、その人民の法的体制から生まれる。法は習俗を規制しはしないが、習俗を生ぜしめるのは立法である。立法が弱まるとき、習俗は堕落する。しかし、この場合、法の力がなしえなかったことは、監察官の判定もなしえないだろう。〔…〕監察は、世論が腐敗するのをふせぎ、賢明な方策によって世論の正しさをたもち、ときには世論がまだ定まらないときにはこれを固定しさえして、習俗を維持する。（『社会契約論』IV.7.3-6）

これは、ロックやヴォルテール以前の時代へと逆行するかのような印象をもたせる箇所でもあるが、しかし、ここだけでそう判断するのは早計である。ルソーにおいて主権者はあくまで人民であるし、人民の意志すらもコントロールするような上位権力はそこでは認められていない。ゆえにここでは、主権者たる人民の道徳的自己コントロール、あるいは「自律」を求めていると解釈できる。政治と市民的価値観との結びつきが離れてしまうと一般意志に基づく政治参加は実現しないので[69]、きちんとした政治をするうえで市民的徳とは重要なものであり、そして、市民的徳が腐敗してゆくことで立法機能をもつそこでの政治も腐敗してしまうがゆえに、ルソーは堕落した習俗（とりわけ近代以降の個人的欲望を肯定するかのようなもの）を忌み嫌った[70]。

しかし、政治社会の健全化という名目のもと、習俗の枠をまともかどうか定めたり、まともな習俗の

69　政治と価値観の乖離・分裂したままでは社会はうまくゆかないので、両者は統合される必要がある、とルソーは明言している。この点において、ルソーはホッブズの一元的な政治権力論を評価もしている。（『社会契約論』IV.8.13）。

もと成立した法こそを理性的・合法的とみなすことはやはりリベラリズムに反するのではないだろうか。「国家の一員としてこれくらいの教養は修得すべきである」というのは公教育の一環としてまだわかるにしても、「こんな汚らわしい趣味はけしからん」とか「こんなことをするようでは国家の一員として相応しくなれない」といって、社会全体への奉仕者として相応しくない価値観を消去しようとするのは、たとえそれが理想社会への前進を標榜しても、結局は抑圧社会への道である。ましてやそれが立法化され、それに背いたものが「社会への裏切り行為」として裁かれてしまうのであれば、その立法に賛同する多数派、あるいはその代表者による専制が「理性」の名のもとで行われるようなものである。そして、フランス革命とはまさにそうした社会改良主義的な全体主義の様相を呈していた。[71]

ルソーが革命を推奨していたかどうかについては定かではないが、フランス革命の実行者たちやその世代が、その理論的根拠としてのルソーの社会契約論を重要視していたのは事実である。旧体制（アンシャンレジーム）vs.革命体制の対立図式は、不正義な格差社会vs.公平な平等社会として、そしてそれは、「法と権利が保障されていない慣習的な封建社会」と「理性のもと、法と権利が保障されるよう改革された社会」の対比として描かれ、そして、ルソーの「一般意志」は、後者のもと、理性的に制定された法（実定法）によって表現されるものとされた。もちろん、ルソー個人は感受性の人でもあったし、それぞれの革命家は、ルソーを援用する文脈が異なることも珍しくはなかったので、これは解釈の問題でしかないのかもしれない。しかし、その一般意志を組み込んだ（とされる）政治体制は「公民的な理性の法」の制定者としての権威を帯び、そしてその権威に反抗する者に対し、「反理性的＝反公共的＝反革命的」という新たな二項対立構造を生み出すようになってゆく。

ヘーゲルによるルソー批判とカント批判

人間理性による精神の目覚めと自由の実現を提唱したヘーゲル（1770-1831）も、大枠としてはルソー的な共同体としての国家を目指していたようにみえる。ただし、へーゲルの場合には、そうした理想的共同体へのプロセスは、具体的にはルソーと大きく異なっている。ヘーゲルにおいて、そのプロセスとは、主体が自己否定的なものを契機としながら知識を獲得し、存在者としての自覚をもって真理へと至るような、いわば動的な意識の発展・覚醒過程であった。いわゆる弁証法的な理性のもと、「即自」から「対自」、そして「即自かつ対自」の精神へと至るもので、[72]それは一個人としての精神だけでなく、社会や国家そのものの発展と考えられていた。ある考え方に固執した「市民」が社会を変えるのではな

70　このような市民的徳の重要視については、モンテスキューも同様であるし、さらにはルソーの社会契約論を批判するJ・S・ミルの議論においても見受けられる――「ある統治形態が所有しうる卓越のもっとも重要な点は、国民自身の徳と知性を向上させることである」（『代議制統治論』226/51）

71　全体主義（totalitarianism）とは、国家的な統制・監視・刑罰のもとで国民の意識・価値観が国家と統合されているかのような在り方をしつつ、それに反対する個人的価値観が抑圧されることをよしとするような思想といえる。戦争時には特にそれが顕著になり、自国民への弾圧や異分子への排除といった形態をとる。もっとも、それ自体は二〇世紀以降に登場した概念であり、それを一八―一九世紀の近代啓蒙思想に安易に読み込むことには注意が必要であろう（実際、ルソーの意図は個々人の自由への目覚めであったともいえるので）。

72　「即自」とは、無自覚的に自分自身をそうであるものと捉えるような原初的な自己意識の在り方。「対自」とは、即自からの反省のもと、他者との関係性のもとでの自分の在り方（対他存在としての自己）を含めた自己否定的意識である。ゆえに、対自とは「自分とは何者であるか」について即自以上に明確かつ具体的に意識している状態でもあるのだが、対他的存在としての自己が受け入れ難いものであったり、反省を通じた対自が、即自かつ対自とならぬまま（たとえば目を背けようとするなど）であるとすれば、それは精神が自己を発見し実現するには至りえない。

く、市民も社会も変化しつつ、それぞれが「真なる自身」を実現してゆくという動的な世界観がそこにはある。

国家は人倫的理念の現実性――人倫的精神、すなわち顕現した、自分自身にとって明瞭な実体的意志である。この意志は、みずからを思惟し、みずからを知り、かつ、みずからが知るものを、しかもみずからが知るかぎりにおいて成就する。[…]国家は、実体的意志の現実性として、この現実性を国家の普遍性へと高められた特殊的な自己意識においてもつものであり、即自的かつ対自的に理性的なものである。この実体的統一は、自由がそこでその最高の法へと至る絶対的で不動な自己目的であり、同様にこの究極目的は、国家の成員であることを最高の義務とする個人に対する最高の法でもある。(『法の哲学』III.3. § 257–258)

ここでは、理性的人間の自己実現は、真なる自由を実現すると同時に何をなすべきかについての義務を理解してゆくこと、そしてそこには権力からの押しつけなどはない、ということが示唆されている。このヘーゲルの「自由」の概念には、カント的な実践理性および「自律」の影響が見えるが、しかし、定言命法的な善意志に従うような(個人内面的な)自律にカントが終始している――とヘーゲルが理解している――のに対し、ヘーゲルはそうではない。ヘーゲルにとって善意志とは意識(精神)の運動の一過程にすぎない。なぜなら、ヘーゲルは歴史全体を見据えつつ、最終的には世界の理性化と個人のそれとが統合されてゆくという一元論的な歴史観・世界観を説くからである。特殊意志としての主観的自由がいかにして普遍的な法のもとで保障されるところの客観的自由と統合されるのかについて、理性的発展にその可能性を賭けたヘーゲルは、カントとルソーそれぞれの思想を吟味しつつ統合・発展させることでそうした課題に取り組んでいるようにもみえる。

それゆえ、ヘーゲルからしてみれば、ルソーの問題提起には賛同できても、その出発点には決定的な過ちがある。その過ちゆえに、ルソーの「一般意志」はその趣旨は置いてきぼりのまま建前だけ利用され、結果としてフランス革命における混乱・粛清が吹き荒れることになった。ヘーゲルはここに、弁証法的な精神活動の不足ゆえの「思い込み」「独断」の危険性を指摘する。

> 哲学的考察はただこのような〔国家の法が基づくところの歴史的事実に関する〕一切のものの内なるもの、すなわち思惟された概念を取り扱わねばならない。この概念の探求に関して、ルソーは単に形式上（たとえば社会衝動、神の権威のような）ではなく、内容上思想であり、しかも思惟自身である一つの原理、すなわち意志をもって、国家の原理として掲げるという貢献をした。しかし彼は（後にフィヒテもしたように）、意志をただ個別的意志の特定の形式において把握し、普遍的意志を意志の即自的かつ対自的に理性的なものとしてではなく、この意識されたものとしての個別的意志から生まれる共通的なものとしてのみ把握したために、国家における諸個人の統合は、個人の恣意、意見、および任意の同意の表明にもとづく契約となる。ここから即自的かつ対自的に存在する神的なもの、その絶対的権威および尊厳を破壊するような単なる**悟性的諸帰結**が生じる。したがって、この抽象化が暴力にまで至ったとき、この抽象化は、まさに一面において、われわれが人類について知って以来はじめての驚くべき光景をもたらした。すなわち、存立しているもの、与えられたもののすべてをくつがえし、偉大な現実の国家体制をいままったく初めから、しかも思想から創設し、そして、ただ、それに、その基底としてひとりよがり

に思いつかれた理性的なものを与えようと欲するということをもたらした。（『法の哲学』III.3. § 258：ゴシック体は中村による強調）

ヘーゲルの文体は難解で読みにくいうえに、ヘーゲル独自の「悟性」の評価も相まって、それがさらに上記引用部分をわかりにくくしているので、ここで少し補足しておこう。「悟性」とは、カント哲学における認識論上の用語であり、時間・空間という直観形式のもと感性によって得られたもの（知覚内容）について、それが表象として何であるのかを理解するための範疇（カテゴリー）を備えた概念把握能力である。[73] しかし、ヘーゲルからしてみると、そうしたカント的な悟性とは事物をばらばらに捉える分類的なものであって、たしかに論理的推論にあたり必要ではあるものの、そこで分類された諸概念が「知識」として固着的となってしまうと、真理へとつながるようなその自己否定的側面を見過ごしかねない。ヘーゲルからすれば、カント的な「悟性」というものはいまだ即自的（ゆえにぼんやりとして抽象的）であり、それが精神的存在としての自己において現実的・具体的な真理性を示すとは言い難く、自己批判なくそこに留まるかぎりは真なる自己理解に到達できないのである。もちろん、カント自身は真理たる認識に到達するための理性とその限界を論じているのであるが、ヘーゲルからいわせれば、そうしたカント的理性とは、ある主体が静的な自己同一性を保持しつつ存在し、その悟性のもとでカテゴライズされた情報を基礎的なものとして位置づけ、そこから推論を行って結論を導出するようなものでしかない（いわゆる、哲学における認識論上の「基礎づけ主義 foundationalism」と呼ばれる立場ともいえる）。[74] しかし、そうしたやり方は、今現在よりもさらに深い自己認識、よりクリアな世界認識への可能性を閉じるものである。ゆえにヘーゲルは、そうしたカント的な理性の使用ではなく、主体自身が理性を駆使しつつつ動的に自己認識を発展させて自己同一性を回復してゆく方向を示唆した。そうすることで、抽象的で現実性に乏しい思い込みだったものから具体的でリアルな確信へと至ることができるし、真に自由になるにはそうすべき、とヘーゲルは考える。

---

73 たとえば、「AがBを引き起こす」という因果性言明、あるいは、「時点t_1における私と、時点t_2における私は同一の人格である」という人格同一性言明は、ヒューム的な懐疑論からすると「ある時点における知覚Aと別の時点における知覚Bとの間の法則性や実体の実在性を示すものが知覚されているわけではないので、そこに実在的関係性をみいだすことに何の根拠もない」ということになるが、カント的にいえば、そのような知識の捉え方そのものが、そもそも知覚経験不可能な（しかし知覚経験の前提条件としての）「物自体（ヌーメノン）」を「客観的に実在する対象に関する知識」として取り扱っている点で最初から無茶なことをしている。つまり、素朴な哲学であろうが、それを批判する懐疑主義であろうが同じミスを犯していることになる。カントにおいて、因果性や実体性とは、認識を規定するところの「カテゴリー」でしかなく、それそのものが客観的対象として実在するかどうかを検証したり判定できる類のものではない。カントは「知識」というものを、先天的に認識主体に与えられている感性・悟性・理性を通じながらも、その限界を認め、自身を超越したものによって規定されていることを踏まえつつ、存在の根拠を探るなかで統覚的にそれを規定してゆくような超越論的主観性のもとで現れる「認識」とみなしていた。そうすることで、知りえないもの（到達しえない実在性）について独断的に「知っている」と決めつけることなく、しかし、認識において現れる因果関係や人格同一性を「知識」として位置づけなおすことができる、というわけである（それは哲学史におけるコペルニクス的転回であり認識論的転回とも呼ばれるものである）。

74 哲学上の基礎づけ主義としては、懐疑を通じて「われ思う、ゆえにわれあり」を疑い得ない出発点として、そこから演繹的に議論を組み立てようとしたデカルトが有名であるが、ヘーゲルからすると、カントもまたそうした伝統を汲んだ――否定しがたい不変不動の「自己」を措定するような――思弁的かつ抽象的な哲学者として否定されることになる――「しかるに範疇（カテゴリー）の数多性を、例えば判断［表］からするというような何らかの仕方で見出したものとして受け取って、これを承認するというがごときは［カントのようなやり方］は、学を侮辱するものと見なさるべきである」（『精神現象学』C.V.2.§179）

理性とはあらゆる実在であるという確信である。しかし、このさい即自（自体）或いは実在というのは［…］ただ実在性だけの純粋な抽象である。［…］言いかえると、単純な範疇であるにすぎぬ。（『精神現象学』C.V.2.§178）

たとえば、未成熟で発展途上の即自的な自己としてわかりやすいのは、抽象的な「私は私である」といった素朴で単純な自己意識であろう。このレベルに留まって生きてゆくかぎり、具体的現実のもとで自覚的かつ自由に生きているとはいえない。ここに留まり、「私の自由」を駆使してその「生」を選択しようとしても、そもそも自身が現実的に何者であるかを理解していなければ、そこでのリベラリズム的な意思決定にたいした意味はない。自己同一性が具体的に意識され、現実として何を望み何を実現すべきかを理解したときにこそはじめて「自由」とそれを推奨するリベラリズムが意味をもつことになる。この点を踏まえるならば、理性とは所与的条件のもと既定の知識を導出するための推論能力に留まるものではなく、自己の実在性を確信のもとで回復してゆくといった自己発見（あるいは自己回復）能力といえる。ゆえに弁証法的運動をすることなく、今の自分こそが本来の自分自身であると信じ込んだり、そこでの認識を「知識」と思い込んで一般命題化してそれを従うべき理念とみなしてしまうと、「単なる悟性的諸帰結が生じ［…］この抽象化は［…］驚くべき光景をもたらした」（『法の哲学』III.§258）、とヘーゲルが表現するところの暴力的なフランス革命のような事態に陥る、というわけである。

話を元に戻すと、ヘーゲルからしてみると、ルソーは「一般意志」に言及した点では素晴らしかったが、いまだ素朴で流されやすい市民たちへ「さあ、一般意志をもって政治に参加しましょう！」と語りかけた点で間違っていた。なぜなら、即自的な在り方をした（反省不足の）市民が「よーし、一般意志のもと、これをやろうぜ！　これは理性的に正しいに決まっているからな。これに反対するなんてダメだからな！」といって政治参加や立法、それによる習俗規制を行ったとしても、彼らはいまだ自分たちが何者であり何をすべきかを知らないまま知っているかのように振る舞い、まともな意見に耳を貸さずに流されてしまっているだけにすぎない。その結果は、自分たちと意見の異なる人々への暴力と粛清、テロリズムが吹き荒れる革命であった。

市民社会から国家への道筋

また、ヘーゲルにおいては、私的所有や私有財産制は否定されるべきことではない。もちろん、そこに無頓着なまま留まるかぎりでは、モンテスキューやルソーが指摘したように、貧富の差が起きたり社会的不和が生じたりもする。しかし、それらは個々人が活動し、ときに自身を否定し、そして自己実現するためには不可欠な契機でもあるのだ。ヘーゲルにとっては、所有権（Eigentum）を規定するのは「抽象法 das abstrakte Recht」であり、それは根源的であり弁証法の出発点でもある。ただし、それは名前からしてすでにわかるように、それ自体が現実的人間の具体的な自由を意味するものではない。個々人はこの抽象法において、他人のそれを侵害しないという条件のもと、財産（物権）を使用・譲渡・交換（契約）しつつ、その社会の一員として活動しているが、それは出発点に立っているにすぎない（いわゆる「法律」の段階）。それは外面的な制約にすぎず、そこに終始するだけでは「目覚めた人間」とはいえない。目覚めのためには、それが法によって許されるかどうかだけではなく、それが何であるのかをきちんと考え、己の意志のもとでその道徳的責任を自覚し、（それまでの自分自身をときに否定しつつ）善と良心をもって自身が何をなすべきかを問うような、いわばカント的な自律がなければならない（いわゆる「道徳」の段階）。しかしカントがそこで停まった——とヘーゲルはみなすのだが——のに対し、ヘーゲルはそこからさらに抽象的普遍性と（道徳的）特殊性とが統合された、真なる自由な（個人的でぁるが、同時に客観的で現実的でもある）あり方を目指すべきだと主張する（いわゆる「人倫」の段階）。そうした人倫の集団的形態として「家族」→「市民社会」→「国家」といった発展過程をヘーゲルは説明するが、ルソーとヘーゲルとの政治理論の差異について言及するならば、後二者についてのヘーゲルの考え方がポイントとなる。

生産・交換・消費を通じて市民社会の「資産」は増大してゆくが、そうした市民社会は「欲求の体系」として社会的地位の格差などの問題を抱えることになる。もっとも、そこでは単に抽象的であった法は「裁判」のもとで具体的かつ客観的に（そして現実的に）人々に承認・信頼されることになるのだが、そうした富ある社会における貧困層の存在といったさまざまな矛盾が次第に露呈してゆく。そこでは遵法意識も薄れ、自身の活動と労働に誇りをもてなくなる（『法の哲学』III.2. § 244）。自由な個々人は家庭の外に自らを置く形で市民社会の一員として働く労働者となっていたのだが、この時点において第二の家族としての職業団体の必要性が理解できるようになる。職業団体は、そこに加えられるにふさわしい能力を得るまで人々を教育・配慮し、偶然性から各人を保護し、能力に応じた生計を保証し、人々に「自分の力で生きる」という誇りをもたせる役割を担うことになる（『法の哲学』III.2. § 252-253）。これは最終段階である「国家」の人倫的な根幹として不可欠なものとされる。[75] このようにして、個々人は抽象法のもとでの利己的で個人主義的な活動に留まることなく、そこから反省と批判を重ね、連帯の意味を知り、そして、次第に自己の役割と誇りに目覚め、個人から団体、そして国家の一員として活躍するようになる。ここに、「自由」な個人が、誰にも強制されることなく自発的に寄与するという理想的社会が完成することになる。

では、ヘーゲルにおいてそうした政治社会の構造はどうなっているかといえば、「啓蒙された市民が選出した議員たちによる議会」による政策決定、そして、「司法における復讐的な意味合いは捨象されるべき」と言ったりなど、かなりリベラルで合理主義的な民主主義を実現しようとする意欲はあるものの、身分制議会を保持しようとしたり、法律の発議は君主権からなされるべきとしている点では封建的な感はいなめない。「国家の人格性は、ただ一人格、すなわち君主としてのみ現実的である」(『法の哲学』III.3. § 279)といっていることからも、一見したところ、人民主権の点ではルソーよりも後退しているようにもみえる。しかし、実務的国家運営における官僚の役割を大きなものとみなす一方、そうした官僚の権力行使をチェックする職業団体の必要性を説いたりなど、かなり構造化された立憲君主制国家(いわゆる法治国家)を念頭に置いていたともいえる。漠然とした抽象的なものを嫌うヘーゲルが「理性的＝現実的＝整理・統合されているもの」とみなすその哲学スタンスを政治体制に反映させたからこそ、それぞれがそれぞれの持ち場でその可能性を実現するような、一種の階級区分的でシステマティックな統治形態となっているともいえるだろう。

前述のとおり、ヘーゲルはフランス革命時の国民議会に批判的であるが、しかし、立法権を君主から引きはがして「国民主権」を対外的に標榜するイギリスの制限君主制についても否定的であった。ヘー

75 こうした発想は後の労働組合とも通じるものがあるが、これは単なる利害関係団体とは異なる社会集団とみなすべきであろう。

ゲルからすれば、それらはいずれも雑多でいろんな価値観をもつ国民が、曖昧でぼんやりしながら政治参加することを許容するものであり、それは真なる自由のもと現実に即した政策を行うような政治体制とはなりえないからである。人間の身体はいろんな器官に分かれており、それぞれがそれぞれの機能をきちんと果たすからこそ全体の生命活動がうまくゆくように、ヘーゲルが考える国家とは、その内部にさまざまな利害関係や技能をもった異なるタイプの人々が現実として存在しつつ、それに合わせた有機的機能をその政治体制がもっているようなものである。それは、どこかギリシア・ローマ的な――プラトン的な哲人政治、あるいは、アリストテレス的な個別的な卓越主義など――懐古主義のようにもみえるが[76]、彼の時代、すなわちナポレオンの台頭、神聖ローマ帝国崩壊後の混乱を乗り切ることが急務であったことを考えると、そこには現実主義的な思惑もあったのだろう。だからこそ、具体的命令を下すポジションであるところの君主を頂点に、職業団体組織や身分制議会を機能的に活用することを推奨しているようにもみえる。もちろん、ヘーゲルは法の支配なき独裁をよしとしているわけではなく、単なる君主制ではない立憲君主政体を提唱しているのだが、しかし曖昧さを嫌うヘーゲルは、イギリス的な慣習法的「法の支配」をよしとせず、(君主自らによる)憲法制定のもとでの制限君主制と制定法主義を推奨する。たしかに慣習には古きよき知恵が含まれているが、そうであってもそれをきちんと憲法として明示的に制定することでそのメリットはよりよく活用可能となる。なにより具体性をもった理性的な法の支配のもとでこそ政治は行われるべき、とヘーゲルは主張する(『法哲学』III.2.§211)。もっとも、それが理想とする制度は現代の民主主義とはかけ離れたものなのであるが、トマス・モアからハリントン、ロックからモンテスキューの流れで発展してきた共和政体論とも共通するような――そして、ポーコックがいうところの「マキャベリアン・モーメント」的要素を孕みながら[77]――同一社会における多種多様な階層・職種の個々人のシヴィル的自由の確保と、そうした人々の政治的共存との両立を模索したものといえるだろう。

ヘーゲルその後

しかし、そうした現実的かつ理性的な君主が登場するというのは理想論のようにみえるし、いくら明示的な制定法のもと立憲君主制によって法の支配を確立するとはいえ、そもそも憲法制定をする側の君主がその法によって自らを拘束するといった保障はどこにあるのだろうか。さらに、そこで民意に反する統治が行われたとき、君主の側から「おまえら愚民は、即自的なままだから、私が行う統治の正当性が理解できないのだ！」とレッテル貼りをされて弾圧されるとすれば、一体どのようにそれが改善されうるというのであろうか。ヘーゲル的には「そんな君主は絶対精神に到達しておらず、それはそのうち革命や戦争などで引き倒されるか、それを怖れて反省するので、結局はその政治社会は自己そのものを回復してゆくであろう」となるのかもしれないが、それは単なる運命論や結果論と同程度の曖昧な社会理論でしかない。

ヘーゲルを含めたドイツ観念論がその後さらに批判的に発展してゆくなか、ラディカルな社会改革の

76　ヘーゲルにおけるギリシア・ローマへのあこがれについては原田［2006］426-427でも言及されている。
77　ただし、その進歩主義的な歴史観と、システマティックな調和主義こそがヘーゲルにとっての否定しがたい真理であることを踏まえるならば、ギリシア・ローマ的な市民参加型の共和主義に留まるかぎりでは、ヘーゲルにとってそれは曖昧・混乱・未成熟な政治社会ということになるであろう。実際、彼はそうした共和主義のさらにその先に、自身が提唱するシステマティックな立憲君主制を見据えていたように思われる。

ための科学的社会主義としての分析方法を組み込み、唯物論的社会観や商品価値の分析を組み込んだのが、かの有名なカール・マルクス（1818-1883）の社会思想といえよう。彼によれば、たしかに世界の発展のためには「疎外 Entfremdung」[78]からの自己回復がなければならないし、それは労働者たちが自由になる可能性でもある。しかし、現実の社会を変革するには、たんに自由の理念を掲げるだけでなく、具体的で有効性がある形で社会の基本構造そのものを変えねばならない。マルクスによれば、食料や服などの物質を生産する諸関係を含んだものは社会的土台（いわゆる下部構造）となって、政治・法律制度やモラル・宗教などのイデオロギーである上部構造を規定している（『経済学批判』（1859）序言）。いささか乱暴にまとめるならば、「自由が大事だよな！」というイデオロギーの持ち主たちが資本主義社会をつくりあげたわけではなく、むしろ、資本主義的生産体制だからこそそのようなイデオロギーが生まれてそれを正当化し、資本家たちを支配的なものとして定着させるような政治や法を存在たらしめている、ということである（ただし、イデオロギーは階級的なものであり、各階級ごとのイデオロギーは闘争的に対立したりもする）。ゆえに、イデオロギーの虚偽性を暴きつつ、実効的な形で生産体制を変更する必要があるのだが、既存のイデオロギーを理念とする現行の政治体制はそれを圧殺しようとするので、それに対し、政治的階級としてのプロレタリアートが自己意識の覚醒を促す形で結束して革命を起こし、政治権力を奪取すべきということになる（『共産党宣言』（1848））。マルクスのこうした理論は、資本主義が抱える社会的問題を浮き彫りにし、二〇世紀の社会思想、そして政治問題へと大きな影響を与えることとなったが、労働者の解放を訴える点ではリベラルであり、労働者の自由と自己実現を目標とする点ではルソー以降の合理主義的リベラリズムの要素も備えている。もちろん、マルクス主義を実現しようとした社会主義・共産主義国家の多くは中央集権型の集産主義・全体主義となってしまうこともあったわけであるが、これはマルクス主義が反リベラリズムであることを意味するものではない。実際、マルクス主義が向かい合ってきた「搾取」や労働者の「疎外」という課題、そしてその克服といった理念は、資本主義国家においてさえ労働規約や労働政策、さらには社会保障などの実現に寄与してきたし、個々のローカルな政治的領域においていまだその影響力をもちつつ、労働者（いわゆる多くの市民）の「自由」の保障というテーマに関わっていることには違いない。

このようなヘーゲル、マルクスなどの社会理論は、現実的な制度への適用においてさまざまな功罪があるとしても、政治思想の流れでいうならば、それらはやはりルソー的な理想主義的リベラリズムの系譜に連なるものといえよう。もちろん、そうしたリベラリズムは、ロックやヴォルテールのように個人そのままを尊重するような「個人主義的リベラリズム」ではない。現代的用語でいえば、それは個人の自由・自律・自己実現といった完成を目指す「卓越主義的リベラリズム」[79]の一例として位置づけること

78 「疎外」とはもともとヘーゲルの弁証法における用語である。対自へと至るまでには、即自であったものが絶対的主体ではなく一客体として対象化するようないわば外化が生じる。そこに自己否定的な矛盾が孕まれていたことを意識すること、すなわち、自己が疎外され、そこから自己の覚醒を始めるような「止揚 aufheben」が生じる。マルクスにおける疎外とは、労働者による労働が、資本主義体制のもとその生産物（商品）に混入され対象化されるとき、それは労働者の主体性を否定したり自己実現を妨げるものとして描かれており、資本主義生産体制の打倒によってのみ、そこから労働者が自己回復できる、とされる。

79 「卓越主義 perfectionism」とはアリストテレスの思想を源流とするもので、個々人に内在する機能性・可能性を十全に発現し卓越した状態に至ることを目的とするもの。それは、それぞれにとっての最高善を実現することであり、それこそ生きる目的である、という学説。現代においては、そうした卓越主義をリベラリズム的観点から再度見直す動きもある（たとえば、Raz［1986］［1994］など）。

ができる。このように、「法の支配のもと、自然権をもった市民の自由を保障すべきだ」という個人主義的リベラリズムの議論が、ルソー／ヘーゲル／マルクスのラインでは「市民が自律した個人としてきちんと政治社会に参加し、理想社会を形成するためにはどうすべきか」といった非‐個人主義的な資質開花・社会改革の話へと変化していった。それは、「合理的な個人・集団（政党）こそが、自由で自律した主権者である」とみなし、そうした人々になること、また、そうした人々を増やし、その活動が盛んとなることで、「自由な人が増え、社会も幸福になる」という「自由と幸福の一致」を目指す啓蒙的社会主義である。これは、新たな合理主義——そして新たなリベラリズム——が誕生したということでもある。

しかし、二〇世紀に入ると、リベラリズムの大家アイザイア・バーリンは「二つのリベラリズム」という観点から、そうした新たな合理主義思想とそれに立脚するリベラリズムに対し警鐘を鳴らしたのであった。なぜなら、そうした理想主義における「自由」とは、個々人が自由にそれぞれの人生を過ごすことを許容する寛容さを失ってしまいがちになるからである。

では、従来のイギリス的な（ロック的な）路線を継承しながら、その人自身の生き方を尊重しつつ寛容さを謳う個人主義リベラリズムはその後どのように生き残り発展していったのであろうか。その流れについては、J・S・ミルの社会理論に即する形で確認していってみよう。

第3節　多数派の専制がない民主主義の可能性——J・S・ミルの社会理論

ここでは、古典的リベラリズムにおける個人主義の理念を擁護・継承しつつも、ラディカルな社会改革を訴えたJ・S・ミル（1806-1873）の議論に焦点をあてたい。ミルのスタンスを簡単にまとめるならば、個人の自由を当然のものとみなすロック由来の古典的リベラリズムと、啓蒙された人民によるよき社会を目指すルソー以来の——あるいはアリストテレス以来の——卓越主義的リベラリズム、この両者の接合について、それを工夫をこらした政治体制のもとで試みるものといえよう。しかし、それはいかにして可能であるのか。

まず、一八世紀後半から一九世紀にかけての政治的議論の焦点は、一七世紀のホッブズやロックのそれとは異なるものであることには注意が必要である。モンテスキューやルソーにおいてすでにみられるように、一八世紀後半の思想家たちの関心は、特定の政治権力との交渉の末に「生存権」「身体の保護」「財産権」をきちんと保障する約束をこぎつける、というよりは、むしろ、それらの権利をきちんと保障し、さらに公平で幸福な社会のための政治体制を自分たちでつくりあげること、すなわち「政治的自由」による自己実現型社会へと移っていた。これは、法の支配という枠組みのなか、「自分のことを自分で決める」という近代的な自律の精神が、民主主義的な意思決定ときちんと調和することを目指したものである。その調和においては、自由な生き方と社会全体を幸福とするような合理的な民主主義的意思決定が両立することになる。だが、古い社会規範や慣習を否定する（急進的な）「リベラル」な自由を行使した末の社会的意思決定が合理的であるという保証はなく、自分たちのことを自分で決めた結果とんでもないことになってしまうことは十分ありうるわけで、保守的知識人たちにとっては、一八世紀後半のフランス革命直後の社会はまさにそうした自己破壊的なものと映った。

反革命的な進歩を目指すミルの「自由論」

一八世紀末から一九世紀前半のイギリスの保守的知識人たちの眉をひそめさせたのは、フランス革命時の「理性のもとでの社会改革」という理念のもと、人民の意向を引き受けている（とされる）特定の政治権力が、その論敵・政敵を「反革命的だ」といって財産を没収したり、断罪・処刑していた点である。イギリスにおける伝統的な「法の支配」の考え方からすると、ある行為が罪に該当するかどうかは、その時々の主権者の意向に基づくものではなく、歴史超越的な理性の法（自然法）としてのコモン・ローのもとで判断されるべきであり、それは先例にある程度ならっていなければならない（法的安定性はもちろん、自由人の身分保障や財産権の保護のためにも）。イギリスの保守派論客として名高いバークは、その著書『フランス革命の省察』（1790）において、フランス革命が「進歩」に目を奪われすぎていることに対し――そしてイギリスもそうなってしまいかねないことに――警鐘を鳴らす。自分たちの理性を過信することなく、歴史上生き残ってきた法慣習・政治慣習のなかで利用すべきものは利用するという思慮をバークは推奨しているのだが、そうした知恵・知慮を軽んじているという点ではフランス革命的な理性主義は危険思想ともいえるものであった[80]。イギリスの思想家たちにとってみると、「法」にとって本質的なことは「進歩」ではなかった。もちろん、「進歩」は否定されるべきものではないが、その進歩が正当化されるためには「法の理念」に沿っていなければならず、ゆえに理性の法とは進歩を目的とするというよりは、過去と現在、そして未来を通じた理念的正解に沿うものでなければならないのである。

こうした慎重な姿勢は、社会変革を強く訴えるミルにおいてもみることができる。もちろん、ミルその人は女性参政権[81]を推奨したりなど当時としてはかなりリベラルな人物であったのだが、イギリス本来の「法の支配」のもとでの個人主義的リベラリズムの重要性を忘れてなどはいなかった。他者に危害を加えないかぎりは、誰もその身体および思想・表現の自由、そして財産権は保護されるべきと主張している点で、それはロック以来の古典的リベラリズムの系譜上に位置するといえる。ただし、時代が移りゆくなか、政治的実権が王制から議会制へと、そして、政治参加者が貴族からジェントリ、そして労働者階級へと拡張してゆくにつれ、ミルはその時代特有の社会的課題に向き合わざるをえなかった。政治的自由を得た大衆が参加する民主主義において、いかに古典的リベラリズムが大事にしていた個人的自由が守られつつ、かつ、まっとうな社会的秩序を保ちながらさらなる豊かな社会を構築できるか。これこそがミルが取り組んだ課題である。

ここでのミルの議論は、ある意味ではアクロバティックな論理を展開しているようにみえる。それは、「豊かな社会を目指しつつ、従来の個人的自由をいかに守るか」という両立的手段の模索ではなく、「豊かな社会を目指すのであれば、なおさら従来の個人的自由は守られるべきである」といった形で、それぞれの市民の「個性」こそを理想的社会を実現するためのキー概念として位置づける。それは以下のミ

80 とはいえ、バークが保守主義とみなされるようになったのは二〇世紀に入ってからであるという見方、さらにはそのスタンスは、従来の理性の法としての自然法論とは一線を画すものである、という見方もある（こうした点については、犬塚［2017］20-41 を参照）。

81 イギリスにおける女性の参政権獲得はミルの死後である。大戦中の一九一八年、ロイド＝ジョージ内閣（保守・自由・労働連立）の第四回選挙法改正にて三〇歳以上の女性に認められたが（ただし戸主もしくは戸主の妻などの条件付きではあったが）、二一歳以上のすべての男女となるのは一九二八年のボールドウィン保守党内閣の第五回選挙法改正時であった。

ルの言によく表れている。

> その人の実験が他の人々に採用されたら、既成の慣習に対して何らかの改善となるであろう、というような人は、人類全体に比較すれば極めて少数であるにすぎない。しかし、これらの少数者こそ地の塩なのである。［…］天賦の才をもつ人々は、たしかに、きわめて少数であるし、また常に少数にとどまる傾向がある。しかし、その少数の天才を確保するために、彼らの成長しうるような土壌を残しておくことが必要である。（『自由論』71-72/130-131）

民主主義はたしかに社会を進歩させ行き詰まりを打破するものであるが、そこではまず自由が保障されるべきであるし、自由こそがそうした進歩の原動力となる、とミルは主張する。多数の市民が政治に参加するという民主主義のメリットは、市民のなかにいるさまざまな個性の持ち主それぞれのよい意見が政治的に反映される可能性が保障されているということであって、同一の意見を多数の市民が共有することなどではない。もちろん、偶然的に意見が一致することもあるだろうが、一致しなければならないわけではないし、ましてや、一致するための作為的な検閲・管理・統制には正当性がないばかりか社会的に害悪ですらある（社会的進展につながるであろう個性を喪失させるものであるので）。こうした「個性」はさまざまな分野における進展につながるものであって——政治、芸術、物理学、スポーツ、etc.——ゆえにそうした個性ある人々を自由にさせるようなリベラリズム社会は、近代以前の社会と比べ、より素晴らしい社会への可能性が開かれている、ということになる。実際、近代以降は思想や振る舞い方は抑圧的慣習から解き放たれ、職業も自由に選択でき、市場も自由化されることで目覚ましい社会発展をみせた。このように、ミルにとって個々人の自由は社会全体の利益と強固に結びつくのであって、ここに、個々人の個性に支えられた多様性を社会進展の条件とするようなミルの功利主義的リベラリズムをみてとることができる。

このようなリベラリズムは明らかにロックのそれとは一線を画すものである。ロックは個々人の自由、とりわけ宗教的自由を市民的自由として強調してはいたものの、さらなる社会的進展につながるというメリットからそれを積極的に擁護したというよりは、政治権力が市民的自由へ干渉しようとすることで生じる弾圧・社会的分断・争乱を避けようという消極的理由からであった。[82] この点からすれば、ミルのリベラリズムはロックの寛容論よりもさらにポジティヴな主張といえよう。

ミルの『代議制統治論』における工夫

しかし、単に多様な個々人を賞賛し、その可能性を信じているだけで社会的発展を期待するというのであれば、それはあまりにも素朴なレッセフェール思想でしかない。各人は自分の利益を追い求め、その結果、環境問題、労働問題、貧困問題をはじめ、さまざまな社会的分断、そして議会での政治闘争などが生じるであろうし、そのことはミルの時代においても容易に見て取れたはずである。そこでミルは、民主主義社会においてリベラリズムと社会的発展が結合するための接着剤として（1）徳と知性、そし

82　実際、ロックはカトリックと無神論者に対して寛容である必要はないと考えていた。なぜなら、カトリックは国外の権威（カトリック教会とそれに連なる対イギリス的な政治権力）に忠誠を誓うがゆえに社会的共存の担い手としては信頼に値しないし、無神論者は誰に対しても忠誠を誓うことなくやはり信頼に値しないからである。

て、（2）工夫した代議制、を考えていた。

選挙民が最良の議員を選ぶ気がなく、当選するためにもっとも多額の金銭を使う人を選ぶならば、もっとも広範な民主的代議制度も、なにほどの効用があるだろうか。議員を買収することができるか、あるいはかれらの気質の興奮しやすさが、公共的規律や私的自己抑制によって矯正されないで、かれらに冷静な熟慮を許さず、かれらが議場で腕力に訴えたり銃撃し合ったりするならば、どうして代議合議体がながく働くことができようか。また、国民がきわめて嫉妬深くて、かれらのうちの一人があることに成功しそうと思われるばあいに、かれに協力すべき人びとがひそかに結合してかれを失敗させようとするほどであれば、どうして統治やなにかの共同事業が、かれらによってがまんできるようなやりかたで運営されうるであろうか。[…] したがって、すぐれた統治の第一の要素は、その共同社会を構成している人間の徳と知性なのだから、ある統治形態が所有しうる卓越のもっとも重要な点は、国民自身の徳と知性を向上させることである。どんな政治諸制度であれそれにかんする第一の問題は、その共同社会の諸構成員の道徳的および知的な、というよりもむしろ（もっと完全なベンサムの分類にしたがえば）道徳的・知的・活動的な、種々の望ましい資質を、それらの制度がどれだけ助長する傾向があるかということである。（『代議制統治論』226–227/49–51）

ミルのこうした主張には理由があった。ミルは一八六五年から一八六八年の間に下院議員を務めたが、その期間の一八六七年（保守党ダービー内閣時）に第二回選挙法改正が行われ、都市労働者、商工業者へと選挙権が広がった。ホイッグ党グレイ内閣時の一八三二年、第一回選挙法改正にて選挙権がもらえなかった労働者たちは、運動をともにしていたミドルクラスから裏切られ、さらに劣悪な労働条件を強いられたままであったこともあり、ロバート・オーエン（1771-1858）からの思想的影響を受けたチャーチスト運動のもとストや暴動が生じた。チャーチスト運動は一九五〇年代には収束気味となったとはいえ、社会的分断ともよべるそうした状況下のもと、もはや労働者への参政権付与は避けがたい状況であった。[83]『代議制統治論』（1861）は第二回選挙法改正前に出版されており、そこにおいてすでに労働者への選挙権拡大はもはや避けられないことは自明であったが、しかし、労働者への参政権付与には不安材料もあった。リベラルなミルからすると、それが社会の民主化という点では大事なことは認めつつも、労働者を含めた「大衆」が選挙の道具として政治闘争に利用されるような政治腐敗や、多数派を占める特定階級の意向がそのまま政策となった場合に生じる社会的悪影響を懸念していた。そもそも、社会の中には階級ごとの利害対立があるのは否定しがたい事実である。そんななか、多数派を占める労働者階級の政治的参加によって、それ以外の人々の利益が損なわれたり、そうした多数派の意向に反対する言論の自由、あるいはそれを反映した運動の機会が奪われてしまうことは十分ありえることであった。これは労働者という階級内部の「非熟練労働者」と「熟練労働者」との間においてですらそうであり、前者が多数派として影響力をもつ労働組合内部では、少数派である後者が求める出来高給が押さえつけられ、結果として、勤勉さや能力向上といった徳の普及を押さえつける慣習がはびこっていることをミルは指摘している（『代議制統治論』294/159）。同様に、徳性を否定するような無教養で無思慮な群衆が政治参加を

83　ただし、農村における労働者への参政権付与は、自由党グラッドストン内閣時の一八八四年の第三回選挙法改正まで待たねばならなかった。

してその意向が反映された場合、当然その社会はより悪くなるわけで、ミルはこれを懸念していた。[84]

ときにミルは理想主義者でありエリート主義的とみなされがちであるが、逆にいえば、人間の愚かしさや流されやすさといった現実を熟知していたともいえる。たとえば、人は自分が課税される側になると「正当ではない」と逃れようとしたり、自分とは無関係だと思う学問については「そんなのになんの意味があるんだ」といってそれらの社会的意義を否定されてしまうことにもミルは触れている（『代議制統治論』298-299/167-168）。それなりに教養がある人でさえそうなのだから、当時は無教養とみなされている労働者全般に選挙権が付与された場合にはその風潮はますます大きくなるかもしれない。多数派の身勝手な都合や偏見がそのまま政策に反映されてしまったり、多数派の主張ばかりが実現する一方、まともな少数派の権利やそれが掲げる理念が実現しなければ、政治社会は腐敗するばかりである。そこで、リベラリズムと民主主義的社会の発展を繋ぐための二つ目の条件、制度的工夫が必要となってくる。

もしわれわれが、同一の邪悪な利害関心をもつある数の人びと、すなわち、その直接で明白な利害関心が同一種類の悪い施策を目ざしている人びとを、政治的にいって一つの階級と考えるならば、望ましい目標は、どの階級も、結合しやすい諸階級のどの連合も、統治において、圧倒的な影響力を行使することができてはならないということであろう。（『代議制統治論』300/168）

つまり、人民主権として多数派である大衆の意向を踏まえつつも、少数派の意見もそれなりに尊重し、多数派が無茶を通すことをできなくするような安全装置がなければならない。そのためにミルが『代議制統治論』のなかで提唱する工夫とは以下のものである。

ミルの提案[85]

①議会権限の制約（予算などは、議会は賛否を示すのみで口を出すべからず）

②行政の専門職化（行政の長（首相）の管轄業務として、その職務上の責任を負う）

③司法官僚の非公選制（司法部の構成については、民衆の投票が関与すべきでない）

④比例代表制（議会における少数派の意見表明の機会保障）

議会の権限は俎上にのった議案の議決に制限されるものであって、憲法もしくはその許容範囲内の制定法のもと政府による行政が行われているのかの国政調査権などはもつものの、原則的には政府の政策について同意か不同意を示すことが本来の仕事とされる。ゆえに、①が主張するように、議会はある案についての可否を示すこと——つまり、そこでの採択・不採択をあたかも正解発見問題であるかのように集中して判定すること——に専心すべきであって、ゆえに、②が主張するように、立法府に属する議員たちが「これに予算をもっと回そう！」と介入してくるのは三権分立として相応しくなく、それは行政専門職の仕事とすべきである、となる。もちろん、三権分立における立法府と行政府の在り方は、議会の意思決定がうまくゆかない場合の行政の独立的な実行力、および、行政の実行力行使を民意のもと

84　こうした懸念は、ミル以前のバークにも見て取ることができる。有名な『フランス革命の省察』においてはフランス革命後の議会について、とりわけ、アンシャンレジームにおける第三身分（聖職者や貴族ではない市民）の代表が無学で無思慮であるにも関わらずその多数性から圧倒的影響力をもっていたことについて、強い懸念・忌避の念を示している。

85　①と②は『代議制統治論』第5章、③は第14章、④は第7章でそれぞれ詳しく述べられている。

抑制する役割を負った議会のイニシアチブ、という両者のバランスのもとで考えられるべきであって、単なる職務上の役割分担のみをもって語りつくせるわけではない。しかし、実践的な専門知識を行政のもとで重宝・活用しようとするそのスタンスはいかにもミルらしいともいえるし、これは、利権集団の代表者たる政治家たちが集まり、「多数者による専制」ともいえる予算案が議会によってつくられ、それを自らが採択するといった議会の暴走を防ぐための工夫ともいえる。[86]

③については、一八三〇年代からアメリカで始まった裁判官公選制への批判を含むものであり、それは本来不偏不党でなければならない裁判が、自身を支援する多数派の意向を汲んだ裁判官の私利私欲のもとでかき乱され、法の支配が崩れ去ることを懸念するものである。ミルの時代も含め、長期においてイギリスは上院（貴族院）が最高裁判所の役割も担っていたので厳密な意味では三権分立ではなかったが、しかし、市民の投票によって選出された下院（庶民院）の意向とは独立的な司法機関であったからこそ、衆愚的支配によって個人の自由が抑圧されることは防げていた、とミルは考えていたのかもしれない。

さて、多数者の専制を拒絶し、理性ある少数者の意見を反映するための選挙制度としてミルが提唱する④「比例代表制」をみてみよう。もともと、比例代表制はミルが考え出したものではなく、トマス・ヘアの『代表の手続き *The Machinery of Representation*』（1857）のアイデアであった。それは、任意につくられた候補者のリストを元に、全国の有権者数と議席数から当選の条件となる投票基数を求めておき、選挙においてその票以上を獲得した候補を当選とするものである。上位当選者において基数を超えた余り票が下位へと委譲される。有権者は候補者に選好順をつけておき、それにしたがって票が配分されるというものである[87]（いわゆる単記移譲式）。こうした比例代表のメリットとしては死票を減らすというものであるが、それだけでなく、二大政党[88]の意向にとらわれることなく、選挙区における少数者のニーズや有識者の意見をきちんと議会へ反映できるという点である（ゆえに、全国的に支持されうる良識ある個人代表者がリストに選出される）。ミルはそうしたヘアのアイデアを『代議制統治論』のなかで絶賛しており、個人的にも親交を結び一九六七年の第二回選挙法改正時にその提案を議会で行ったのだがうまくいかなかった[89]。しかし、比例代表のアイデアそのものはその後発展し、さまざまな国において広く採用されている（世界で初めて比例代表制をもちいた選挙は、一九〇〇年のベルギーにおける下院選挙とされている）。

86 アメリカにおいては、民主主義制度のもとでときに生じる民意の反映の歪みや議会の混乱・決定不全などに対し、「大統領選挙」という独自ルートで民意を託されたリーダーが、その後ろ盾のもと独立的な権限をもって政治を引っ張ってゆけるような大統領制が採用されている。もちろん、大統領とはいえ勝手に法案をつくることはできないのであるが、教書（message）によって法制定を要請し、それに対する議会の態度を――そこでの多数決によって――ハッキリするよう迫れるし、大統領は議会が提出する法案に対し拒否権を発動できるので、それは議会制民主主義における多数派の専制を抑制しつつ、政治的停滞のリスクを低減するための三権分立システムといえるだろう（もちろん、それは議会多数派と大統領との対立的政局など、別のリスクを抱えているのであるが）。

87 他には、政党名簿比例代表制（拘束式・非拘束式・自由式）もある。

88 近代イギリス政治史は二大政党制の歴史といってもよいだろう。一九世紀前半までは保守党と自由党とがその主流であったが（その前身であるトーリー党とホイッグ党との対立の歴史もある）、その後、自由党は後に労働党に蹴落とされる形で二大政党の座から脱落して社会民主党と合併し、「自由民主党 Liberal Democrats」となった。二〇一九年現在は上院下院ともに保守党と労働党とが二大政党の座に位置している。

89 詳細ないきさつについては甲斐〔2004〕を参照。

少数派の意見をくみ取ることの政治的意義

政治学の分野において、比例代表制のメリット・デメリットはこれまでも頻繁に言及されており、メリットとしては「死票を少なくできる」「政治的意思をもつそれぞれの社会集団から構成される社会の在り方を、それに近い形で議会へと（議席配分することで）再現できる（ただし議席がそれなりに用意されている場合）」「議会における多元性の確保」など、デメリットとしては「政党が乱立しやすい」「連立政権の増加と政党間の駆け引きの多発」「委員会や議会における意思決定の遅延」「比例上位に位置する政党幹部への権力集中」などが考えられる。

ミルに近い時代では、比例代表制に関し、ウェーバー（1864–1920）はそれを「俗物どもの議会 Banausenparlament」と評しその混乱ぶりを忌避していたのに対し[90]（Weber [1919], 222/552）、ケルゼン（1881–1973）はその混乱のなかで政党間の譲歩的協力が形成されるということへ期待を寄せていた。ケルゼンの論点で興味深いのは、社会的事実として市民の多様性ゆえの混乱状況を一旦認めた上で、それを完璧に解決する一般意志のようなものに頼っていない、という点であろう。ケルゼンによれば、比例制のもと、その政治的意見の乱立状況が市民レベルから議会レベルにシフトチェンジすることで（いわば議会を市民的対立が反映されたアリーナとみなすことで）、無秩序で収拾不可能な市民同士の意見の対立が、議会における少数政党間同士の駆け引きや譲歩のもと、それなりにうまく解決できるような見込みをもっていた（Kelsen [1929], 61–62/82–83）。ウェーバーにせよケルゼンにせよ、いずれも功利主義的観点から「比例政治のもと、社会全体にとってよりよい政治的決定が可能かどうか？」という点にスポットをあてていたようにもみえる（それについて、ケルゼンはやや楽観的であり、ウェーバーは悲観的ともいえる）[91]。ミル自身も、個人の自由な思想、少数意見の自由の保障（およびそれが議会へとあげられること）が、最終的に社会のよりよき改良に活用可能であるという論じ方をしている以上、そのスタンスは、功利主義的な論点であったことには違いない。しかし、リベラリストとしてのミルにとって重要なことは、自由な市民の個々の意見そのものに内在的な価値があり、ゆえに、そうした個々の多元的意見が政治の現場にうまく反映されるかどうか、ということも重要となってくる。つまり、ミルの思惑としては、リベラリズムを基礎とした民主主義（いわゆる民主主義的リベラリズム）を実現するための方法として、比例代表制を提唱したとも考えられる。だとすれば、それは単なる功利主義的としての多数決主義ではなく、議論され、それがまっとうであれば、少数派の意見であっても尊重され、実現するよう働きかけられるべきである、という意味を含むものであろう。つまり、リベラリズムに根差した議会制民主主義が、効用が高いだけでなく不正義でないような、そんな制度をミルは望んでいたといえる。

　ミル自身の議論では比例代表制のメリットはさほど掘り下げて論じられてはいないが、しかし、比例代表制は、リベラリズムを基礎とした民主主義において、その歪みを軽減するような機能をもつものである。このことを理解するために、「オストロゴルスキーのパラドックス Ostrogorski paradox」を援用してみよう。[92]

　もし二大政党の状況下、選挙において議員を選ぶとき、優勢な候補の多くは二大政党のいずれかに所属していることだろう（ここではその政党をBとRと表現しよう）。熱狂的な野球ファンのようにどちらか

90　比例代表制に対し否定的であったウェーバーであるが、そもそもその主張は、議会における政治的駆け引きに終始するような混乱のリスクを避け、統一国家の担い手を直接国民の意思によって選出すること、すなわち大統領制の必要性を提唱する文脈のうえでのものであった。

91　比例代表制をめぐるウェーバーとケルゼンのスタンスの違いについて詳しく述べたものとしては野口［2018］を参照。

の政党を無条件に支持する人はいつの時代にもいるかもしれないが、市民が啓蒙され、知的に洗練されてゆくことで、まじめに政治に参加する人が多数派を占めるようになっていると仮定しよう。誰もが、それぞれの政党がどのような具体的政策を提唱しているかに関心を寄せており、そして候補者はその政党に属する以上はなんらかの具体的政策にコミットしている。しかし、政治的イシューは単純なものばかりではないし、何より何種類もある。たとえば、イシューごとに「地域振興」「増税」「外交」とおくとして、洗練された有権者たちはそれぞれについてそれぞれの選好をもっているとしよう。政策に関する単純多数決（直接投票）をその都度ごとに行うよりも、代議士を選出し、それらから構成される委員会・議会にまかせるほうが効率的であると人々は考えているとする。だからこそ、議員を選ぶ選挙のとき、人々はまじめに選ぼうと必死になるわけだが、そのとき、各党の政策パッケージを総合的な観点から考慮し、できるだけ望ましい政党の候補者に投票しようとするだろう。

さて、そのような状況のなか当選者一名の選挙が小選挙区で行われたとき、多数派の代表として選ばれたその政党（に属する候補者）が実施しようとする政策のことごとくが、多数派の意向と反対のものである可能性が生じる。これがオストロゴルスキーのパラドックスであるが、それを表2で示そう。

それぞれのイシューについては、政党Rのやり方のほうが過半数（最大派閥である集団4を含む60パーセントの選挙民）から支持されている。しかし、政策パッケージとしては、集団4を除く過半数（集団1〜3までの60パーセントの選挙民）は政党Bを選好している。つまり、一名のみが選出されるこの選挙区はBに所属する候補者（議員や首長）が当選してしまう。すると、過半数以上の民意を受けて当選したはずのその候補者が、選挙公約どおりに政策を実施しようとするとき、過半数が望んでいないような事態となってしまうというパラドキシカルな現象が起きる。

表2　オストロゴルスキーのパラドックス（表は，Rae & Daudt [1976], p. 393 をアレンジしたもの）

集団および人口割合	イシュー			政党選択	投票結果
	地域振興	増税	外交		
集団1　(20%)	R	B	B	B	B党支持が6割
集団2　(20%)	B	R	B	B	
集団3　(20%)	B	B	R	B	
集団4　(40%)	R	R	R	R	

こうしたケースでは、小選挙区ならではの死票の大量発生はもちろん、それら死票はそれぞれの個別イシューにおいてR党のやり方を望む多数派（40/60＝2/3）の声でもあった、という点に注目すべきである。いくら人々が徳と知性に目覚め、きちんと情報が市民に行き渡り、それぞれが真摯に考え、所属する政党ごとにきちんとマニフェスト（いわゆる政権公約）を示しているような「洗練された代議制民主主義」であったとしても、小選挙区制のみではこうした事態は常に起こりうる。政治的意識に目覚めた有権者は「自由な個人」としてそれぞれの多種多様な選好をベースとしつつ、自身にとってそこそこ満足できるパッケージをもっている政党に慎重に投票するのであろうが、各イシューごとになされる政策に対し「本当にそれって民意なの？　少なくとも、半数以上の人はそれに賛成しているの？　なんか選挙で不正があった？」とか、「あの人たちは賄賂とかもらっているんでしょ？」と政治不信になってしまうだろう。

ゆえに、小選挙区では当選できなかったが、あるイシューに対しては多くの人が望むような政策提言をできる政党（の候補者）を市民の代表として議会に送り出したほうが、さまざまな政治的イシューを抱える社会においては、多くの民意に沿った政策が実現できる可能性が高まるといえる。この点でいえば、個人の自由と社会的進歩の両立可能性を信じ、少数派の良識人や有識者が果たす役割に期待したミルが、比例代表制の導入などの制度的工夫を求めたことは、必ずしも間違っていたわけではないといえるであろう。少なくとも、ミルは、「政治においては、労働者は搾取から救われるべき存在である」といった問題だけを一元的に取り扱うのではなく、労働者のなかにも卓越した意見とそうでない意見があり、それを精査しつつ、よりよい意見を（たとえそれを提唱する人が少数派であろうと）議会へ送るべきである、と考えていた。つまりは、複雑化する社会問題と政治イシューを考慮したうえでの比例代表制の提唱であり、それは、まさに、健全な民主主義的リベラリズムの実現を目指していたといえるであろう。ミルといえば、「エリート社会主義者」「お高くとまった質的功利主義者」「楽観的な理想主義者」と思われがちではあるが、こと比例代表制の賛同者としてみるのであれば、集団的意思決定の限界を見定め、そのうえで必要な制度的工夫のもとで個々人の政治的自由を最大限活用する形での民主主義的リベラリズムを目指した現実主義者という面も見落とすべきではないだろう。

第4節　二つの自由主義——バーリンの思想

近代において「自由」というものがさまざまな形で広がってゆくと、その恩恵だけでなく、その副作用や限界もみえはじめ、自由の功罪があらためて論じられるようになってゆく。封建主義的支配から逃れた市民は、自由な契約を行える労働者となったが今度は資本家に支配されるようになった。自由市場のもと経済は発展しつづけるはずであったが不況・恐慌にみまわれたり、あるいは、全体主義を支える側となって自身と異なるマイノリティを弾圧したり恐怖政治を成立させるなど、リベラリズムは幸福を実現しないばかりか、リベラリズムそれ自体を否定するようなことさえあった。二〇世紀前半においては、一部の知的エリートが「自由」「理性」「解放」を掲げつつも、それが全体主義やファシズムへと帰着したものがあったが、なぜそんなことが起きたのだろうか。もちろん、そうした知的エリートの欺瞞性、あるいは党派的固執ゆえの公共心の欠落などを指摘することは容易い。しかし、「自由」には危険な側面、すなわち、自由のもとで「自由」を否定するといった自己破壊的側面があることを知っておく必要もあるだろう。この必要性を人一倍強く感じながら「リベラリズムとは何か?」という問いをあらためて提示したのがアイザイア・バーリン(1909-1997)であった。以下、彼の『自由論』(1969)、とりわけそのうちのエッセイの一つ「二つの自由概念」の理論的枠組みを探ってみよう。

二つの自由概念

「自由」の意味は前述のように非常に多義的であり、その多義性によってときに議論が混乱してしまうが、バーリンは問題をクリアにするために、「自由に関する問いと答え」というものを大きく二つに区分している。

自由という言葉(わたくしは freedom や liberty も同じ意味で用いる)の政治的な意味の第一は——わたくしはこれを「消極的」negative な意味と名づけるのだが——、次のような問いに対する答えのなかに

92 ただし、オストロゴルスキーはミルの時代より少し後の(政党分析などを行った)研究者であるので、ミル本人がオストロゴルスキーに言及することはしていない。また、上記パラドックスはオストロゴルスキー本人が言及したものではなく、後世の研究者たちによって言及されたものである。

含まれているものである。その問いとはつまり、「主体――一個人あるいは個人の集団――が、いかなる他人からの干渉もうけずに、自分のしたいことをし、自分のありたいものであることを放任されている。あるいは放任されているべき範囲はどのようなものであるか」。第二の意味――これをわたくしは「積極的」positiveな意味と名づける――は、次のような問い、つまり「あるひとがあれよりもこれをすること、あれよりもこれであること、を決定できる統制ないし干渉の根拠はなんであるか、まただれであるか」という問いに対する答えのなかに含まれている。この二つの問いは、それへの解答は重複することがあるにしても、それぞれ明らかに区別されるちがった問いなのである。(「二つの自由概念」121-122/303-304)

第二の問いとその答えが示すところの積極的自由は、あるものが別のものよりも優先されるべき価値をもっていることを前提とした上でその価値をきちんと理解し、自らの意志のもとそうした価値あるものを実現できるような理知的な主体としての「自由」(自律)である。これに対し、第一の問いとその答えが示すところの消極的自由とは、価値の良し悪し、大小はどうであれ、どのように生きるかについて自分自身で自己決定するために他者の干渉が存在しない、という意味での「自由」である。そして、政治社会において本質的なものは第一のものである消極的自由である、とバーリンは考えるのであるが、この背景にはバーリンの価値多元論がある。

バーリンによると、多数の諸価値間でランクづけを行うための中立的で絶対的な基準は存在しないので、「選択肢Xのほうが自己実現において望ましいから、選択肢Yにすがるその姿勢は捨てるべきだ」といって他者に干渉すべきではないし、積極的自由の名のもとにある人の消極的自由を否定しようとする振る舞いは偽善的であり、ときに自由への侵害となる。たとえば「自律した人間になるためには……」といって子どもや市民に教育を与えるのはよい。しかし、その与えられる教育内容が「国家の一員となることが大事だ！　それが自由で自律した人間ということだ！」という押しつけ的なものであればどうであろうか。もちろん、教育には押しつけ的な面があるかもしれないが、そもそもそれはその人個人の個性の開花とその人自身の人生の追求を助けるためのものであって、国家の一員となることとはなんの関係もないはずである。たしかに国家の一員として協調的態度をとることは、他国の侵略を退けたり、経済成長に寄与し、その恩恵のもとで自由により快適に過ごせることにつながるかもしれない。しかしそれはあくまで手段であって目的そのものではなく、その手段のためにその人自身の生き方をそれへと捧げよというのであれば、それは自由の否定でしかない。

バーリンにとっては、消極的自由こそが守られるべきであり、もし社会に不満があれば政治参加のもとでそれを広げようと努力する政治的自由もそこに含まれていなければならない（思想・表現・集会・投票の自由など）。国家による規制はある程度は仕方ないにしても、そして「自由に活動できる範囲」について、いくぶんかの制約があったとしても、そこでの自由は「点」としてではなく拡がりをもった「面」として、その内部において選択肢と自己決定権が保障されていなければならない。逆にいえば、それを「点」にまで収縮・圧縮して、自己決定権をもった行為主体の可能性を消し去ってしまうことは、いくらそれが高尚な理想や自由を掲げていようがリベラリズムの否定であって許されるべきではない。このことは、以下のバーリンの言からも読み取ることができる。

もしわれわれが「われわれの自然〔本性〕をおとしめたり否定したり」すべきでないならば、個人の自由の最小限の範囲は保持しなければならない。われわれは絶対的に自由であることなどできぬ。自由のうちのあるものを護るために他を放棄しなければならない。けれども、全面的な自己放棄は自滅である。ではいったい、その最小限とはなんでなければならないか。それは、これを放棄すれば人間本性の本質にそむくことになるものである。〔…〕これは果てしのない論争のたねであったし、おそらくいつまでもそうであるだろう。しかし、干渉を蒙らない範囲を定めるところの原理がなんであれ、〔…〕この意味における自由はからの自由 liberty from のことである。移動はするけれどもつねに認識はできる境界線をこえて干渉をうけないということだ。(「二つの自由概念」126-127/311)

これが多くの自由主義者たちが核とすべきところのリベラリズムであるとして、バーリンは消極的自由の重要性を強調する。これに対し、ミルのリベラリズムには、高次の快などで示唆される「真理の発見」や、天才や良識人の意見の尊重、そこから実現される社会発展などの積極的自由が入り混じっているようにもみえる。それが未整理のまま「自由が大事だ」と語っているからこそ、「自由」と「理性」の名のもとに個々人の消極的自由が否定されることも起きうるので、ゆえにバーリンはこの「二つの自由概念」論文にて、消極的自由と積極的自由とを区別し、前者が根源的であることを論じようとした、といえよう。

バーリンには、従来の哲学者たちが提唱するところの「理性」やそれが実現するところの「自律」に対し根深い懐疑をもっていた節が見受けられる。カントは人間の倫理的あり方として「自律」を説いたし、ヘーゲルなどは自律的な存在者として精神的完成へと至る道を説いた。当然、そうした個々人によって形成されるところの社会は強制などがない自己実現的な社会であるし、そこではルソーの一般意志も実現されているのだろう。しかし、それらの「理性」「自律」に関し、バーリンはそこに「自分自身の主人でありたいという願望がある」と読み取り、それが危険を孕むと考えた。なぜなら、この願望が集団的意思決定のもと政治権力化したとき、理性と理想の名のもとに消極的自由を抑圧しがちな反リベラリズムとなるからである。

自己支配と自己実現という「自由への欲望」

カントやルソー、ヘーゲルなどが理想とする理性的・理知的社会の条件としては、個々人が理性的に目覚め、自発的・積極的にきちんとした政治にコミットしていることが必要であり、そうでない個人の生き方は軽視されたり、あるいは、教育や矯正といった啓蒙的措置が求められることもあるだろう。しかし、異なる価値観のもと独自の生き方に殉じようとする人々――たとえば、伝統主義者、宗教家、民族主義者、資本主義礼賛者、など――に対し、そうしたリベラルな政治権力やそれを支援するきちんと自律した人々がそうした生き方を矯正したり抑圧したりできるとすれば、個々人同士の間で禁じられていたはずの「他者の自由への侵害」を犯していることになる。そうしたリベラルな意向をうけた政治権力が「いや、あんな古臭い考え方をする人たちは民主主義的リベラリズムにおいて、理性的に自律している個人とはいえないから仕方ないんだ」というとすれば、それは積極的自由の名のもとに消極的自由を侵害するようなものであり、リベラリズムの基本を否定するような「自己破滅的リベラリズム」といえる。[93]

バーリンいわく、積極的な自由観のもとでは、個人の自我は、二つの形態を欲望するような分裂症的自我となっている。その一つの形態は、独立達成のための（自己否定を経由した）「真なる自我」のもと**完全なる自己支配を望む自我**、そしてもう一つの形態は、理想的目的との全面的な同一化による**自己実**

現の達成を欲する自我、というものである（「二つの自由概念」134/324-325）。こうした二形態をそのうちに含む積極的自由が政治権力のもと理念として共有され実現されようとするとき、本来それ自体重要であるはずの個々人の多様性、そして多元的価値観、多様な歴史・文化までもが捨象されてしまう。「人間に干渉し手出しをし、かれらの意志に反してあなた自身の型に押し込めようとする一切の形態、あらゆる思想統制および思想調整は、それゆえ、人間のうちの、人間を人間たらしめ人間の価値を究極的なものたらしめるところのものの否定であることになる」（「二つの自由概念」137-138/330-331）というように、バーリンは、自律や人格的尊厳そのものを認めているからこそ、多種多様な個々人を無理に均一化させないよう注意を払うのである。もっとも、このようなバーリンの自由論には未整理な部分も多く、帰結としていかなる政治社会へと繋がるのかが不明瞭であったりもする。

バーリンへの批判として

バーリンへの疑問点としてまず挙げられるものとしては、「消極的自由だけではフリーライドや非協調的振る舞いを蔓延させてしまうのではないか」という懸念であろう。たとえば、景観を損ねるような建物を建ててその町並みを乱して観光客を減らしてしまい、（間接的な）結果として町を衰退させる場合――近所のお土産屋さんや旅館が廃業に追い込まれるなど――はどうなるのだろうか？　もし街の景観を守るための規制、さらには強制執行や罰則を科そうとする措置に対し、「強制だ！　消極的自由の侵害だ」といって拒絶しようとする人がいたとして、しかし、実はその人は、他の住民たちがそうした自由の行使を差し控えているからこその社会的恩恵（観光地の収入から還元される公共サービスや健康保険など）をなんらかの形で受けているとすればどうであろうか。

もちろんこれについては、「そのようなものは公共的な「徳」の問題であって、政治権力が介入すべきものではない」ということもできる。実際、親や友人から「この町のために、きちんと住民らしく生きなさい。あなたは町の一員でしょう?」といって説得されるならまだしも、政治権力にそのような生

93 こうした個人的自由への抑圧といった現象は古いナショナリズムにのみ特有のものではない。たとえば、それは、かつては抑圧されていた人々のための「思想・表現の自由」を提唱していたリベラル派において、ともすれば珍奇にも見える個人的嗜好や懐古主義的な偏見に対し「社会的に有害だからそれを排除すべきだ」といって、その規制を強めようとする振る舞いの形で現れることもある。もちろん、そうした嗜好や偏見がある特定の個人やグループに対し、その他大勢の人々同様に公的にその自由を行使することをためらわせるほどの恥辱あるいは生命の危機を感じさせるものであれば、リベラル派の規制強化要求はリベラリズムの観点から正当といえよう。しかし、リベラル派の理想社会の実現にとって障害となっているという程度のものであれば、それを論拠に規制を推進することは——いくら「自由」「解放」「幸福」「安心」という錦の御旗を掲げようが——それはバーリンが危惧していた「自由の危険な行使」に他ならない（違いは、その主体が国家であるかそれ以外の集団であるかの違いであるが、後者は政治的権力と結びつくことでいとも容易く国家的介入の形態をとりうるように思われる）。

もっとも、当初の（ミルのような）リベラル派の武器であった「思想・表現の自由」を、保守派と呼ばれる人々が悪用することもあるだろう。抑圧的もしくは差別助長的な偏見を自由の名のもとに振りかざすことに対するリベラル派の嫌悪感それ自体は正当なものである。リベラル派はそれらの不当な主張に対し言説的に対抗してきたというこれまでの歴史の積み重ねゆえに、その繰り返しに疲れ果ててしまうと法的規制によってそうした不当な主張を根絶したいというのも理解できる（名誉棄損や脅迫などの案件である場合でも裁判などでコストもかかるので）。ただし、今や正当と認められるそのリベラル派の言説そのものも過去において珍奇扱いされてきたこと、そして、言説的にきちんと対抗してきた歴史そのものが思想・表現の自由によって支えられていることを踏まえるならば（そしてリベラル派も同じ人間であり、つい流されて憎悪的表現をしてしまったり、不当ではないものに「不当だ」とレッテルを貼る可能性もあることを考慮するならば）、異なる意見や嗜好をもつ「他者」と共に暮らさざるを得ない現代社会において、「思想・表現の自由」に対し規制をかけるということの意味を慎重に見極める必要があるだろう。

き方を諭されたり、ましてや強制されるのは、明らかに基本的自由の侵害のようにみえる。しかし、我慢をして協力している住民側からすれば、「守られるべき生き方の自由」の項目のなかには「観光資源を保有するその町において、その観光資源を毀損する自由」など含まれていないわけで、町の自治権とその根底にある町民たちの政治的意思決定権こそが尊重されねばならない。そうした町民たちは、「消極的自由＝政治権力から干渉されないこと、であれば、それは単なるアナーキズムにすぎない」と主張するであろう。実際、政治社会における基本的権利としての消極的自由を保障すべきという主張と、あらゆる政治権力は個人の生き方に不干渉であるべきという主張は似て非なるものであり、バーリンが前者にコミットしているとしても、実生活においてはケースごとに詳細な議論と分類が必要となってくる。とりわけ、多種多様な個々人が自治のもと協調的に共存している民主主義的リベラリズム社会においては、正当性をもった「自由」のあり方を模索し、議論し、ときに「あなたのそれは自由とは呼べない」といえる可能性も残されていてこそ、自由に関する議論が意味をもつといえる。

　さらにいえば、そもそもバーリンの主張においては、価値多元主義とリベラリズムとの関係とが不明瞭という点もある。[94]バーリンは、多種多様な諸価値のなかには調停・調和不可能な組み合わせもあり、諸価値同士のコンフリクトがある場合にそれを解決できる絶対的原理などは存在しない、と主張する。そして、それでもリベラリズムの寛容の原理によって、「たとえ対立した場合であっても自身のそれと異なる価値を拒絶・根絶すべきではない」というそのスタンスはたしかに素晴らしい。では、反リベラリズムを信奉する人たちの情報発信によって社会全体が反リベラリズムを信じるようになり、そこからなんらかの宗教的、あるいは国家主義的政策へと向かう可能性を「寛容」の名のもとで許容するのだろうか。

この問題は、「積極的自由を推し進める政策、あるいは、社会制度をそれに応じて変更させようとする政治的自由は、民主主義システムから排除されるべきなのか？」という疑問としてバーリンに突きつけることができる。バーリン自身は、個人が自身の属する集団・社会・国家を高評価するような——コミュニタリアニズム的な、あるいはナショナリズム的な——思想の自由を認めるとしても、それを根拠として、社会の目的・信念・政策・生活を「われわれの」として理解し、そこから逸脱するような「私」を管理し、ときに処罰・排除しようとする社会を強く否定している。ゆえにバーリン的にいえば、多種多様な民族が共存する国家において、民族的アイデンティティに基づいた（徴兵制などへの）市民的不服従は許容されねばならないが、しかしこのことは、ナショナリズム的価値観をもった多数派の意思が政治権力へと反映されるアクセスが断たれている、ということを意味する。だとすれば、それは民主主義のもと、多数派を構成する個々人の政治的自由とその実現可能性が保障されているとはいえない状況である。するとそれは、ナショナリズムを否定する「政治的リベラル」という一派によって占拠された国家と変わらないのではないだろうか。

もちろん、「消極的自由を保障する法の支配のもと、ナショナリズム的政策は拒絶されるべきなのだ」という言い方もできるかもしれない。しかし、その場合のそれは「消極的リベラリズムとしての法の支

94　この点を提示したものとして有名なものはグレイの議論であろう。「それは、自由な生活様式はすべての人間にとって最善の理想なのか、それとも、人間本性や全体としての人類史に基礎を持っていない多くの生活様式の中の一つと見るべきなのかという疑問である」という形でグレイは問題提起する。結論としてグレイは、真に価値多元論を認めるとすれば、そこではバーリンの消極的自由型のリベラリズムが歴史超越的・普遍的なものではなく、それは歴史的文脈に沿った多元論的価値の一つでしかないのではないか、と疑問を呈している（Gray［1996］第6章）。

配」であって、それは他の諸価値をベースとした法の支配——キリスト教的な、イスラーム主義的な、部族主義的な、マルクス主義的な、etc. な法の支配——よりも優越的なものであるという想定が暗にあるのではないだろうか。つまるところ、「価値多元主義と消極的リベラリズムがうまくゆく」という主張の前提として「消極的リベラリズムとしての法の支配」があって、それは、それに反する法の支配や社会構造を不合理なものとしてすでに排除している、という言い方もできる。もちろん、それならそれでかまわないが、その場合「消極的自由のもと、多様な価値のもとで生きることを認めましょうよ。たとえそれがリベラリズムを否定するものであったとしても……」という価値多元主義的な寛容さは、消極的自由以上のものとして特定の社会的価値を優先するところの諸個人が政治権力へと影響を与えない程度において、という限定つきのものということになるだろう。そこでは対話をし、ある種の社会的価値が実現されることとさえ「あってはならない」ようにもみえる。[95]

多文化主義と自由な民族的自治

これは何も古い問題ではなく、昨今のグローバリゼーションや移民問題、文化保護政策などの問題とも関わっている。たとえば、リベラル・ナショナリズムを唱えるキムリッカは、「基本財のリストには、自由や機会、所得や自尊心の他に、文化も含まれる」と主張し、自由な個人の選択的生き方を可能とするものとして、バックグラウンドたる文化的背景を重視する。そしてこうした基本財をマイノリティから奪おうとするのは、その人のアイデンティティへの干渉であり、また、マジョリティ側の文化にマイノリティを取り込んだとしても、その順応においてマジョリティが支払わないコストをマイノリティ側へ支払わせようとする点で不正義でもあるとし、そこから、「民族的マイノリティが対外的に自らの文化を防御することは公正のもと認められるべき」という帰結に至る（Kymlicka [1995] ch.6)。この点だけみれば、個々人の消極的自由と同様に、個々人のバックグラウンドたる文化を共有するところの特定の社会集団の自治的自由をも（他の社会集団と同様に等しく）保障すべきといっている点で、バーリンの理論をアナロジー的に社会集団へと拡張した理論のようにみえる。[96] しかし、この主体が一国内における特定のマイノリティ集団（およびそれに属する多種多様な個々人）を超えて地方自治、さらには国家にまでリベラル・ナショナリズムとして拡張的に適用できるのであろうか。エスニシティとナショナリティとは異なるものであるが必ずしも非連続的というわけではなく、多数派集団のアイデンティティが国家的アイデンティティとなることは十分ありうるだろう。[97] では、そうしたアイデンティティを有した国家があるとして、それが文化的多様性を目指す多文化主義やコスモポリタニズムに対し拒絶的に振る舞い、頑なに自国文化優遇政策を行うようなケースではどうであろうか。

「純粋な〇〇人からなるこの国家の純粋性を守ってゆこう！」という民族主義はくだらないにしても、

95　バーリンは晩年、こうした価値多元主義におけるリベラリズムの位置づけの問題について取り組んだと言われている（それについては、濱 [2008] 343-345)。

96　ただし、「個々人の、あるいは、個々人が所属する社会集団の「自由」とは、平等主義的土台のもとではじめて有意味である」というような主張をキムリッカは行っているわけで、そうした平等主義をリベラルな政治哲学の基礎としていることを踏まえるならば（とりわけ Kymlicka [2002] では)、その根幹にあるものは、バーリンに見受けられる古典的リベラリズムよりも、むしろドゥオーキンのような平等主義的リベラリズムに近い。

97　もちろん、現状さまざまな文化が共存するような国家においては、多文化主義の観点からそれを拒絶することもできるであろう。ただし、ここでは事実上そのようなナショナリズム的様態となってしまった国家において、そこから多文化主義を根づかせることの妥当性と可能性がどれくらいあるのかを論じている、と考えてもらいたい。

「○○人であることを誇りに思うので、民主主義の範囲内でその文化を守ってゆこう」という話は——似ているとしても——別の問題である。前者に固執することはともかくとして、後者のスタンスのもと従来の社会体制を保持しようとするのは——その手段として、移民の受け入れや、公的教育機関における多文化教育を合法的に制限しようとするのは——不正義といえるのであろうか。従来の「リベラル」と呼ばれる人たち——とりわけマルクス主義的左派など——であれば、国家主義的な体制よりもグローバルな連帯を説くという点で、ナショナリズムそのものが「不合理」で「不正義」となることもあるかもしれない。しかし前述のキムリッカは、「（自由・民主主義諸国で暮らす）彼らは、自分自身の言語と文化の中で生活したり働いたりすることが今より難しくなるというのであれば、自由かつ平等な世界市民でありたいとは思わないであろう」と考え、文化超越的なグローバリズムのなかでの移動の自由よりも、自分たちの文化を保持したままでの政治的自由を望む、と主張する（Kymlicka [1995] 93/140）。すると、こうした人々が多数派として自国内に留まりつづけるとすれば、他国からやってきた移民たちが政治的実権を握り、自分たちの文化的自由が脅かされるような（たとえば、公共の場での礼拝などが禁止されるなどの）政策が実現されることは是が非でも防ごうとするであろう。こうした事態に対し、リベラルな観点からは「反リベラリズム的で不寛容な態度」にみえるとしても、そこで暮らす人々からするとそうした文化保護政策的な自治の自由には意義があるわけで、この点では、文化的ナショナリズムのいくつかのものについてはリベラリズムのもと擁護すべきものもある、ということになるのだろうか。

もちろん、政体における文化的自治の問題と、その内部で暮らす個人・集団の文化的自由の問題は異なる次元のものであることにも注意しなければならない。上述のように他国からやってきた移民的政治勢力が元来そこに根づいていた文化を放逐しようとすることを防ぐ自治的正当性があっても、その自治内部で暮らす移民たちの文化的自由を認めようとしない異文化排除的態度を必ずしも擁護できるとは限らない。文化的ナショナリズムを認めても、その内部において文化的多元主義はリベラリズムのもとで成立可能であるし、そうでなければ、リベラル・ナショナリズムとは呼べないのである。もし、バーリンの多元的価値論がこのような形でのリベラル・ショナリズムにまで拡張されるならば、当初の放任主義やアナーキズム的欠点は乗り越えられるし、さらには多文化共存型の寛容な政治理論へと昇華できるかもしれない。

ただし、こうしたリベラル・ナショナリズムも、それがうまくゆく文脈とそうでない文脈があることには注意すべきである。すでに多民族国家としてのアイデンティティを確立しているカナダやスイスなどでは、キムリッカ風のリベラルなナショナリズムは従来のリベラル派および国内のマイノリティからも支持を受ける形でうまくゆくのかもしれない。しかし、そうでない国々のナショナリズムではどうであろうか。ある種の自国文化優先主義の国家は、対外的には「自分たちは自分たちのネイション文化を守る自由を行使しています」と言い張りつつ、やってくる移民に制限をかけるか、あるいは、「移住するということはわが国のやり方に同意したということでしょ」といって、そうしたマイノリティ文化の保護や、生活スタイルの尊重を拒絶するかもしれない。キムリッカは、マイノリティ居住区域に移住しようとする非マイノリティ側の負担は不当なものではなく、それを課すのはマイノリティ側の権利であり、ときに移住者に対する拒否権もあると主張しているが（Kymlicka [1995] 109/163-164）、世界全体でみれば一国家の一国民もまた一マイノリティなわけで、だとすれば、ある国家もまた同様に移民を拒絶したり、同意して入国してきた移民には文化的コストを課すこと（あるいは最初から住んでいた国民が享受している文化優遇政策の恩恵を与えないこと）もまた正当化されるべき、となってしまうのだろうか。しかし、それでは、バーリンが大事にしていた価値多元論をないがしろにするような単なるナショナリズムでしかないだろう。もちろん、そうした排外的ナショナリズムに対し、「それはリベラリズムとして間違っている」とリベラル・ナショナリズムは主張することもできるが、それはすでに前提として、文化的自治権を行使するナショナリズムに対し、それよりも優越的な原理として価値多元主義を採択しているともいえる。すると、リベラル・ナショナリズムもまた、バーリンが直面したのと同様の問い、すなわち、「反リベラル・ナショナリズム的な人たち、あるいは反価値多元主義的な人たちの意見が政治的に実現される可能性を最初から排除しているのではないか?」「それは多文化主義に賛同的なリベラル派による実質的な支配なのではないか?」という問いと直面することになる。そして、もし、「そうだ」ということであれば、それはリベラル・ナショナリズムというよりは、単に「リベラルな価値多元主義」でしかないということになるだろう[98](マイノリティからの政治的・文化的要求に対して冷淡であったり、民主主義システムにおける投票によってそれを合法的に拒絶することをやむなし、とする「保守的リベラリズム」との対比のもとでは、もちろんそのリベラルなスタンスの道徳的意義は認められるべきであるが)。

　このように、バーリンの理論が内包する欠点・難点に対する批判はあるものの、しかし、その主張の歴史的背景や意義を無視して低評価を下すのはやはり不当であろう。少なくとも、二〇世紀前半における国際情勢や政治的争乱を前提とするかぎりでは、個人の存在基盤、選択領域としての「自由」というものを再確認したバーリンの議論の思想史的意義は大きいものである。植民地主義やイデオロギー対立が引き起こす国際的緊張、戦争へと向かう偏狭なナショナリズムの趨勢といった状況では、人々はつい、自分が個人であることを忘却しがちになってしまい、そして大きな何かの一部であると錯覚し、異分子たる他者を排除しようとする。良心的兵役拒否者への嫌がらせ、すでに隣人となった外国人への差別や弾圧、強制的な文化的同一化や隔離・収容政策など、その枚挙には暇がない。現代は個人主義の時代と言われることもあったが、しかし、いみじくもE・フロムが指摘したように、没個性化した個々人が大衆化して、国内外の諸問題の解決を政治的権威にすべて委ね、自らの自由を放棄するだけでなく、他者の自由までをも放棄させがちとなることは常に起こりうる。「個人はプライベートの領域においては趣味に没頭できればよく、パブリックな領域においては政治権力に従うことをもって自身の義務を果たせばよい」と思い込み、それこそを自由な在り方と思い込むとすれば、それは政治権力への隷従、自由の喪失ともいえるし、そこでは支配されていることすら感じさせない完全な支配が確立するであろう。バーリンの消極的自由は、単に夜警国家を望むものであったり、レッセフェールを望むようなものではなく、政治社会において流されがちな「私たち」にとって自由を見失わないための――場合によってはそこで戦うことになる――最後の足場を自覚させるためのものであったといえよう。

98　Kymlicka [1995] 第9章では、エスニック・マイノリティなどによる要求（移民や文化的保護などに関するもの）に対し、「自由主義国家内の相互的連帯や安定性を脅かす」と懸念するような保守的リベラリストたちの主張はオーバーなもので説得力に欠けている、と批判している。ただし、それは裏を返せば、自由主義国家のリベラリズム原則を変更しかねない文化的・政治的要求に対しては拒絶してもよい、ということを意味しているようにもみえる。つまり、リベラル・ナショナリズムに関する課題として、そのリベラルなリベラリズム原則が、民主主義的国家における「民族的自治」をどこまで認めるものであるか――そしてその結果として、一見すると不平等にもみえる文化的・民族的優遇（不遇）政策のどこまでを「不正ではないもの」として許容するか――が問われているのである。

第5節　リベラリズムと公共性

バーリンの自由論は、その登場とともに欧米のリベラリズムに大きな衝撃と影響をもたらした。直接的なインパクトとしては全体主義への批判というものであったが、それが提示するところの「消極的自由のもと異なる価値観をもった個々人同士が、いかに同じ一つの社会において共存できるのか」という価値多元主義的社会の構想が、その後の社会哲学が取り組むべき課題となってゆく。そもそも、端的な事実として、われわれは自分たちと異なる「生」をもつ他者と暮らしており、社会内には「富裕層／貧困層」「資本家／労働者」「頭脳労働者／肉体労働者」「健常者／障がい者」「自国民／他国民」「一神教／多神教／無神論」など、さまざまな人々が対立したり互いに自らの言い分を訴えることは珍しくない。そんなとき、それぞれが「自分の生こそが尊重されるべきだ！　こっちの要求をのめよ！」と主張して対立しつづけても、価値多元主義そのものはそうした対立を解消することはない。

つまり、バーリンの消極的自由と価値多元主義は認めたとしても、さらにその上には、「理由」と「対話」が重ねられなければならない、という話が出てくる（ルソーの一般意志、ヘーゲルの弁証法における自己実現もこの延長線上のものとしては有意義なのではあるが）。ここに、個人主義的リベラリズムだけでなく、積極的自由を推奨する社会的リベラリズムにおいて欠落していたものが浮き彫りになる。それは、他者を自身と同様の人格として尊重しつつ、互いに議論と熟慮を重ねることができるような「場」である。この可能性が保障された領域こそが「公的領域」であり、その意義をギリシア以降再発見した哲学者としてハンナ・アレント（1906–1975）とユルゲン・ハーバーマス（1926–）を挙げることができる。

人間の条件

まずはアレントの『人間の条件』（1958）に着目してみよう。アレントの『人間の条件』第1章（7/19–20）では、基本的な活動的生活（vita activa）が三種類に分けられている。一つは「労働 labor」であり、生活の必要物に拘束されている人間が従事せざるをえないもの。もう一つは「仕事 work」であり、自然状態にはないもの、すなわち人工物とそれらからなる人工的世界を作り出すことで安住の地を形成し、そして個々人を超えて続いて行くような世界を作ってゆくもの。最後の一つは「活動 action」であり、人と人との間で行われるもので、人間存在の多数性という事実によって成り立つ政治的生活である。自分や家族が食べてゆくために「労働」は必要であり、各人はそのために経済人として「仕事」という生産活動を行い、その結果として世界は維持・発展してゆく。近代においてリベラリズムが実現した結果、生産活動は大きくその幅を拡げ、その成果もその分だけ大きくなり社会は豊かになっていった。しかし、その結果、政治的存在者としての「活動」はどうなったかといえば、もはやそれに自分が積極的に関わろうとしない大衆の登場、そして、政治を仕事化するような政治集団の跋扈など、真摯な政治的交流ぬきの単なる利害の対立・調整・譲歩がはびこり、経済的利害という点のみが政治社会の関心事となってしまった。個々の私的な活動たる「仕事」こそが社会的な関心事となった、といってもよい。

> ［…］私たちの場合には、もう頭を悩ませる必要はない。なぜなら、私たちは、近代の初頭に典型的であった私的なるものと公的なるものとの矛盾は、一時現象にすぎず、私的領域と公的領域の相違は、やがて完全に消滅し、両者はともに社会的なるものの領域に侵されてしまったことを知っているからであ

る。公的なるものは私的なるものの一機能となり、私的なるものは残された唯一の公的関心になった。

(『人間の条件』69/98)

近代以降、「市民社会」は、合理的な個々人からなる集合体と考えられ、政治権力は彼らの自由を保障しつつ、なるべく彼らが納得し、なるべく彼らのためになる政策を行うかぎりにおいて正当なものと評価されてきた。これは社会契約論であろうが功利主義であろうが、リベラリズムであろうが共産主義であろうが基本的には同じである。しかし、政治社会とはそれぞれが異なる他者と関わりながら政治的議論を行う「活動」の場でもあったはずであったのに、それが欠落したまま政治社会が多くの経済人――つまりは、「仕事」に従事する多くの市民――に賛同されたとしても、そこには尊重すべき他者も、理解すべき他者も、共存してゆく他者も、あらゆる「他者」のあり方が見えなくなってしまっている。

この原因は、社会は私的領域を守るための市場取引の場でしかなくなってしまったことにある。そんな社会では、個々人は労働する動物としかみなされず、またそのようにみなされる個々人も、それに満足しつつ社会が豊かになり、自分も豊かになればよいとするような、ある意味では社会全体が一つの家政(オイコス)の場となってしまっている。このように、経済的事柄が集団的関心事となり、政治社会をどうするかといった公共的討論が意義を失ったことに病理がある、とアレントは指摘する。ギリシアのポリスでは自由人は家政的事柄とは別に、ポリス全体のことをどうするかという公共的議論を広場で交わすものであり、それこそが市民の「活動」のスタイルであった。家政的労働を離れ、同等であり異質な他者との間で行われる自由な意見のやり取りなくして民主主義とはいえないわけで、近代以降の経済社会においては、真なる民主主義が成立するはずの公共的議論が消失してしまっていることに政治社会の衰退の一因がある。社会システムが経済資本によって仮に永続的に駆動するとしても、それは「公共」の永続性とは異なるものであるし、それに、その状態では経済資本の蓄積の減少が社会を解体することとなりかねないと、アレントは警鐘を鳴らす（『人間の条件』68-69/97）。たとえば、不況が起こるまで、人々は経済活動のもと「俺の人生は俺のものだ！」といってみんなお金儲けに熱中しているかもしれない。しかし、不況が生じて失業を被ったり将来を不安視するようになると、ある人々は、他人の経済的成功を妬み、あるいは逆に、経済的成功者はそうした人たちを「努力が足りない負け犬だ」といって蔑むような社会的分断が生じてしまう。もし、そうした経済的苦境を救うような政治家が台頭し、その政策がうまくいって一時的に社会階層間の対立が緩和されて一致団結ムードが到来したとしても、問題の根っこはそのままであり、「あいつらは社会の敵だ」とか「話し合っても無駄だ」という潜在的意識のもと、公益性のない政治的闘争が繰り広げられることになる。つまり、公的領域における他者との「出会い」「言葉や意見のやり取り」が欠落したままでは、解決したり和解しなければならないトラブルの根をいつまでも残しつづけることとなるのである。

理性的コミュニケーション

そうした政治的な「語り」「議論」の意義をさらに強調したのがハーバーマスである。彼は、『コミュニケーション的行為の理論』（1981：以下『理論』）をはじめとする数多くの著作にて、コミュニケーション的理性とそれに基づいた討議倫理学を提唱している。ハーバーマスによると、「行為」というものはいろいろあり、①目的を実現するための手段としての「目的論的行為」、②集団内において了承されたルールに服従するような「規範規定的行為」、③自己を表現するような「演劇的行為」があるが、「コミユニケーション的行為」はこれら三つとは異なるものである（『理論』1.1.3）。それは、複数の主体が相互に、それぞれのプランや行為を協調的に調整するための相互了解的行為であり、これは理性的に言語を用いるところの理性的なコミュニケーションといえる（そこでは、恣意的な言語用法や文脈使用、ダブルスタンダードに基づく評価言語などは批判・捨象されてゆき、適正な形で問題が論じられてゆく）。

理性的なコミュニケーションにおいては、各自が自身や自身がもつ知識や価値を特権視することなく言語的に相対化している必要がある。そして、他者を道具として扱うのではなく語り手である自身と同格の主体としてみなし、自身を含め議論参加者の意見が根拠のあるものかどうかなどの批判可能性が開かれつつ言語コミュニケーションが行われることで、批判に耐えうる合意が共有されることになる。そこでなされたある発言について、それが誤謬可能な知識（に関する命題）を示しているとしても、それに関する批判を通じて、その発言の妥当性や根拠づけが共通了解されてゆき、相互主観的に共有されるところの生活世界と合致する形でその意味内容はよりクリアなものとなってゆく。所与の常識や慣習についてもそのようにときに反省され修正されながら、言語能力と行為能力をもつ諸主体の共同体にとっての同一かつ唯一の世界としてそれらは同定される。このように、各主体は自らが生きているその世界を世界内在的観点から適切に認識しつつ、世界をよりよく認識・変更してゆけるようになる（その中で、世界内存在として共通の「知」のもとで生きてゆく）。これこそが、個々人それぞれにおける認知的・道具的合理性とは異なるところの、「コミュニケーション的合理性 kommunikative Rationalitat」というものである。

そもそも、何が正しいか、何をなすべきかがいまだ不明な――しかしそれが重要な意味をもつような――共同体においてはいまだ客観的世界は構成されているとはいえない。ゆえに、客観的世界を構成するための条件がそこでは必要となる。客観性が成立しているといえるためには、世界内の出来事や実現すべき事柄に対し、それらは言語能力および行為能力をもった個々人にとっての世界として共有されていなければならない。もちろん、感受性が異なり、さらには経験もさまざまであるような個々人においてそれはときに食い違いをみせるが、その際、「あなたがそう思うのはなぜですか?」「それはね……」といった開かれた問いの形式、そしてそれに対して答え（言い分）としての水準を満たすような答え方、さらにはその水準を満たした答えに対し、それを好き嫌いで排除することのない理知的な態度、これらがそもそもなければ、客観的世界という概念は無意味なものとなってしまうだろう（『理論』1.1.1.(b)）。そして、こうしたコミュニケーションのための理性が発揮される場こそが「公共」なのである。

こうしたハーバーマスの主張は、かつての哲学史における言語論的転回を彷彿とさせる。哲学における認識論では、素朴な実在論からカントの認識論的転回によって「知識とはいかなるものか?」という問いが取り扱われるようになったが、その後、ウィトゲンシュタインやムーアなど二〇世紀以降の言語哲学・分析哲学は、知識や概念の背後には言語構造や言語コミュニケーションがあることを喝破し、「知識」の正体を突き止めるための言語分析へとシフトチェンジしていった。ハーバーマスの貢献は、こうした言語論的転回ともいえるものを政治哲学の分野で行ったことといえよう（コミュニケーション的転回といってもよい）。ホッブズ以降、政治哲学における合意形成や政治権力の正当化に関する諸議論が個々人の主観的認識を規定するところの超越論的な合理性概念のもと、そこから正義の原理を「知識」として引き出そうと執心していたのに対し、ハーバーマスが拘るのは、どんな暴力も強制もなく、それゆえに誰もが等しく議論に参加できるコミュニケーション共同体（公的領域）における理性的討議であった。

ハーバーマスからすると、「他者承認」「公平に発言の機会が与えられた理性的対話」「自らの行動計画の変更可能性を許容する」といった要素こそが、価値多元論のもとでの自由な（リベラリズム的な）コミュニケーションには必要不可欠ということである。さらには、そうしたコミュニケーションをメタレベルで反省しつつその意味を理解しようとすることで、自分たちが何をしていて、そして何をすべきであるのかを理解することができる。これこそが、リベラリズムが本来想定すべき政治社会における理性的な個人である。だからこそ、コミュニケーションをあたかも不要とみなしているかのような、原子論的な個人主義的リベラリズムは間違っているということになる。個々人が主体的に理性的コミュニケーションのもと共存のための政治的対話に参画し、そしてよりよき政治社会を目指してゆく。ここには、ルソーやヘーゲルのような予定調和はなく、多元的価値に根差した多種多様な社会の可能性が——もしかするとそれは非効率的であったり経済的に豊かではないかもしれないが——開かれている。[99]

こうしたハーバーマスの理論は、近代以降の政治哲学において忘却されてきた公共性や批判・討論の意義を確認するという意味でも重要である。ただし、理性的な対話によって相互理解が促進されるというのはやや楽観主義的であるし、現実の多民族国家や価値多元的社会において、根本的な対立は互いの利害と関わってはいるがそれが経済合理性や個人主義的利己主義のみによってそうであるわけではなく、対話する側の歴史的・文化的スキーマそのものが相互理解を妨げていることもある。価値多元的な社会でのトラブルを理性的対話で解決できればもちろん言うことなしであるが、そうでないからこそ、現実世界におけるリベラリズムは「わかり合えない者同士ですらもここまではわかり合えるだろう」というラインを探り、そのラインを超えないことを「共存のための約束事」として位置づける必要がある。ここに、現代リベラリズムにおける「正義論」の意義がある。

99　ここには、人々が貨幣や政治権力を通じて目的を実現しようとする戦略的場としての「システム」と、人々が互いに互いを同格の人格的存在として接するようなコミュニケーションの場としての「生活世界」の区別がある。

第3章　正義・善・幸福

第1節　ロールズの政治的リベラリズム

バーリン以降の政治哲学の課題、すなわち「多元的価値とそれを信奉する個々人が混在する社会のなか、自由な個々人が社会的に共存するための合理的なルールや原理とはなにか」という問いに対する一つの解答を提示したのが、ロールズの『正義論』（1971）である。

ロールズ（1921-2002）の正義論は立憲主義的民主主義をそのゴールとして見定めたものである。そしてそのプロセスにおいて「公正としての正義justice as fairness」が実現されているはず（されているべき）と主張するが、それには理由がある。それは、「なぜそれをすべきではないのか?」「なぜそうすべきなのか?」という実践的問いに答えを与える原理としてわれわれが求めるものは、まともな人であればそれを公平・公正なものとして受け入れざるを得ない「正義の原理」だからである。たしかに消極的自由は大事であり、自分で選択して自分で決定する領域は確保されていなければならない。では、なぜそうであるかといえば、「そこに干渉する（される）ことは不正義であるから」という理由があるからである。もちろん、だからといって「フリーライドをする自由が俺にはあるんだ！」という主張までは到底認められない。価値多元主義的なリベラリズムであっても、そのような振る舞いを「価値は価値だからね」といって無条件に認めるのはやはりおかしいだろう。するとそこにはやはり「それらは不正義だから」という理由ゆえの拒絶可能性（あるいは正義に反しないかぎりでの許容可能性）があるのであって、このように、価値多元主義における調和的共存の問題に対し、リベラリズムと価値多元主義を包摂するような正義の原理を探ることは、方向性としては正しいようにもみえる（アレントやハーバーマスとは異なるやり方ではあるが）。

そこでロールズは、「絶対的自由を認めるべきかどうか」の二者択一的な判断を迫るのではなく、まずはわれわれが受け入れることができる自由を提示する正義の原理を探り、その原理に従う政策こそが、異なる価値を信奉する個々人が共存するための道を示すと主張する。ロールズの正義論は一種の合理主義ではあるものの、「こうすることが理性的だ！　これがわからないやつは理性的で自律した主体とはいえないから、とにかく従え！　それが真の自由だ！」とトップダウン的に命令するような啓蒙主義、あるいは上から目線の合理主義ではない。むしろそれはボトムアップ的に、正解をいまだ知らない者同士、すなわち「わかってはいない者」同士がそれぞれの拘りや偏見を捨てて（しかしある程度の将来の自己利益への関心はもちつつ）、真摯に許容可能な原理を模索することで、偏見や利害にとらわれることなくみんなが同意するような正義の原理と政策とを導出しようというものである。

正義の原理のたとえ話

msz

みすず 新刊案内

2019. 4

いかにして日本の精神分析は始まったか

草創期の５人の男と患者たち

西　見奈子

「一九二〇年代後半から一九三〇年代にかけて日本の精神分析運動は大きな盛り上がりを見せた。（…）しかし、そのような戦前の日本の精神分析についてはこれまでほとんど知られていない。（…）本書の目的は、精神分析が日本でどのように始まり、展開していったのか、特に精神分析臨床の文脈における草創期の全貌を明らかにするものである」（「はじめに」より）

日本の精神分析におけるパイオニアである五人の男たち——矢部八重吉、丸井清泰、大槻憲二、中村古峡、古澤平作。彼らはなぜ精神分析に向かったのか。そして、どんな者が分析家となるのか。彼らの人生と臨床に残された資料を丹念に調査し、日本の精神分析の歴史と治療の実質を紐解いてゆく。それは、なぜ日本に精神分析が根を下ろさないのか、の答えを探る試みでもあるだろう。

臨床家である著者が、精神分析の暗闇に初めて光をあてる、画期的な著作。

四六判　二五六頁　三二〇〇円（税別）

大人から見た子ども

モーリス・メルロ＝ポンティ
滝浦静雄・木田元・鯨岡峻訳

〈乳児は満足を示すためにだけではなく、周囲の人たちの微笑みに応えるためにも笑い、微笑みます。このことはすでにある種の対人関係を前提にしています。言語活動に先行して対人関係がとり結ばれ、その文脈のなかで言語活動が現れてくるのです。…幼児を言語活動の方へ向かわせるのは、まわりの人たちとの関係です。それは、外から規定された目標へ向かう発達なのであり、生体の内部にあらかじめ仕組まれている目標へ向かう発達ではありません〉。

一九四九年から一九五一年にかけてメルロ＝ポンティがソルボンヌ大学の児童心理学と教育学の講座で行なった一連の講義の要録、「心理学的に見た幼児の言語の発達」「大人から見た子ども」「幼児の対人関係」の三篇、および「表現と幼児のデッサン」の四編を収録。『行動の構造』『知覚の現象学』以後の著者の思考の歩みを知るとともに、哲学者からみた親子関係の認識をつたえる。

四六判　三〇四頁　三八〇〇円（税別）

ヴィータ

遺棄された者たちの生

ジョアオ・ビール
エスケロゥ写真／桑島薫・水野友美子訳

ブラジル南部の保護施設「ヴィータ」。そこは行き場をなくした薬物依存症患者・精神病患者・高齢者が死を待つだけの場所だった。

現地で調査中だった著者は一九九七年にそこで精神病とみなされていたカタリナという女性に出会う。「言葉を忘れないために」と言って詩のような言葉を書き続ける彼女は何者で、なぜヴィータに収容されたのか。それを探るうちに、新自由主義の影響のもと、国家・経済・医療・家族の網の目のなかで、生産性という基準で人間を選別し、遺棄する現実が明らかになっていく。著者の粘り強い調査のすえカタリナの真の病名に辿りついた時、彼女の綴った言葉の意味は明らかになり、尊厳は回復される。

周縁化された人々の生きられた経験を復元し更新し続けるために、現代において人類学の果たすべき使命は何かを問い直す話題作。本書は、マーガレット・ミード賞ほか数々の賞を受賞した。写真多数。

四六判　六九六頁　五〇〇〇円（税別）

ケースで学ぶ 自閉症スペクトラム障害と性ガイダンス

田宮　聡

性の問題はだれにとっても大切なのに、口にすることがはばかられる問題です。自閉症スペクトラム障害をもつ人の場合、その障害特性のために、性をめぐる言動をちがう意味合いに受けとってしまい、そのために困難に直面することがあります。

本書は児童精神科医として自閉症児・者の支援にたずさわってきた著者が、一二〇のケースから見えてくる支援の心がまえ・コツを解説します。

性の知識はいったいいつ、どうやって身につければいいのだろう？　問題行動が起こるまえに、まわりの大人にできることは？

「性ガイダンス」は、一方的に性を教える「性教育」とはちがい、障害児・者といっしょに日常生活のなかで性にまつわるさまざまな知識を育んでいきます。

障害児支援にかかわる医療従事者・教育関係者・ソーシャルワーカー必携の、性の案内書！

A5判　二一六頁　二七〇〇円（税別）

最近の刊行書

――2019年4月――

V. E. フランクル　霜山徳爾訳　河原理子解説
死と愛――ロゴセラピー入門　新版　2700円

中井久夫集 10（全11巻・第10回）最相葉月解説
認知症に手さぐりで接近する 2007-2009　3600円

中村隆文
リベラリズムの系譜学――法の支配と民主主義は「自由」に何をもたらすか　3800円

古賀敬太
カール・シュミットとその時代　6800円

ジェリー・Z. ミュラー　松本裕訳
測りすぎ――なぜパフォーマンス評価は失敗するのか？　予3000円

ニコラス・チェア／ドミニク・ウィリアムズ　二階宗人訳
アウシュヴィッツの巻物 証言資料　予6000円

ジェルジ・ブザーキ　渡部喬光監訳　谷垣暁美訳
脳のリズム　5200円

奥山淳志
庭とエスキース　3200円

＊＊＊

－好評重版・新装版－

記憶を和解のために　エヴァ・ホフマン　早川敦子訳　4500円
食べたくなる本　三浦哲哉　2700円
存在から発展へ 新装版　I. プリゴジン　小出・安孫子訳　6600円
X線からクォークまで　新装版　E. セグレ　久保・矢崎訳　7800円
水の構造と物性 新装版　カウズマン／アイゼンバーグ　関・松尾訳　7200円

＊＊＊

月刊みすず　2019年4月号

「依存症、かえられるもの／かえられないもの」松本俊彦／連載：「デリダの文学的想像力」郷原佳以・小沢信男・池内紀・武田尚子・繁内理恵・「東京論」五十嵐太郎　300円（2019年4月1日発行）

みすず書房
www.msz.co.jp
東京都文京区本郷 2-20-7　〒113-0033
TEL. 03-3814-0131（営業部）
FAX 03-3818-6435

表紙：Edvard Munch　※表示価格はすべて税別です

ここにケーキ愛好者同士が集い、「幻のケーキ」ともいわれる美味しいケーキを分割して食べようとしているとしよう。一生に一度しかお目にかかれないような代物であって、誰もができることならワンホールまるごと食べてしまいたいが、誰もがそう思っていることをその場の全員がわかっている。そして、ここに集まってきたみんなは、「そこそこ食べた感がある分量」を望んでいるのであって、小指の先ほどのクリームを一舐め程度では到底満足できないことも**みんな互いにわかっている**（自他ともに、みなケーキ好きとして等しい人格であることを直観的に理解している）。きちんと「ケーキ」と呼べるほどの最低限のピースを食べたいと願っており、その願いが公平な形で実現されることを望んでいる（差別的待遇がなく、ケーキファンとして最低限満足できるような取り扱いを望んでいる）。そして、みんながいっぺんにケーキに手を伸ばせばぐちゃぐちゃになってしまうので順番を決めて一人ずつ皿にとってゆく方がよいこともわかっているが、もしケーキの切り方が不均一となったり、各自それぞれが狙っているフルーツがきちんと全員に行き渡りそうにない場合、自身が望まない一切れを私の取り皿に誰か他の人が勝手に載せるのは――あたかもその一切れを強制するかのように――非常に不愉快で受け入れがたいので、カットした後で取ってゆく順番を公平に決め、自分自身で**自由に取るやり方のほうがマシ**である。もちろん、順番決めのときに運が悪ければ選択肢も狭まり自由度もなくなってくるが、**順番決め自体が公平な形でみんなに開かれていること**、そして、どんな悪いクジを引いたとしても、**できるだけそこで受け取るケーキ（利益）が可能なかぎり最大化されているような切り方がなされること**が望ましい（切り口がグチャっと潰れることのないきちんとした包丁が使われる、など）。

さて、では肝心の順番であるが、これはクジのように公平であればなんでもよい。しかし誰かがケーキカットしなければならないので、ケーキカットをする人は他の人にはない権限を行使することになる

（あたかも代表者たる議員が社会を動かす法や政策を決定するように）。その権限執行者本人がカットしたケーキを一番先に取れるというのであれば、その人はわざと不均等に切り、一番大きいものを奪い取ろうとするかもしれない。ケーキカットは公平に行われるべきであるし、その権限執行者が優遇されるようなルールは採用されるべきではない（そうでなければ、みんなその権限執行者になろうとして争いが生じるから）。しかし、権限執行者だけが社会的プレッシャーにさらされ、そのような仕事が押しつけられるのは可哀想だから、少しばかり選択順に関する優先権をもらうとか、あるいは、みんなが選ぶ前に平均よりも多めの量のケーキを確保できる権利が保障されてもそれは不公平ではないだろう（政治家の給料がやや高めに設定されているようなものである）。しかし、**そうした権限執行者になれる可能性は誰に対しても等しく開かれているべき**ではある。いずれにせよ、不確実な状況下とはいえ、特定の誰かがよい思いをするルールや不運な人がまったくケーキを食べられないようなルールではなく、公平な正義の原理に基づいた、個々人がある程度幸福を享受できるルールが望まれる、というわけである。そして、そこで選択される原理はその後のやりとりを合法的に制約するという意味で「憲法」のような役割を担うといってもよい。以上のことを踏まえつつ、正義のルールを導出するような状況については、次のように整理することができる。

公平な正義の原理の導出過程

前提

・みんな自分自身がどうなるかわからないような不確実な状況に参加している。

・参加している以上、参加者として望む「当たり前」を公平な形で保障してもらいたい。

望ましい方針
（1）自分で好きなものを選択できる「自由」があるほうがよい。
（2）選択の自由が少なくなった場合であっても（クジでビリを引くような場合）、公平に開かれた機会のもとでそうであり、そして、いくつか考えられるやり方のうち、考えられる最悪の結果はよりよいものとなるよう、参加の利益は保障されるべきである。

この場合、前提は原初状態[100]、方針（1）（2）はそれらより導出された正義の二原理、ということになるだろう。そして、（1）（2）は、現実の社会制度にも適用できる。ロールズは『正義論』において、以下のような正義の原理を述べ、それに沿った社会制度を構築すべきであると提唱する。

制度に関する正義の二原理（『正義論』302/402-403）
第一原理
各人は平等な基本的諸自由の最も広範な全システムに対する対等な権利を保持すべきである。ただし最も広範な全システムといっても〔無制限なものではなく〕すべての人の自由の同様〔に広範〕な体系と両立可能なものでなければならない。
第二原理

100 「原初状態 original position」とは、一種の自然状態のことであり、いまだ何をどのようにすべきかが決まっておらず、その時点から取引を開始したり、財が配分されたりするような状態のこと。

社会的・経済的不平等は、次の二条件を満たすように編成されなければならない。

（a）そうした不平等が、正義に適った貯蓄原理[101]と首尾一貫しつつ、最も不遇な人びとの最大の便益に資するように。

（b）公正な機会均等の諸条件のもとで、全員に開かれている職務と地位に付帯する〔ものだけに不平等がとどまる〕ように。

第一原理は**自由原理**と呼ばれるもので、可能なかぎり自由な選択肢が用意されて他人に強制されないことが公平に保障されていなければならない（ケーキの自由選択のように）。第二原理の（a）はソーシャルミニマム（国民が保障されるべき最低基準生活）ができるだけ向上するよう、課税に基づく分配システムが機能し、また市場をはじめとする社会システムがきちんと機能するためのコストをそれぞれがそれぞれなりに（公平に）負担するよう命じるものであるが[102]、しかし世代間格差をなくすために、当事者たちは自分で稼いだもの、あるいは先行する諸世代から受け取ったものを自分たちの利益のため使用しつつも、きちんと資本を蓄えてある程度のものを後続世代へと渡すことが期待される[103]。社会が一定期間続く共同体である以上、既存の資源を使い切ってはならず、後世へと幾分かは受け渡さなければそれは正しいとはいえないからである（仮に、自分が早く生まれたというだけで資源を使い切ってしまうならば、運悪く遅く生まれてしまった側に対する振る舞いとしては不公平であるし、多くの人はそうした状況のもと後世に生まれるリスクを負ってもよいとは思わない）。もちろん、ここでは富裕層の収める税金が同世代の貧困層へと行き渡り、そこでの次世代を担う子どもたちの栄養状態や教育などが改善されることも含まれている。これは**格差原理**と呼ばれるものであり、次の第二原理（b）とも関連している。

第二原理（b）は、特定の人々（およびその子孫）が優遇ポジションを不当に独占したり、あるいは、ずっとそこから抜け出せないような苦境の運命を背負うことを禁止するもので機会均等原理と呼ばれる。たとえば、貧困層の子どもがいるとして、金銭的に余裕がないゆえに低レベルの教育を受けるしかないのであれば、その子は特定の技術職・専門職に就くことはほぼ不可能といえる。すると、そこでは公平に開かれた門戸、職業選択の自由というものは事実上存在しない。そうした状況では、いくら第二原理（a）によって、富裕層が収める多額の税金をベースとしたソーシャルミニマムの向上が実現していたとしても、それは正義に反する社会体制といえる（ここから、公教育の充実などの必要性が理解可能となる）。もちろん、自由な社会では自分の子どもによい教育を受けさせるために頑張って稼ぎ、それをわが子に投入したいと願う保護者もいるわけで、必死に稼いだそのためのお金がよその子をレベルアップさせる

101　これは、実質的な資本――生産投資、教育投資までも含む各種資本――の蓄積について、社会進展の水準ごとに（将来世代へそれを渡すための）それぞれの世代へ適切な貯蓄率を定めるような原理のこと。ロールズは仮想的に、すべての世代の代表者が集まる民主主義的な意思決定があるとしたら採択されるであろう原理は、その貯蓄原理はあらゆる世代に公平な利益を保障するものであり、将来世代が一方的に犠牲になることを強いるものでもなければ、将来世代のために現代世代が一方的に我慢することを強いるものでもない、と主張している。

102　これは、もっとも不遇な人々の総所得が、彼らの人生において――生産活動や消費活動、貯蓄やその相続、健康に暮らしてゆくなどの諸要素によって構成される人生において――選択可能なものを選ぶなかで得られる長期的効用が最大化できるように、という意味である（『正義論』第43節参照）。

103　これは通時的な市場維持のためにも必要な原理であり、経済的成長の定常状態から成長経路に乗る際の負担と、乗った後に必要となる制度編成およびその維持のコスト負担を分かち合うための正義の原理も含まれている（『正義論』第44節註20）。

ために使用され、その結果、働き損になるのは不公平ともいえる（その場合、頑張らなかったよその親は、自身の子育て費用に関し、他人にフリーライドしていることになるので）。ゆえに、自身の稼ぎに応じて、ハイレベルだがお金もかかるような高等教育機関などでわが子を学ばせる自由——その結果、その子がどんな仕事につきどれくらい稼ぐかを選択することに寄与するような経済的自由も含む——も保障されていなければならない。しかし、そこへの門戸はやはり万人に対し公平に開かれているべきであって、貧困家庭の子であっても努力によって希望する進学先で学ぶ機会が開かれていなければならず、この点から授業料免除制度や奨学金制度の意義も理解可能となる。こうしたロールズの正義論をみると、辞書的な優先順位としては「個人の自由」が先にきているが、全体としては社会的リベラリズム（social liberalism）と呼べるものであろう。

ロールズの正義論において特徴的なものは、原初状態での**無知のヴェール**による「不確実性」のもとでの合理的個々人の思考形態である。通常、われわれは「今現在の自分がどうなりうるかをきちんと見定めること」を合理的判断として尊重する傾向にあるのだが、社会的共存のための正義の原理を導出する際、そうした思考は正義の原理を描き出すための合理的な思考形態とは呼べない。なぜならば、それはそれぞれが自分を優位に立たせようと相争うような思考形態であり、そこから正義の原理は導出できないからである。ゆえに正義の原理を導出しようとするときの合理的思考というものは、「どんな立場の人であろうとも……」というように、その原理とその政策が普遍的に許容されるものとなるよう導出することに他ならない（この点で、ロールズのやり方はカント主義的な普遍化可能性を導入しているともいえる）[104]。

たとえば、自分が金持ちだと知った人は、福祉施策のために課せられる種々の税金が正義に反するとの原理を持ち出すのが合理的だと考えるかもしれないし、貧乏だと知った人は、十中八九それと正反対の原理を提案するだろう。望ましい制約条件を描き出すために、すべての関係者がこの種の情報を奪われている状態を想像してみる。そうすると、人びとを衝突させ各自の偏見に操られるのを許容する、種々の偶発性に関する知識が閉め出される。このようにして、無理のない理路を通じて〈無知のヴェール〉にたどり着く。［…］一定の手続きを踏みさえすれば（すなわち、こうした制約条件に従いつつ正義の諸原理を論証することによって）、私たちはいわばいつでも原初状態へと参入できるからである。（『正義論』18–19/27）

面白いのは、通常推奨されるような「自分の状況をきちんと踏まえて考えれば……」というのとはまったく正反対のスタイル、つまり「自分が何者であるかを忘れ、どうなるかがわからないとき、どうするのだろうか……」という思考スタイルこそが、正義の原理を導出するにあたり必要な理性的な態度である、という点であろう。この「無知のヴェール」という響きだけきけば、「馬鹿になれってことなの……?」という印象をもつ人もいるかもしれないが、そうではない。それは、「情報不足の不確実な状況に陥ったとき、最善の方策を導出するための原理とはどのようなものか?」と問うことで、どんな結

104　ロールズの議論がカント主義的である理由は大きく三つある。一つ目は、そこから導出されるところの正義の原理が——自己であれ他者であれ理性的存在者が賛同するところの——普遍化可能性を満たすものとみなされていること。二つ目は、その原理を導出する際、既存の自己の資質や立場などに関連するような個別的・特殊的自己利益の見込みがそこでの合理的思考から捨象されている点。そして三つ目は、導出された正義の原理は自己拘束的であり、その自己拘束性は理性的存在者によって意志されるところのものである、とみなす点である。

果に最終的になろうとも少なくとも最低限の権利を手元に残すような穏当な判断をするための状況設定なのである。そこでは、誰もが合理的に考えて誰にとっても不満がない（許容可能な）解答を出そうとするわけで、その結果、誰もが誰からも強制されることなく自発的に受け入れるであろう解答、すなわち、社会的共存のための正義のルールを示すことになる（この点で、ロールズの正義論は、結果としてはルソー的でもある。ただし、その出発点はロック的な個人主義ではあるのだが）。

マキシミン・ルール

しかし、無知のヴェールをかぶせられて合理的な方策実現のための正義の原理を導出するにしても、人はなんらかの傾向性や選好がなければ選択することはできないだろう。ここで、ケーキ割りにおける「当たり前」というものを思い出してほしい。くじ引きをして自分がどの順番になろうとも（たとえ一番最後であったとしても）、できるだけ自分で選び、かつ、そこそこ食べた感がある分量を参加者たちは望んでいた。なぜならば、わざわざ集いに参加するのであるから、それが可能なかぎりよい形で保障されることを望むのは当たり前である。そしてこれは社会参加についても同じことがいえる。社会参加しているのになんのメリットも享受できないのであればその社会参加は無意味であって、参加している以上、不確実な状況下で一番悲惨な境遇となるにしても「最低限これだけは……」という利益がよりよく保障されることを望むのは当たり前である（最後の残り物のケーキしかもらえない人でも、「参加してよかったあ……」と実感できるように望むのは当たり前であろう）。

この「当たり前」を求める傾向性は「マキシミン・ルール maximin rule」として表すことができる。ロールズは、正義の二原理を導出するために原初状態を、無知のヴェールをかぶせられた当事者たちがこのマキシミン・ルールをもって意思決定するような状況と描いている。ここで断っておくとすれば、「原初状態における契約当事者たちが合理的であるならば必然的にマキシミン・ルールを採用するはずである」というのは強すぎる主張であるし、ロールズもそこまでは主張していない。もしかすると、楽天的な人々は、無知のヴェールをかぶせられようが「よくわからないけど、最悪でもなんとかなるでしょ」と楽観的に考えているかもしれないし、自助努力的傾向が強い人々は「私も含め、誰もが自分が成し遂げたものをそのままもらうべきである。そして、最悪の状況に陥っても自分自身でなんとかそれを乗り切るべきである」と考えることで、最悪のときに最低限の利益を保障してくれるような政府・政策をそこまで望まないかもしれない。しかし、ロールズは、そうした個々の傾向性・考え方すらも捨象した形で無知のヴェールを考えている。そして、合理的な人々は実際に社会参加をする以上、不要なリスクを背負ってまで多くのものを得ようと奮闘して何も得られないことなどは望まないであろう、とロールズは考える。つまり、不確実性を伴う利得局面において人間というのはおおよそはリスク回避的傾向のもとで動くというのである（『正義論』26節）。もちろん、この人間モデルはロールズが考えるところの「人間に関する一般論」であって、ロールズ自身もそれは理解しているのであるが、ロールズはそのような原初状態の設定（無知のヴェールのもとでのマキシミン・ルールの採択）およびそこから導出される正義の二原理は、多種多様なわれわれの道徳的確信と整合的な形でマッチする無理のないものである、と主張する。その根拠となるのが、ロールズがいうところの**反照的均衡**（reflective equilibrium）である。

反照的均衡

ロールズいわく、原初状態で選択される諸原理が、われわれがもっている確信と合致するかどうかはきちんと調べられる必要がある。たとえば、ある人は「路上で生活をするような悲惨な人がいるような社会はけしからん。みんなが屋内で暮らせるよう、国民皆共同住宅制度にすべきだ」という道徳的確信Aをもっているとしよう。そんな人が原初状態における無知のヴェールのもと、「貧乏になっても、金持ちになっても、とにかく自由にお金は稼いで、自由に好きなところに暮らし、そして助けてもらいたいときは自分で助けをもとめ、助けたいときに助けたい人を助ける」といった自由至上主義的な自己責任原理を正義の原理として選択するとすれば、その原理に基づきなされるであろう政策と、さきの道徳的確信Aとが一致しているとは言い難い。このとき、本当にさきの原理が正しければ、その人の道徳的確信Aこそが間違っているのであり修正を余儀なくされるであろう。しかし、道徳的確信としてそれがられる（どう熟考しても）変更不可能である場合には、原初状態に関するなんらかの設定ミスがあったとも考えられる（「自由」「自律」に関する自身の個人的な好み・嗜好が混じっていたりなど）。原初状態での原理選択を行う当事者が、道徳的確信Aとは相反する信念Bをもっていたり、あるいはとんでもない傾向性（異様にリスク愛好的であったり極度の自己責任論者のような嗜好・選好）をそこに紛れ込ませていれば、当然、実際の道徳的確信とまっこう対立するような非現実的な原理が選ばれることになる。もちろん、導出された正義の原理と既存の道徳的確信とのミスマッチの原因は、初期設定のミスだけでなく、既存の道徳的確信Aも含め、双方に問題があることも考えられる。しかし、いずれにせよ、両者をうまく調和させるべく、初期設定と道徳的確信の間を行ったり来たりして調整する必要が出てくる。これが「反照的均衡」と呼ばれるものである（反照的均衡については『正義論』19–20/28–29, 48–50/68–69で説明がなされている）。もしかするとその結果、さきほどの例でいえば、強制的な共同住宅制度ではなく、公共住宅を借りられる程度のお金を対象者全員へ給付する（そして各人がそれぞれの判断でそれを使用する）といった社会保障制度などが考案されるかもしれない。

デカルト以降、従来の合理主義は基礎的な道徳信念から演繹的に「真」もしくは「正」に関する結論を導き出そうとしていたが、余計な先入観が基礎的信念に紛れ込んでいたり、あるいは、基礎的信念が複数ある場合には、それぞれを組み込んだ理論体系が矛盾を孕むこともある。ロールズはそうした問題を回避するために反照的均衡を導入しているともいえる。[105] そして、そのすり合わせの結果、無知のヴェールのもとマキシミン・ルールによって正義の二原理が導出されるわけで、これは反照的均衡といういわば品質保証検査ともいえる検証をクリアしたものと位置づけられるだろう。そして、前述の正義の二原理とそれに基づいた社会体制や政策というものは、そこで暮らす多種多様な人々の道徳的確信と矛盾するものではなく、結果として多様な価値や資質をもった人々が暮らすに相応しい社会が実現できる、というわけである。これは、カントにおいて、合理主義的な倫理学体系では「義務の衝突 *collisio officiorum s. obligationum*」は存在しえないとする形式的無矛盾性と類似している[106] (Kant [1797], A224)。

さて、ロールズの『正義論』において、リベラリズムと価値多元主義とを包摂するところの正義社会

---

105 ただし、それぞれを調停・整合させた体系を目指すからといって必ずしもそれが基礎づけ主義を否定するものとは限らない。実際、ロールズは正義の第一原理を第二原理よりも優先的なものとする辞書式の順序 (lexical order) を導入することで自由と平等との調和を試みるが、その順序づけそのものは基礎づけ主義のようにもみえる (『正義論』第8節など)。

106 しかし、ロールズの反照的均衡に対し、最終的にはその個人の主観的選好に従って均衡に至るだけではないのかという疑念を拭い去れないため、関連する背景やそこで共有されている理論をも反照的均衡の構成要素として含むような「広い反照的均衡 wide reflective equilibrium」こそが客観的な正義論として相応しい、という主張もある (Daniels [1979] [1980])。

の見取り図がようやく完成したわけであるが、これはある意味ではバーリンの課題を「正義」のもとで解消しようとしたものといえる。ロールズ型のリベラルな民主主義社会は、合理的個人による正義の二原理に基づく同意契約というストーリーによって説得力をもって示されている。そこでは、民主主義的な意思決定がその正義の二原理を逸脱しそうなとき、それは正義の法の支配のもと「不合理なもの」として拒絶されることになる。すると、ロールズの理論においては、民主主義が民主主義を否定するかのような、あるいはリベラリズムのもとでの反リベラリズム的な政治的意思決定は「合理性に支えられた正義の法」によって拒絶されることとなり、ゆえにロールズのそれは立憲デモクラシーとして法の支配と民主主義とに支えられたリベラリズムの完成形となるのである。[107]

第2節　ロールズへの批判――リベラリズムのその後

バーリン以降、価値多元主義的世界のもといかにリベラリズムが保持されうるか、そして、いかに異なる人々同士がうまく共存できる社会をつくりうるかについて、ロールズの『正義論』はその後の政治哲学、法哲学へと多大な影響を与えることになった。ただし、注目されるにつれ、ロールズの正義論の問題点やその限界も示されてきた。

ロールズ批判の文献についてはあまりにもその分量が膨大であり、それだけで数冊の辞書が編纂できそうなくらいなので、ここでは詳細に論じないが、その批判内容はおおまかにいえば以下のように分類できるだろう。

ロールズ批判の主要論点

（ｉ）「善」に対する「正」の優位性について
（ii）反照的均衡の意義について
（iii）導出された原理の遵守義務の由来について
（iv）他者承認と公共性の問題について

まず、（ｉ）についてであるが、たとえば、ロールズは共同体の価値それ自体を拒絶はしないので、そのうえで正義の二原理のもと多種多様な善（個々の多元的価値）は満たされるかもしれない。しかし、その仕方は、政治的リベラリズムにおいて「正」を尊重するよう抽象化された「負荷なき自我 unencumbered self」に対し正義社会が許可した形であって、コミュニタリアニズム（communitarianism）からすると、共同体的なアイデンティティをもつ個人が自らの幸福を追求したり「善」を実現するために己を賭けるような「生き方」が捨象されている、とマイケル・サンデルは批判する（Sandel［1998］：以下『限界』、第1章第8節参照）。

この手の批判は、コミュニタリアニズムとはその哲学的スタンスをまったく異にするリバタリアニズム（自由至上主義：libertarianism）からも寄せられている。ロック的な権原理論（身体の自由と労働に基づく正当な財産権に立脚した権利論）をベースとした仮想的な社会形成プロセスのもと、多種多様な他者にと

107 『正義論』の内容が立憲デモクラシーのための哲学的基礎を与えるものであることは、改訂版の序文においても言及されている。

って許容可能な社会がいかなるものかを描くノージックは、ロールズの無知のヴェール使用を批判する。ノージックからすれば、無知のヴェールをわざわざロールズが使用するのは、全員一致的な「正」をそこに成立させるためのいわば目的論的な舞台装置としてであって、それは権利基底的な議論ではない。自由な個人を議論の出発点（原初状態）に位置づけることは、根源的な権原（権利の発生する原因）をその自由の中核とすることではじめて有意義となるのである。そして、その自由を駆使する各人が自分自身の生き方、自分自身にとっての「善」を実現するためにこそ、自由は法のもとで尊重されるべきである。そこに無知のヴェールを被せて正義を導出しようというロールズのやり方は、社会以前の原初状態へと、既存の社会的理念（平等を推奨する配分原理など）を密輸入しており、そうした議論は恣意的であるし、さらには社会における多種多様な善よりも画一的な「正」を優先しようとする点でリベラリズムとして不適切である、と批判する（『アナーキー・国家・ユートピア』第7章）。

（ii）の反照的均衡に関しては、それがあまりにも予定調和的なものであり、原初状態で選択されるから正義に適っているのか、それとも正義に適っているから原初状態で選択されるのかがいまいちハッキリしない、という点も問題である。もし両方であればまさにそれは論理的にそうならざるをえないような定義的な（トートロジーともいえる）理論でしかないので、反照的均衡による調整プロセスはたいした意味をもたない。ロールズの試みとしては前者（原初状態で選択されるから正義に適っている）を証明しようとしているようにみえるが、原初状態で選ばれるであろういくつかの選択肢のうち、それが「正義」に合致しているものであることを示す基準は、その外部から援用するしかないのではないだろうか。なぜならば、多種多様な人々が存在する以上、原初状態で選ばれたものが反照的均衡をクリアするケースは複数あり、それぞれが対立することは十分考えられるからである。結局、基礎的な基準なくして、それぞれの社会内部においては正義の乱立が起こりえるので、ロールズの原初状態の設定から導出されたものが単に整合的というだけでは、それが普遍的・中立的な「正」を示す保証はないともいえる。

遵守義務の由来に関する（iii）の問題も重要である。ロールズが想定するリベラリズム社会では、多種多様な合理的個人が無知のヴェールのもと原初状態において選択した正義の二原理が政策として実行されるとき――その状況はもはや原初状態ではなく自分が何者かが確定しているのであるが――その政策を正当なものとして受け入れおとなしく従うことになっている（そこで抵抗することはカント主義的な合理性概念からすると自己矛盾的であり理性に反するので）。しかし、こうしたことがどうしていえるのだろうか。ロールズの議論においては、無知のヴェールの段階では不確実性のもとでの将来の自己利益をマキシミン的に確保しようとするようなロック的契約者であったのに、実際の社会生活においては（そうしたロック的契約者が導出した）正義原理に沿った政策や法の意義を受け入れて忠実に守るところのカント的契約者であるようにもみえる（「約束は遵守すべきである」という自己制約を重視している点で）。すると、ロールズが設定する原初状態において個々人はすでに公共的資質をもち、全員一致的な解答のもと自己制約的な形でそれを遵守するような規範的合理性を備えたカント的個人が最初から想定されていたのであろうか。もしそうであるならば、原初状態での無知のヴェールや反照的均衡での試行錯誤などは無意味で過剰な演出道具であり、「理性的な人間が社会的協調を目指すのであればこうなるはずなのです」のことしか言っていないようにもみえる。そもそも、不確実な原初状態でさまざまな他者と共存するための原理の模索には、実生活における他者との交流と試行錯誤がつきものである。自身の資質や地位が現実において特定の状態として確定的となり、無知のヴェールにおける思惑とズレたとき、そこでの苦境を改善すべく政治的要求をすることは現実のリベラリズムとして許されるべきではないだろうか（うまくゆかないとき、その都度、他者とwin-winとなるよう交渉するような自由を認めることこそ、現実主義的なリベラリズムともいえるであろう）。

さらにこれは、（iv）「他者承認と公共性の問題」とも関わるものである。ハーバーマスのように公共的な熟議や対話を政治の本質とみなす論者からすると、共存のための正義の原理を個々人の内在的な合理性から導出するロールズのスタンスには「公的領域」「語り」「他者の承認」「コミュニケーション」「相互批判」が欠落しているがゆえに、そのリベラリズムには政治理論として肝心なところが足りない、ということになる。つまり、ロールズの正義論では「自分がどの立場に立とうが……」とか「どの立場の人であれ……」という抽象的な普遍化可能性が強い一方で、そこでは他者存在が個別・具体的な社会的人格として承認されておらず、ゆえに公的領域での有意味な議論の可能性が見落とされており、その帰結として、理解も配慮もないまま、原初状態において同意した（同意するであろう）原理にずっと制約される形で、それぞれがバラバラな個人として形だけの社会的共存を果たすことになってしまう。言い方を変えるならば、中立的な個人主義モデルを徹底しようとするロールズの理論は、「対話」「熟慮」が欠落しているがゆえに「さらなる理解」への可能性が閉じており、そのリベラリズムにおいては真なる「個の尊重」が欠落している、ということである。

このように、『正義論』は社会哲学全般に大きなインパクトを与えはしたものの、そこでの「正義の原理」の普遍的妥当性やリベラリズムとしての意義は問い直されることになった。そしてロールズもまた、そうした批判をうけ、自身の理論を改良する形でバージョンアップする。それが後期著作『政治的リベラリズム』である。

政治的リベラリズム

ロールズは、基本的に正義の二原理の有意義性は保持しつつも、普遍主義的な「法の支配」としてで、はなく、さまざまな文化・価値観・教義をもった多種多様な人々同士において、共存のための基本構造（basic structure）としてそれらを捉えなおす。まず、基本的スタンスとして、多元的な諸価値・諸文化には「理に適っている reasonable」ものがあると認めるところからはじめる（いわゆる reasonable pluralism）。諸個人は、そこにおいて自らの世界を生き、そして幸福（善）を実現しようとするところの包括的教説（comprehensive doctrine）に従っているのだが、同様の（しかし異なる価値観・文化を内包する包括的教説に従う）他者と共存するにあたっても、その包括的教説を変更する必要などはないし、また、他者のそれに対し変更を迫る必要などはない。理に適った価値多元主義とはそうした状況のことである。

ここで重要な点は"rational"と"reasonable"の区別である（訳としては「合理的／道理的」が適当であろう）。前者は手段－目的（mean-end）型の推論的合理性であり、それによって個々人は自身の善が実現するよう判断・行為する。一方、後者は公正としての正義を（他者が同じ条件のもとでそうするかぎりにおいて）遵守しようとするものである。『政治的リベラリズム』においては、そうした「合理的」と「道理的」の両方の性質を併せもつ諸個人は、包括的教説のなか自身の生をよきものとするために活動しつつも、政治社会において公平な原理に従いつつ他者と共存しようとする（『政治的リベラリズム』48-54）。そうした諸共同体やそこで生きる個々人が、共存のための正義の二原理に同意できるのは、彼らのもつ「道理的」な資質が、それぞれが信じる世界観・社会観といった包括的教説とは独立的な――自由な立ち位置という意味で"freestanding"な――ニュートラルな政治的構想を受け入れさせるものであるからである。そうした政治的構想については、たびたび「重なり合う合意 overlapping consensus」と表現されるが、それは、人々がそのなかで「合理的」かつ「道理的」に暮らすところの包括的諸教説に対し、正義の二原理が政治的モジュール（module）の機能を果たす形で同意されるところのものが実現されている、ともいえる。

第一のポイントは、（道理に反したり不合理なものに対し）道理的な包括的諸教説の合意を我々は求めているという点である。重要な事実は、多元主義それ自体ではなく、道理的な多元主義という事実なのである。［…］重なり合う合意に関する第二のポイントとして、I:1.3-4の終わりで、私が立憲主義的デモクラシーにおいて、正義の公共的構想は可能な限り包括的な宗派的・哲学的・道徳的教義とは独立的なものとして提示されるべきと論じたことを思い出してほしい。このことは、公正としての正義はその説明の第一段階において、正義の政治的構想を示すところの自由な立ち位置として理解されるべきもの、ということを意味していた。それは、政治的構想によって含意されるものを超越した、特定の宗派的・形而上学的・認識論的教義を与えるものではない。I:2.2で述べられているように、政治的構想とはモジュールであり、異なる仕方でさまざまな道理的な包括的教説に収まり、それによって支持されるところの極めて重要な構成要素なのである。そして、それによって統制された社会において、そうした道理的な包括的諸教説は持続してゆくのである。（『政治的リベラリズム』144-145）

後期ロールズにおいては、それぞれの（宗教的・文化的・哲学的な）包括的教説のもとで生きる個々人は、そのすべてを捨象した形で正義の原理に拘束される必要はないとされる。自身と同格の（しかし異なる教説のもとで生きる）他者と共存するにあたり最低限必要な政治的構想をモジュールとしてそこに組み込めるような包括的教説のもとでこそ、その人自身が信じる善と幸福を追求する在り方（個々人におけるそうしたバックグラウンド）に「合理的」と「道理的」という性質がみいだせるわけで、ゆえに、「善」よりも「正」を重視しているのではないか」という批判や、「ロック的人格とカント的人格との分裂の問題はどうするのだ」という批判はここでは回避しているともいえる。また、「道理的」な個々人は多元的社会を支える最小限の、しかし基礎的な政治的構想を共有するための資質は備えており、そこでは――それは他の（たとえば科学のような）妥当性をもった見解を探る営みと同様に――熟慮や討論を通じたチェックを他者と共同的に行うことになる。[108]「重なり合う合意」の構想そのものは『政治的リベラリズム』以前にもあり、それは一九八七年に「重なり合う合意の観念」という論文として提示されているが（Rawls [1987]）、その基本路線としては、リベラリズム「的」社会制度を合理化する形で（しかしリベラリズムこそがあらゆる人々に通用する正しき生き方を保証するというわけでなく）、それが次の世代にも通用するような安定性を備えたものであることを示そうとするものであった。その延長にある後期ロールズの思想においては、「ニュートラルな無知のヴェールから導出されるところの正義の二原理は、あらゆる社会においてその根幹として適用されるべき普遍的規範性をもったものである」という強い想定は放棄されてはいるものの、『正義論』同様に、それぞれの多元的生のもとで生きつつも道理をわきまえた（「道理的」な）個々人は「平等な自由原理」と「格差原理」そして「機会均等原理」のもとで各種政策に同意することが期待されている。そのコンセンサスがリベラリズム的領域として機能し、多くの異なる諸文化・諸共同体との政治的交流と共存を可能とする。つまり、後期ロールズにおける価値多

108　この点はハーバーマスの批判へのリプライとして意識されている（『政治的リベラリズム』399）。

元主義では、党派的対立を乗り越えつつ、それぞれにとってwin-winとなるニュートラルな「公共」の領域が認められており、それは前期著作の『正義論』と矛盾するものではない、といえるのである[109]（『政治的リベラリズム』271）。

このように、ロールズの理論はさまざまな批判を浴びつつもそれに対応する形でアップデートされ、その著作の名が示す一つの立場としての「政治的リベラリズム political liberalism」を確立した。このことはロールズにとっても政治哲学にとっても大きな前進であり、そしてここを出発点として、リベラリズムと政治との関わりはどうあるべきかが再び論じられることになる。

第3節　政治哲学としてのコミュニタリアニズム

手続き共和国への批判

前章では、リベラリズムと価値多元主義との調和を目指したロールズの正義論と、その延長としての政治的リベラリズムを紹介した。もっとも、その『政治的リベラリズム』ですらも、サンデルからいわせると、重なり合う合意の領域では各市民の道徳的・宗教的価値といった善の構想が排除された「中立性」が要請されているわけで、それはむしろ政治的討議を貧困なものにしかねないものである、と批判される（『限界』196/225）。たとえば、妊娠中絶に関する法政策などの問題は、政治的であると同時に文化的・宗教的問題でもある。中絶に嫌悪感をもつ人、中絶を必要とする人、迷っている人、彼ら・彼女らとの間で公共的な議論をしたうえで、なんらかのやり方が政治権力のもとで実施される（あるいは実施されない）としても、こうした問題について論じられるとき、共同体的価値観・慣習的伝統などが議論から捨象されることなどありえないし、価値多元主義的なリベラリズムである以上、それはむしろ判断材料とされるべきものであろう。[110] だからこそ、自身の道徳的・文化的スタンスを一つの政治的意見として公共の場へと持ち込める自由、そして、それが少数派だからといって発言を控えるような抑圧的プレッシャーを受けない自由が意味をもつわけで、中立性を重視しようとするロールズのスタンスはその可能性を閉ざそうとしている、とサンデルは批判する。

現代思想の文脈において、サンデルのようなコミュニタリアニズムは「反リベラリズム」と解釈されることが多いし、それはときに「リベラル・コミュニタリアン論争」とも呼ばれる形で、コミュニタリアン陣営が執拗にリベラリズム側の普遍性・中立性をネチネチと責め立てるような様相を呈しているが、実際のところ、両者が理想とする社会観はそこまで異なっているようにも思えない。異なる人々を「正義」のもとで共存させようとするロールズはもとより、多種多様な人が自身の生を生きることを尊重し、その多元主義的世界観を保持しようとするという点ではコミュニタリアンもまた、かつてのバーリンの

109 細かい話であるが、『正義論』におけるロールズいわく、第一原理は憲法制定の基準であり法の支配を示しつつ、そして具体的立法において第二原理が作用しはじめる、ということであり、その根幹としての法の支配にはやはりリベラリズムがあるといえよう（『正義論』第4章31節）。

110 「リベラル」と呼ばれる革新的立場はよりよき政治社会を目指すうえで重要ではあるが、伝統的・慣習的価値観を嫌悪するあまり、それらに対し「時代遅れだ」「懐古主義的だ」「思考放棄だ」といってレッテル貼りをしてしまうケースも少なくない。リベラルが多種多様な考え方に対して寛容であるというのであれば、時代遅れのようにみえる主張もきちんと議論の俎上に乗せたうえで、その欠点と長所をフェアに並べた議論を行うべきであろう。また、伝統的価値観に反対しようとするリベラル派も、「リベラル」という一つの派閥――そして、今や伝統的な派閥――であり、異なる他者への寛容さを喪失してはいないか、その都度反省する必要もあるように思われる。

課題を引き継いだものとしてリベラリズムの一翼を担っており、それはある意味ではリベラリズムの監査役を請け負っているともいえる。コミュニタリアニズムにもいろいろなタイプがあり、前章で紹介したサンデルをはじめ、アラスデア・マッキンタイア、チャールズ・テイラー、マイケル・ウォルツァーなどがいる。そのすべてを論じることはできないので、ここでは前述のサンデルを中心としつつ、コミュニタリアニズムが積極的になにを主張しうるかについて論じてゆこう。

コミュニタリアニズムの特徴として、すべての人はなんらかの形で共同体的価値体系に沿って嗜好・判断しているわけで、そのうちで自己成長するにせよ、そこから脱却するにせよ、なんらかの社会的価値に関わらざるをえない、という人間観・社会観がある。社会と切り離された自分自身の理想的内面などは存在しないわけで、あらゆるものとは独立的に、自分自身のみによって成長・判断・目的実現が行うことができる（すでに行っている）というのは幻想にすぎない。しかし、サンデルいわく、（ロールズをはじめとする）個人主義的リベラリズムの信奉者たちはその幻想を請け負う形で成立するような政治的理想にすがっている。そうした政治的理想では、すべての合理的個人が価値中立的なまま民主主義的手続きを踏んで政治参加し、決まった結果を正当なものとして粛々と受け入れることが期待されるが、このような社会を、サンデルは「手続き的共和国 the procedural republic」と呼んで揶揄する。もし、手続き的共和国のやり方のまま、権利や義務、承認や非難に関する議論が盛り上がったとしても、その議論は、公共心という熱意を欠いた対立を示すものにすぎず、真に配慮されるべき人々の苦悩を見過ごして放置し、それに関する真摯な熟慮も議論もできない浅薄な政治社会が続くこととなる。議論と称して盛り上がったものは、単なるゴシップや党派的対立のもとでの見下しや敵意の産物にすぎず、それは余計に公共というものを破壊してゆくだろう。この点についてサンデルは警鐘を鳴らす。

公共的な問題の道徳的な次元を扱った政治的議論が欠如することによって、公務につくものの私的な悪徳に関心が集中することとなる。公共的議論は徐々にタブロイド紙、トークショー、そしてやがては主要なメディアによっても提供されるスキャンダル、扇情や暴露によって占拠されることとなる。現代のリベラリズムの公共哲学がこれらの傾向に対して全ての責任がある、といえるわけではない。しかし、その政治的議論のビジョンはあまりに貧弱であるため、民主主義的生活を支える道徳的エネルギーを内包することができない。それは道徳的真空を作り出し、不寛容や他の誤った道徳主義への道を開いてしまうのである。(『民主政の不満』323/252)

個々人やグループ相互の道徳的無関心は、対立とまではいかなくとも、相互不干渉や放置へとつながるかもしれない。その結果、政治的配慮の対象とはなりえなかった文化的集団や固有の道徳的信念のもとで生きる個々人がゲットー的領域に押しやられてしまう。それぞれのゲットーが私的領域において自分たちのルールなり価値観なりで教育を行ったり趣味的な活動をするのはもちろんかまわないが、しかし、宗教的マイノリティ、政治的マイノリティ、性的マイノリティがそれぞれの住処に閉じこもり気味となる一方、公的領域においてニュートラルな――いわゆる価値中立的リベラルな――多数派だけが公共善の構想もないまま自由気ままに発言したり、政治家にいろいろ働きかけることで社会的影響力を独占するとすれば、その分断的状況は果たして多文化共生といえるのだろうか。

以上の点を踏まえれば、サンデルの主張のポイントは次のように大きく二つに分けられるであろう。一つは「個人の自由が政治的に保障されているような社会といえども、その構成員にとっての真理や善、正義などはなんらかの共同体的価値・文化的価値にコミットしている」という事実的主張、そしてもう一つは「健全な民主主義社会とは、そうした諸価値にコミットしている人々が議論や理解を経て、それぞれの善を実現してゆくための政治的共同体であるべき」という規範的主張である。もっとも、この二つがうまく調和する形で自由で多元的なリベラリズム社会が実現するというのは少々楽観的なのかもしれない。個人主義的リベラリズムのような政治的コミットの仕方もまた文化的一形態であるとすれば、それがきちんと議論を通じ、正式な手続きを経て政治的代表にその思いを託し、その政治権力のもとロールズ的な社会運営がなされることがなぜいけないのか、という理由は定かではない。ロールズのような包括的な「正義」の概念のもとでのリベラリズム社会が「普遍的観点のもとでの統合」とか「価値中立性のもとでの善の貧弱化」と批判されるのであれば、コミュニタリアニズム的なそれは、現代において「個」として生きようする人々を拒絶し、それぞれの伝統的共同体への回帰を求めるような「近代社会の解体と懐古主義」、あるいは、それぞれの文化的背景を政治的な場へと引っ張り出させて闘わせようとするような「討議と対立の強要」と批判されるかもしれない。もしそうであるとすれば、コミュニタリアニズム的社会を望むか、ロールズ的な政治的リベラリズム型の社会を望むかは単に好みの問題であるだろうし、討議や反省の機会を一応は認め、それでもなお衝突があるときにはそれぞれが妥協すべき方針を打ち出すようなロールズの理論のほうに多少のアドバンテージがあるようにもみえる。

　とはいえ、社会における個別の諸問題を整合的に処理できるような原理があるかどうかはわからない。その意味では、普遍的な包括的理論や、首尾一貫した正義の原理を提示しようとするスタンスからあえて距離をとり、ゲリラ戦のように個別の議論やイシューにおいて戦いを挑もうとするサンデルのようなコミュニタリアニズムにもリベラリズムとしての意義がある。その事例をいくつかみてみよう。

アファーマティヴ・アクションと公共的議論

基本的に、サンデルのコミュニタリアニズムはリベラリズム同様に個人の多様性を否定してはいないのだが、それは諸個人のバックグラウンドたる共同体的文化や善の構想の多元性ゆえにそうなのであって、だからこそ、政治的権力が個々の「善」になんらかの形で介入したり、その生き方を毀損することに否定的である。そして、価値中立的なリベラリズムは政治権力化すると「正義」の名のもとにそれを行いやすいし、その介入には「徳」と「公共」の欠落を見て取ることができる、とサンデルは主張する。[111] これはロールズに対してだけでなく、「個人」というものを理念的に抽象化するリベラリズム全般に対してなされる批判でもある。一例として、一九七〇年代以降議論の的となってきた、大学入試に関する「アファーマティヴ・アクション」（積極的差別是正措置）について考えてみよう。

先進諸国、とりわけアメリカでは、「これまで被差別マイノリティとして不利益を被っていた人種（黒人・ヒスパニック・ネイティヴアメリカンなど）の大学入学希望者のうち、一定数の合格枠を確保する」という取り組みを行った大学はいくつかあり、ときに裁判沙汰にもなった。[112] それは、これまでの人種差別的な過去を反省し、そこから生じた社会的分断や格差を解消・是正を目論むもので意義あるものといえる。しかし、それは裏を返せば、入学基準をクリアするほどの高い点数をとった白人の入学希望者のい

111　近年日本語に翻訳されて大ヒットした『これからの「正義」の話をしよう』（早川書房、二〇一一）『それをお金で買いますか――市場主義の限界』（早川書房、二〇一二）『ハーバード白熱教室講義録＋東大特別授業』（上下巻、早川書房、二〇一二）などにもそのスタンスは顕著に表れている。

くぶんかを排除する、というものであり、これまで差別をしたこともなく、一生懸命勉強を頑張った白人の入学希望者がそれなりに裕福な白人として生まれたというだけで不利益を被っているともいえる。もちろん、生まれのアドバンテージはあるかもしれないし、受験勉強に向いている環境のもとで暮らせたことは事実かもしれないが、しかし白人共同体において高学歴を当たり前とするプレッシャーのもとそれでも懸命に頑張った本人自身の努力を「それは運がよかったからでしょ」と切り捨ててもよい理由があるのだろうか（白人の入学希望者からすると、そこそこの成績を取れて入学できるような黒人として生まれた入学希望者のほうが運がよかったようにもみえるかもしれない）。本来、リベラリズムが「個人の生」を尊重するのであれば、現代に生まれた個々の白人の入学希望者たちはそれぞれ「自身の一回きりの人生において入学のために頑張っている個人」としてみなすべきであり、「過去に差別的であった白人集団やそうした腐敗社会とは無関係なのに……」という言い方もできる（ただし、運の不平等性を無視したり、前の世代の不正義による格差的恩恵を享受しつづけることに対しては、社会的正義の観点から批判を受けることもあるだろう）。

アファーマティヴ・アクションに対するサンデルの論調は、前期著作『限界』（1982）ではわりと手厳しいものであったのに対し、後期になるにつれ、とりわけ『公共哲学』（2005）ともなるとだいぶ許容的なものとなっているが、しかしそれでもそれを社会政策としてそれを実施することには慎重な態度をとっている。

サンデルはその主要論敵として、法哲学者ドゥオーキン（1931-2013）の平等主義的リベラリズムを批判している。ドゥオーキンは、リベラルな平等主義として自然的運のもとでの格差をなるべく解消する、というスタンスからアファーマティヴ・アクションに賛同的なのであるが、一見、反リベラリズム的な社会主義のようにもみえるそれは、リバタリアニズムのように初期設定において個人に与えられた自由を根源的価値とみなすものではないので誤解されやすくもある。しかし、ドゥオーキンにとっては、リベラリズムにおける自由へコミットするということは個々人に対する平等的尊重にコミットしているということを意味する。そして、そうであるかぎりにおいてのみ、「法の支配」のもとアファーマティヴ・アクションは有意義なものであり、各自はそれを目指すべき権利を有する、というスタンスをとる。[113]
ドゥオーキンは誰もが憲法上保障されるべき権利をそれぞれもっており（**権利テーゼ**）、それは司法の

112 初期のものとしては、一九七一年にユダヤ系アメリカ人デフニスが、ワシントン大学ロー・スクールに願書を出したが（ほかの人種の入学希望者よりも好成績であるにも関わらず）入学を拒否されたことに起因する訴訟がある（*DeFunis v. Odegaard*, 416 U.S.312 (1974)）。この問題について最高裁は「デフニスは人種的に（逆）差別されているかどうか、ゆえにそれは解消されるべきかどうか」についての明確な支持を出さなかった。その後、連邦最高裁判所まで争われたケースは何件か存在するが、二〇〇三年に判決が出たミシガン大学ロー・スクールのケースについては、そこでのアファーマティヴ・アクションは多様性促進という目的に沿うものとして（そしてこの場合の選考においては人種は一要素にすぎないという点で）合憲であるという判断が下された（*Grutter v. Bollinger*, 539 U.S.306 (2003)）。ただし、判事のオコナーは、「もしかすると二五年後には、多様性促進のために人種的アファーマティヴ・アクションを実施することは不必要となっているかもしれない」ということをそこで付言している。

113 ある政策やコントロールが市民間の平等に寄与することで市民全般の社会的自由を拡張する、というのは現代だけに限った話ではない。たとえば、前六世紀のソロンの改革においては、貴族の無制限な土地所有というものが「貴族に逆らえない（不自由な）市民」を生み出すことからその土地所有を制限し、債務奴隷を解放しつつ彼らに土地を与えて自立をうながすなど、そこには平等主義的リベラリズムをみてとることができる（ただし財産所有額に対応した政治的権利の差異を認めるという点ではそれは現在の平等主義的リベラリズムと一線を画すものであるし、債務奴隷を減少させるその目的としてはポリスを守るための一定数の民兵の確保という意図もあったであろうことからも、それはリベラリズム以上に功利主義的な思惑もあったようであるのだが）。

場において原告もしくは被告のどちらかが勝訴する権利として裁判官が発見すべきものであるという立場をとっている（正解テーゼ）。白人系の入学希望者が他人種よりも入学するに相応しい点数をとっているのに拒絶されるとき、一見すると平等に取り扱われるべきその白人入学希望者の権利が侵害されているようにもみえるが、いかにそれが不当ではないということになるのだろうか。ドゥオーキンは、『権利論』ではワシントン大学におけるデフニスのケース[114]、そして『ニューヨーク・レビュー・オブ・ブックス』ではカリフォルニア大学におけるバッキーの訴え[115]を取りあげているが（Dworkin [1977b]）、その論調は基本的にいずれも同じである。

デフニスは、一定水準の法学教育を自分に与えるよう州に要求しうる憲法上の権利を有するわけではない。［…］また彼は、知的能力を入学許可の規準として専ら使用すべきである、と要求する権利を持つわけでもない。［…］たとえば時には、頭はよいが怠惰な出願者よりも勤勉な者が優先されることがある。またロー・スクールは知的能力に関わらない特別の政策を促進することもある。［…］それゆえ、デフニスはロー・スクールへの在学を要求する絶対的権利も、入学許可の規準として唯一知的能力のみを使用すべきことを要求する権利も持たない。（『権利論』225/302-3）

早い話が「他人よりもよい点数を取っているからといって、それだけを入学基準として考慮するよう要求する権利までもが個々人――この場合は白人の入学希望者――に保障されているわけではない」ということである。ここには歴史的経緯も関わっており、アメリカでは従来人種差別的意識が強く、ゆえに高等教育への機会がフェアな形でマイノリティへと開かれていなかったので、アファーマティヴ・アクションはそれを正すという目的では適切なものであるとされている（この論法はDworkin［1977b］のほうでよりはっきりと用いられている）。そして、その社会的目的にロー・スクールなどの高等教育機関が賛同し、その活動に参与することはそれぞれの高等教育機関の権利（自由裁量）として認められる。ゆえに、当該訴訟において、それを差し止めることを要求するような権利を原告は有していない、というのがドゥオーキンの主張といえる。

サンデルはこうしたドゥオーキンの平等主義的リベラリズムに関し、個々の差異を軽視しがちな功利主義がそこに含まれていることを指摘する。

ドゥオーキンが、彼の根底にある功利主義的仮定を正当化する必要もないと考えているのは、表面上は、その仮定に、ある自明な訴える力があるように思われるからである。もしも、いかなる個人にも、自らに偶然に与えられた資産や資質という便益に対して、先行する要求がないとしたら、したがって、その要求が社会全体にあると想定するのは、当然であると思われるであろう。しかし、共通資産や格差原理に関する議論のさいに見てきているように、この仮定は保証できないものである。個人資産が恣意

114 下級審ではデフニスに不利な判決が出たのでデフニスは控訴したが、それが最高裁に届いたときにはすでにデフニスはロー・スクールの最終学年に達していたので、訴えの利益を欠くものとして却下された（*DeFunis v. Odegaard*, 416 U.S.312(1974)）。

115 連邦最高裁は、バッキーに対する入学拒否は違法とする一方（このケースにおいて、人種に基づく定数割り当ての仕方は許容しがたいものであるという理由で）、人種を考慮することそれ自体は違法とまではいえない、という判断を下している（*Regents of the Univ. of Cal. v. Bakke*, 438 U.S.265(1978)）。

的であるということからは、個人がそれを占有するとか、その便益に特権的な要求があるという命題を反駁できるだけであって、ある特定の社会がそれを占有するとか、それに関して特権的な要求があるとかという命題を支持できるのではない。（『限界』140-1/161-2）

つまり、こういうことである。たしかに偶然的に得られた――しかし、それがかつての不正義に由来するような――資産、境遇やそれに起因する資質に関して、「これは俺のものだ！　絶対的な権利であり、俺の意に反して公共的に利用することなどは許さん」といえるような権利主体などは存在しない。しかし、だからといって、それに関する本人のそれまでの努力や意向を無視してまで、「あなたのその学力は偶然的な条件に起因するものだから、あなたの意志や希望などは関係なく、社会的目的のためにそのチャンスを取り上げます。文句は認めません」とまで（少なくともリベラリズム的な）社会は命令する権限をもっていない、ということである。もちろん、こうしたサンデルの言い分には、ドゥオーキンに対する誤解が幾分含まれているようにもみえる。ドゥオーキンは「功利主義的目的のためには個人の権利は犠牲になるべきである」などと言ってはおらず、単に、ある社会的理念があり、それが他者（この場合は白人の入学希望者）の権利を侵害することなく、自身（この場合は高等教育機関）の権利・権限において人種的要素を考慮する方針（この場合は黒人入学希望者への優遇措置）を提示するというのであれば、それを法的強制力をもって取り下げさせようとする権利は他の誰ももっていない、というだけにすぎない。つまり、ドゥオーキンのそれが功利主義的目的に寄与しようとも、それは権利論の帰結に付随する一つの効果であるにすぎず、功利主義的目的のために誰かの権利を制限しようとするものではない、とドゥオーキン側から再反論できる。

しかし、ドゥオーキンの権利テーゼがこうしたイシューにおいて原理的に適用可能かどうかという疑問もある。もしドゥオーキンのいうとおりであれば、他の大学やロー・スクールもアファーマティヴ・アクションを導入・実施する権利をもつ。もしそうしたムーブメントが国内の大学すべてへ今後波及してゆくことで、国内において自分なりに頑張ってきた白人の入学希望者たちが最終的に不利な状況に追い込まれてしまうとすればどうであろうか。そして、そのムーブメントはいつ終わりを迎え、いつから個々の白人の入学希望者は平等なスタートラインに立っていることを認めてもらえるのだろうか。もし、白人の入学希望者たちがそうした無期限で不明瞭な状況に対し異議申し立てをする権利をそもそももっていないというのであれば、なぜもっていないのかをなんらかの原理のもとで説明せねばならないし——そしておそらくそれは（サンデルが指摘するように）どこかで「多様性」や「格差是正」という社会的目的のためと言わざるを得ないようにも思われるが——、もしその説明が権利論として権利の不在をきちんと示すものではないとすれば、やはり「私は白人というだけで進学の公平な機会を与えられていないのではないか！」とか「それでは、この後もこんな不利益を被る扱いが続くのか？　それはいつまで？」という不満が募るのは当然のように思われる。[116]

ここで誤解してほしくないのは、なにも「アファーマティヴ・アクションは間違っている」ということを言っているのではない。問題は、ドゥオーキンのその権利テーゼ・正解テーゼのように、当事者の

116　とはいえ、州自治としてアファーマティヴ・アクションを終了させたケースもある。二〇〇六年ミシガン州では住民投票の結果、公立大学入試におけるマイノリティ優遇政策を撤廃することを決め、それに対して訴えが起こされたが、二〇一四年の連邦最高裁ではその撤廃は合憲とされた（*Schuette v. Coalition to Defend Affirmative Action*, 572 U.S.(2014)）。

言い分のどちらか一方しか真ではありえないような——そして一方が真であれば必然的に他方は偽となるような——二者択一的な形でこの問題の是非を取り扱うのは適切なフレームなのか、という点である。この手の問題は、関係当事者の思想・言論・表現・政治参加・熟慮・熟議とは独立的なところに「正解」が定まっていて、どちらかが権利主体として法的な勝者である一方で、他方はそうではない敗者となるべき構造なのであろうか。

　サンデルからいわせると、そもそもこうしたアファーマティヴ・アクションの目的は、①歴史的に不利益を被ったマイノリティに対する「補償」、あるいは、②社会における「多様性の促進」という二つの目的論しかありえない。しかし、かつての被害者の末裔がいまなお被っている不利益に関し、自身がそれに関わっていない加害者の末裔がどこまでその補償の責任を負うのかは不明であるので、結局のところ、時代が進んだ現代においてそれを正当化するものは、②の多様性の促進、およびそこから予想される、不利益を被っているマイノリティの福利増大と社会的断絶の回復という功利主義的目的ということになる。しかし、そうした功利主義的目的のもと、その人自身なんら過去の差別に関わっていない白人の入学希望者が不利になることまで「正解」として決まっているわけではない、とサンデルは主張する（この点は、サンデルの『公共哲学』においても簡略化された形で指摘されている）。「個」を等しく尊重し、その自由意志と選択とを重視するリベラル派からすれば、人は個人として誰もが民族的・文化的アイデンティティをもっており、ゆえにそれ自体で不利になるべきではないし、優遇されるべきでもない。

　人格の尊厳や高等教育へのアクセスの平等性を実現（回復）するという理念のもと、民族的・文化的差異に根差す偶然的・恣意的な格差が解消されることは疑いもなく「善」であり、これは一つの公共的理念として追求すべきである。この点ではドゥオーキンもサンデルも同じ方針をもった——自由放任主義的な旧体制の弊害を改革しようとするという意味での——「リベラル」といえる。しかし、頑張った人が「白人だったから」といって不利な立場におかれるとき、まさにその人個人に対する「人格の尊厳」をきちんととらえているといえるのだろうか？　「社会的に意義あるプロジェクトのため、あなたは今回進学を断念してね」ということは、その人のその時点において一度きりのチャンスを、その人が生まれながらにして埋め込まれているところの民族的アイデンティティを理由に奪われていることを意味する。偶然手に入れたものではあるが、それを利用しつつ頑張ってよりよきものを得ようとしてきた人に対し、「頑張れる資質も偶然、頑張ればなんとかなる状況にいたのも偶然、ゆえにおまえの功績などなにもない」と、そのチャンスもそこから得られる利益も奪い去ろうとするのであれば、それは個人としての「生」の意味を希薄化させるものであり、そのような思考においてはそもそも権利テーゼそのものが無意味なものとなりかねない。この点についてサンデルは以下のような危惧を述べている。

最後に、「私の」資産が適正に共有されるようになる、適切なコミュニティが同定され、その資格認定が確立されえないのであれば、アファーマティヴ・アクションを支持するドゥウォーキンの議論や、ロールズの共通資産の観念からは、ある者を他者の目的の手段として用いることを禁じるカントやロールズの中心となる禁止命令と矛盾する結果か、この矛盾を免れるために、自我と他者との間の境界をまったく緩めて、根本的に状況づけられた主体に陥る結果しか生じなくなる。（『限界』147/169）

つまり、リベラリズムは個人の「生」を尊重するものであるのに、その個人の境遇を偶然的なものとみなし、社会的観点から不公平を解消するという名目でその個人の努力や功績を尊重しなかったり、あるいは社会的目的に寄与するようコントロールするというのであれば、それは「個」を抽象化するようなもので、リベラリズムの本懐を忘れたようなものだ、ということである。サンデルは『公共哲学』第16章において、「職や機会はそれに価する人への報賞であるという考えはアメリカ人の精神に深く根づいている」と言いつつ、最後にこう付け加えている。

そうした「自己責任の延長線上でのアメリカン・ドリームを美徳的に取り扱う」神話の力が弱まって、いつの日かアメリカ人が、世俗的成功は道徳的功績の反映だという信念を疑うようになれば、アファーマティヴ・アクションをはじめとする社会的連帯の利点を説くのはより容易になるだろう。とはいえ、次のように説明する役割を果たせるのは、どんな政治家だろうか？　ゲームのルールは、それが最善のものであっても美徳に報いることではなく、いかなるときも共通善を促進するために必要となる資質を生み出すことだけである、と。（『公共哲学』103-104／159）

これは幾分皮肉めいた言い方である。「社会ルールとは共通善を生み出すものであり、頑張った人が報われるようなアメリカン・ドリーム的な幻想は捨てさられるべきだ」という（アファーマティヴ・アクションのような）政治的主張ができるとすれば、それは「平等化された個人」の自由を提唱するような個人主義的リベラリズムではありえない、ということをここでサンデルは主張しているのである。サンデルからいわせると、そもそも「多様性の実現」などの公共的理念や目的を追及するのであれば、個々人は自身が属する「公共」や「共通善」に無頓着なまま個人の自由を振りかざすべきではないのだが、ドゥオーキンをはじめとする（ロールズもそこに含めた）個人主義的な価値中立的リベラリズムは、自らがそうした公共的主張ができるものと思い込んでいるのである。あるいはこうもいえるだろう。共通善を求めるスタンスとしては、本来、個人主義的リベラリズムを——それが権利基底主義的なものであれ——捨てていなければならないにも関わらず、しかし、あたかも文化超越的な普遍的原理のもと共通善を達成できるかのように偽装している、と。このように、上記サンデルの言い分は、リベラリズムに対する痛烈な批判とも読み取れる。

いずれにせよ、アファーマティヴ・アクションを含め、政治的イシューは「公共」の問題として全員が当事者であり、その正解は最初から決まっているものだけではなく、それぞれの——それがマジョリティであろうとマイノリティであろうと——文化的背景と個人的事情とを見極めながら、その都度「どうすべきか」を公共的に議論しなければならないものもある、ということである。サンデルからいわせれば、権利テーゼをもって最初からそう決まっているように断じるドゥオーキンのそれは、司法的エリートの知見に優越性をもたせる一方で、市民同士の公共的議論やそこで醸成される新たな可能性を軽視するものであり、それゆえ共通善に関するコミットメントとはなりえない、ということになる。つまりサンデルのそれは、法哲学的なドゥオーキンの権利論の限界に対する、政治哲学的な批判、ということになるだろう。もっとも私が思うに、両者は排他的なものではなく相補的であり、どちらも欠けるべきではないものであるようにみえる。

サンデルの定義上、保守的な共同体的価値観や徳から解放されたり、それらを超越した「負荷なき個人」たちによる社会構成、あるいはそれらのための社会規範を提唱するリベラリズムにもいろいろなタイプがあり、①自由・自律主体としての個人に内在する理性が導くところの「正 right」による包括的・規範的命令のもと異なる諸個人が共存できるという「カント主義的リベラリズム」、②個々人が自身にとっての「善」を追及するための自由を絶対的なものとみなす「リバタリアニズム的リベラル」、③ロールズの格差原理やドゥオーキンの平等主義的権利論のように、社会的・経済的権利としての財・機会の配分を保障する「平等主義的リベラル」、④「善」に関する一致や合意を放棄し、個々人が自身の道徳観・価値観をもちこむことなく中立的な政治的妥協点のもとで個人主義的生活を送るような「最小主義的リベラリズム minimalist liberalism」、などの四つが少なくとも存在する。[117] しかし、これらのいずれもが、社会における共通善を信じていないか、公共的議論によってそれを目指そうとする必要はない、としている。ゆえに、アファーマティヴ・アクションの事例において、「他者への配慮」「多元的諸価値の尊重」を語ろうとしても、それは平等主義的リベラルにおいて最初から正解が決まっているものとされているのであって、それは、他者を理解し、他者に理解してもらうような公共哲学たりえないし、被差別人種とそれ以外の人たちが目指す共通善がいつまでも成立しえない、ということになる。

多様性を守るとは

現代において「多様性を守ろう」というスローガンはある種の錦の御旗となっているように思われる。そして、それがマイノリティの利益に適う場合には「リベラル」であり、それに反対するものは「時代遅れの保守主義」や「文化の重要性に無頓着なグローバリズム」というレッテルを貼られがちである。しかし、価値多様性の実現のための政策を議論ぬきで正当化したり、そうした政策に対する苦情・苦言をすぐさま非難するというやり方は、ときに、本来守るべきであった価値多元主義を破壊しかねない、というパラドキシカルな面もある。この点について少し言及しておきたい。

サンデルが指摘したように、現代においてアファーマティヴ・アクションを推進する大きな理由は

「多様性の促進」とその効果というものであろう。多様な人々が暮らす社会はよい社会であり、相互理解がこれまで以上に進み、人々の人権意識が向上し、差別などがなくなる、などの言説は至るところで展開されている。しかし、多様性の促進をそうした錦の御旗のもとで掲げ、それを社会的正義とみなすことは、特定の文化を否定することにもつながりやすい。もしかすると、リベラルな要求をのむことを強要することもあるかもしれない。たとえば、鎖国政策をとる国家に開国を迫ったり、ある文化のもと昔ながらに子どもを育てる家庭に対し「そんな教育はやめるんだ！　子どもを洗脳するんじゃない！」という要求はどこまで正当性をもちうるのだろうか。

　多文化共生社会におけるリベラル派は、あらゆる文化を平等に扱うべきであり、特定のものだけを優遇すべきではない、という平等主義的スタンスをとることもあるが、これもまた行き過ぎることはかえって反リベラリズム的なものとなりうる。たとえば、社会的正義の観点から文化的多様性の実現が無条件的に正しいこととされるのであれば、それは社会内に存在するあらゆる文化的振る舞いや政策に対して平等主義的に干渉することを正当性のもと主張できるように思われる。日本の学校での給食には日本料理だけでなく中華・インドネシア・ロシア・イスラーム諸国・エスキモーの料理を入れることで、他の文化的背景をもつ子どもたちが気兼ねなく学校生活できるようにすべきであろう。チャイナタウンには中国人だけでなく、日本人やロシア人やヨーロッパ人も等しく暮らせるようにすべきであるし、そうなるようある特定の人々を優遇する措置も必要になるだろう。もちろんこれは国家間レベルでもそうで、

117　これは『民主政の不満』第1章「現代リベラリズムの公共哲学」におけるサンデルの分類をまとめたものである。なお、サンデルによれば、ロールズの『政治的リベラリズム』は④に分類されるものとなっている。

どこの国であってもオープンな移民政策を等しく大々的に行うべきであろう（いわゆるグローバリズム的な文化多元主義のもとでの平等主義）。もし、こうした動きに反対しようとすると、それは多様性に反対する悪しき伝統固執主義として、それはときに「偏狭なナショナリズム」「自民族中心主義」などのレッテルが貼られることになるかもしれない。

しかし、「日本食のよさを知りましょう」とのスローガンのもと、学校や会社で日本食のメニューを多めに提供しているケースに対し、「そこに在籍する日本人以外の人々へのナショナリズム的価値観の押しつけはやめろ！」というレッテルを貼り、その改善を迫るということは、特定の文化（日本文化）に対し、リベラル派という勢力からの反リベラリズム的な介入ともいえるのではないだろうか。[118] たとえば、キリスト教文化の欧米人一家がイスラーム国家に何代ものあいだ暮らしているとして、レストランや職場で提供されるハラール食に対し「それは宗教的押しつけであり、社会の一員たるわれわれのために豚や酒なども用意すべきだ」と要求したとしよう。もし、それが叶わないとすると、「あなたたちは偏狭なナショナリズムで、多様性を排除している！」と隣人たるムスリムを非難するとすればどうであろうか。そうした非難は、本当にリベラルとして多元的価値観を尊重しようとする態度なのだろうか。もちろん、個人としての権利は尊重されるべきであるし（ゆえにその一家は家族の食卓においてハンバーガーを食べる自由は認められるべきであろうし）、時と場合に応じて配慮されるよう議論は開かれていなければならないが、そのことと、自国文化を保護しようとする人々を平等主義的な価値多元主義のもとで非難することが正当であるかどうかとは別の話である。それは急進的という意味でリベラルではあっても、かつての抑圧の時代から多種多様な文化・価値観をできるだけ尊重しようとしたリベラルなリベラリズムとは一線を画すものであり、そこに寛容の精神をみいだすことはもはやできない。他者に対し寛容さを要求する一方、自身の不寛容を顕わにするそれは、寛容さのもとわかり合えない他者でも尊重しようとする「徳ある態度」が欠落しているといえるのではないだろうか。

このように、「多様性の促進」という錦の御旗を振りかざすことで、特定の共同体内部における人々の集団的自己決定権（あるいは文化的自治権）を規制することをいかにリベラル派は正当化できるのだろうか。そもそも多様性を重視しようとするリベラルがそれをやることで、ある特定の属性のもとで自治を行うグループを——そのグループがマイノリティであれマジョリティであれ——非難することには慎重になるべきであろう。

もちろん、ここまで極端なリベラルはそうそういないだろうし、「個々の学校がどのような教育体制や給食を提供しようが、そして個々の国々が移民政策をとろうがとるまいが、それはそれぞれの自由なので、同様に、アファーマティヴ・アクションをとる学校にはその学校の自由があり、それでいいじゃないか」ということもできる。実際、ドゥオーキンもそのような論法をとっていた。しかし、そうであるならば、多様性を促進して多文化共生社会を実現するという目的それ自体は「正義」「不正義」とは関係がなく（もちろんある観点からすれば、その道徳的「善」を認めることはできるのだが）、一つの自由裁量的な政策とそれにまつわる道徳的選好の話にすぎない。しかし、そもそものアファーマティヴ・アクシ

118　ただし、多種多様なバックグラウンドをもつ人々が集まる以上、ある人々にとっては異文化独自の「善の構想」に組み込まれた思想・信条ゆえに受け入れがたいものもあるかもしれない。タブー（禁忌）とされる食物や振る舞い（格技など）などもあるだろう。「嫌なものはなんでも自由に拒絶してよい」ということは集団・組織の方針として認めがたいにしても、やむを得ないものについては免除の対象とみなしたり代替措置をとるといった柔軟性については、価値多元主義とリベラリズムとの両立において不可欠であるように思われる。

ョンとはそれが正義の行いであり、だからこそ、普遍的な権利や正義を提唱するリベラルは、公的権力が実行力をもって——たとえある人々が反対していようとも——それを実行することを正当とみなすものではなかったのだろうか。

繰り返すが、こうしたジレンマに直面するからといって、アファーマティヴ・アクションや多文化共生における平等主義的政策それ自体が間違っているわけではない。実際、現状の社会構造のもとかつての被差別人種やマイノリティが不利益を被っているとすればその構造は改善されるべきである。そして、それによって救われた人もいるし、これから救われる人だっている。ただし、その改善の仕方については、（加害者当人ではないが）関係する別の社会的当事者たちの意向にも——それが不正義でないかぎりは——耳を傾けるべきである。（ゆえに、白人の入学希望者たちも「自分たちにとっての不利益な取り扱いをやめてくれ」と求め、考慮され、場合によってはそれを叶えてもらう権利はあるようにも思われる）。だからこそ、そのアファーマティヴ・アクションについて、いつまでにどこをどうすればその格差構造が改善されたとみなせるかについて公共的な議論も必要となってくる。それが不透明なまま、「白人という人種はかつてひどいことをしたので、その子孫であるあなた方は文句をいわずにアファーマティヴ・アクションに従うべきだ！」という論調に対しては、従来の被差別人種（黒人、ネイティヴ・アメリカン、ヒスパニックなど）に同情的・寛容的であった白人側からしてみても受け入れがたいものとなり、人種間の対立が再燃することになりかねない。「これが正義だ！　黙って従うべきであり、反対するやつは差別主義者だ！」という言説がむやみに振りかざされるとするならば、結局そこでの相互不信や対立はいつまでたっても解消しないし、かえってそれは深刻化してしまう。単に「どちらか片方が権利主体である」とか「司法的に勝者は決まっている」という二者択一的な勝ち負けではなく、民主主義社会における公共的な討論や熟議には――それが法の支配という観点からしても――大きな意義があるのだ[119]。そのような公共的議論に参加し、平等に発言し、他人の価値観にわずかながらも影響を与え、そして自分も変われる機会が与えられてこその「自由な社会」といえるのではないだろうか。（これは本書のまとめの議論とも関わっている）。

このように、サンデルの（コミュニタリアニズムからの）リベラリズム批判は、リベラリズムが「リベラル」として纏うような絶対性・普遍性を引きはがすような戦略の様相を呈している。とはいえ、率直にいうと、サンデルをはじめ、コミュニタリアニズムの多くは個々のイシューにおいてリベラリズムの弱点を巧みにつくようなゲリラ戦をしながらも、みずからは一貫した原理のもとで「法の支配」や「民主主義」における実質的な政策をなかなか提示しようとしないし、「個々人は共同体的な善や徳のもとで生きている」とか「政治には共同体的価値を踏まえた公共的議論がなされるべきだ」としか言わないので、複数の共同体的諸価値がもはや調停不可能な形で対立したときにどうすべきかを教えてくれない、という難点もある[120]。しかし、自身の価値観すら相対化しつつもしかし軽視することなく真摯に自らの主張の根拠として提示し、公共的な議論を行ってゆくべきだ、と強く訴えるその政治的スタンスと洞察力

119　ただし、ドゥオーキン側からすると、別にそうした公共的議論の意義を拒絶しているわけではないので、「公共的議論に意義はあるし、それは政治的に保障されるべきものであるが、そのことと、司法に関わる裁判官のスタンスとしてアファーマティヴ・アクションを行う権利を各大学や機関に認めるべきという主張とはなんら反するものではない」ということもできるだろう。

120　これは私の個人的印象であるが、サンデルのこうしたゲリラ的な議論スタイルは、日本における研究者や大学院生などのアカデミック界隈からは（とりわけ法哲学・政治哲学・経済学分野では）あまり評判がよくないようにもみえる。

には見習うべきものがあるし、こうした議論を経ることでリベラリズムが示唆する「自由」は磨かれてゆき、そして、その理解も深まってゆくだろう。

第4節　ノージックのリバタリアニズム

政治的リベラリズムとコミュニタリアニズム、どちらも個人を軽視しているわけではないという点では実は一致している。前者は「善」についてのわかり合えなさのもとでも互いが納得できる法や政策が打ちたてられる政治社会に期待を寄せ、後者は「個々人は共同体的な善や徳と無縁ではいられないのであり、それぞれがそれぞれの生き方を追い求めることができることを認めるような政治社会を実現すべきだ」と主張する。前者は、個々の多様的価値観を尊重するという名目でニュートラルさを重視するのに対し、後者はそのようなリベラリズムは「公共」や政治的領域を形骸化し、多種多様な人々の共存を実現しえない、と批判する。後者はもちろんサンデルであるが、他にもマッキンタイアのコミュニタリアニズムでも、近代以降の「公」と「私」の断絶を克服し、ギリシアのポリスにおいて公的な共通善を目指すような徳のある生き方こそが個々人の幸福実現においても重要である、と主張されている（MacIntyre［1981］）。もっとも、現代社会においてコミュニタリアニズムが「リベラル」な意義をもつとすれば、それは個々人を一つの共同体的価値にまとめあげようとするような全体主義・国家主義としてではなく、むしろ多種多様な共同体的善がそこで調和・共存するような多文化共生主義としてであろう（それはもしかすると共和主義の形態をとるのかもしれないが[121]）。

とはいえ、政治的領域に共同体的価値をもちこんで忌憚のない議論を行うことを試みたあげくに両立困難な要望が並んだとき、いかにそれを調停するかについてはやはりなんらかの原理をわれわれは必要とする。それに、コミュニタリアニズムの人間観は、あまりにも個人が共同体的価値に囚われすぎな感もある。なぜ共同体的な善や徳を実現することが個人の生を充実させる一方、リベラリズム的に個々人が自分にとっての善（利益や目的）を追い求めることはよくないのだろうか。「公」と「私」に断絶した社会において、自身の関心や善に執心し、社会の運営を政治的代行者にまかせてその方針に黙って従うような人々に対しコミュニタリアニズムはそれを断罪するかのように語るが、「古代ギリシアのように、みんなが公共心に目覚め、政治に参加して自らが望む政治を実現するよう頑張りましょう！　そうしなければ世の中はよくならないんです！」と煽ること自体、懐古主義的な価値観に囚われすぎではないだろうか。もし、本当にサンデルが推奨するような生き方が本人にとっての自己実現であり幸福への道だというのであれば、それを望む人だけがその実現が可能な共同体をつくったりそこで生をまっとうすべきであろう（そこから抜ける自由も認めながらであるが）。

121　共和主義（republicanism）という概念そのものはリベラリズム同様とらえにくいものであり、やはり歴史や文脈によってその意味するところは異なる。共和主義というものを概略的にいうならば、①専制君主制や寡頭制を廃する形で政治的主権が広く人民に行き渡った政治体制であり、②異なる集団・階層の人々が法の支配のもとで共存しており、③それぞれの集団・階層の私的利益は考慮されながらも、「公共の利益」が優先される、などの条件を満たすような「共和制 republic」を推奨する立場、といえる（イギリス思想、とりわけ一六世紀以降、「共和国」は“commonwealth”と訳されることが多いが、ここにはイギリス連邦的なニュアンスも含まれる）。共和主義とは、専制政治に対し否定的でありその点ではリベラリズムに近いものであるが、政治体制としてそれが民主主義的リベラリズムと同一視できるとは限らない。また、元老院制や立憲君主制のような政体を共和制とみなすかどうかも、そこでの人々がいかに政治的自由を自覚的に行使できていたかなどの歴史的文脈に大きく依拠している。

この方向をさらに極端に推し進め（あるいは掘り下げ）、ロールズと異なる社会契約論のスタンスのもと、価値多元的社会における自由を保障するための正義の法を描き出そうとするのが、ロバート・ノージック（1938–2002）の『アナーキー・国家・ユートピア』（2012）のリバタリアニズム（libertarianism：自由至上主義）である。それは、仮想的な原初状態から「他人の権利を干渉・侵害しない」という原則のもと、選択・同意の手続きをきちんと経て形成された社会というものを「正義社会」とみなし、そしてそれは、個人の自由にできるかぎり介入・干渉しないというリバタリアニズムであることを示そうというものである。そこでの原初状態は、無知のヴェールは被せられていないため、各人は自分が何者であるかを知っている点から、「負荷なき自己」というわけではない。そこでの各人は、自身の善の構想のもと、自身が望む生き方を実現するための社会を望んでいる。この出発点自体は、サンデルのコミュニタリアニズムと変わりはない（ただし、その結論はそれらとは大きくズレるものであるのだが）。

一般的には、リバタリアニズムは「個人の自由」を不可侵かつ基底的なものとみなすので、それに対する干渉は——それが自分と無関係な他者へ使用されるような社会保障費のための課税、国家による許認可制などは——原則認めない。一見すると、それは「社会なんかなくても、個人は独りでも最大限の利益を実現できるんだから、放っておいてくれよ」というような個人主義的アナーキズムのようにみえるが、しかし、単純にそうみなすべきものでもない。仮に国家なしでうまくやれる人間がいるにしてもそれは偶然的であってごく少数派であろうし、だからこそ個々人が寄り集まって社会や国家を形成すること、そしてそこでの法の支配のもとでの共同的な社会生活を否定はしないだろう（『アナーキー・国家・ユートピア』5/6）。つまり、ノージックのリバタリアニズムの議論で提示されているのは、もし個々人が社会を形成し、その権利をまっとうな形で保障されるのであれば——それは結果としては「自由」を最優先的な価値として尊重されている社会と同義なのであるが——どのような社会形態となるのか、という問いかけとその答えなのである。

保護協会→優先的保護協会→最小国家

では、ノージックの議論に沿って、法的強制力の最低ラインがどこまで引けるかをみてゆこう。さて、ここはいまだ政治権力が成立していない原初状態であり、人々はそこでさまざまな生産活動と取引をして暮らしているとする。だが、市場において自由な取引をする場合、たまに代金を支払わなかったりする人もいれば、債務不履行をする人もいる。自然状態から派生した市場においてそのようなトラブルに巻き込まれた場合、実力行使や社会的圧力などによって相手にその履行を迫ることができればよいが、そうでない場合も多く、泣き寝入りせざるをえないこともある。もし自分がそれにダメージを受けないほどに余裕があればよいが、それによって自分が無一文となって野垂れ死ぬようであれば、それは非常によろしくない。複数人で集まって暮らすなか、そのような当事者同士のトラブルがある場合、第三者が権利保護のために裁定・介入してくれれば非常に助かる。政治社会のメリットはまずこの点にある。こうして、個々人の権利を保護するための役割を担うところの「相互保護協会」が形成されてゆくことはなんら不思議ではないし、それは望ましいことでもある（Ibid. 12-13/18-19）。これは誰かが誰かの財産などを侵害する場合に駆けつけて、それを止めたり諌めるような警察的役割をもつが、誰かの権利が侵害された場合にはその侵害者に対して賠償を命じたり、その賠償命令に従わない侵害者の財産を差し押さえるような強制執行なども行うものである。ただし、交流範囲が広くなり関係者が増えるにつれ、そうした相互保護的関係がうまくゆかなくなるケースも出てくる。まず、①要請があるとすぐ駆けつけられるように互いに待機しておくのは大変だし、②保護目的を逸脱して、利己的思惑から当事者のモノに干渉しようとする保護協会メンバーも現れるし、③同じ協会員同士で対立することなどもある（党派的対立も含む）。

長期的にみれば、こうした状況では調停トラブルをうまく解決できるような洗練された保護協会のみが生き残るであろう。というのも、そうした保護協会は、より確実な実行力を伴いつつ中立的で公平なルールを運用するからこそ多くの人から信頼されて会員数も増加し、そうでない他の保護協会に比べて優勢なものとなってゆくからである（そしてその結果、加入者（クライアント）も増えてより勢力を拡大し、確実な実行力はさらに増してゆくであろう）。そうした卓越的・優勢的な保護協会は、自らのところに所属する加入者たちに対し「手続きに則った振る舞い」を求めるようになる。それは加入会員同士のトラブルを回避するというのはもちろんのこと、保護協会外部の非加入者との間で生じるトラブルを最小限にするためのものでもある。なぜなら、自らのところに所属している加入者の誰かが協会外部の非加入者との間で不要なトラブルを起こすことは、最終的には協会に所属する他のメンバーに不要なコストを課すことに繋がるからである。たとえば、ある加入者が協会外部の誰かとトラブルを起こし、自分（たち）だけでその誰かに対し「報復」と称して攻撃し、その結果、報復合戦となってしまうとしよう。トラブルを引き起こしたその加入者について、保護協会がその最初の報復を認めたものでないのであれば、その後再報復された場合にその加入者を守ることを保護協会は拒否できる、とノージックは主張する。というのも、そのような私的な実力行使を平気で行う加入者が引き起こしたトラブル（報復合戦）に関し、保護協会がなんとかそれを調停・解決するとしても、その際によけいな手間や負担、リスクを背負うことになるからである。そうした自分勝手な会員は保護協会組織、および他のメンバーにとって迷惑な存在でしかないし、その解決のコストやリスクを保護協会全体が負うということは、他のメンバーに対しその加入者はフリーライダーとなっているともいえる。そもそも会員である加入者は、協会のやり方が気に入らなければ離脱するのも自由であるので、ゆえに所属している以上は保護協会の指針に従わねばならない。もちろん、トラブルは常に起きるものであるし、その都度調停されるべきなので、協会vs.個人、あるいは、協会vs.協会という形での交渉が随時行われてゆくが、うまいこと外部と交渉できる「合理的な保護協会」は人気が出て加入者が増えて優勢となり、そうするなか、周辺の弱小協会やそのクライアントたちは取り込まれてゆくであろう。そうすると、社会にはいくつか複数の卓越した保護協会、すなわち優勢的保護協会[122]（The dominant protective association）が共立・共存するようになる（そこでは協会間および各協会の加入者同士の無駄な争いを避けるよう、権利保護に関する取り決めが協会間でなされることになる：Ibid., 15-17/23-25）。もちろん、それぞれの優勢的保護協会はいまだ「国家」とは呼べない。というのも、優先的保護協会同士の権利保護協定のあり方が多元的であるかぎりは、人々の権利保障というものは、無秩序ではないとしてもいまだ斉一的な在り方でなされているわけではないからである。それが「国家」と呼べるようになるには、単に優勢的であるだけでなく支配的なものとして、その内部で暮らす加入者（＝国民）の権利が斉一的に同様の仕方で保護・保障（ときに補償）される必要がある。

122　『アナーキー・国家・ユートピア』の邦訳書においては「支配的保護協会」と訳されている。もちろん単なる保護協会よりもそれが支配的立場にあるし、語そのものの意味としてはこの訳語はまったく正しいものであるが、しかし、本章の説明の文脈上、超最小国家（ultraminimal state）のほうは、その社会において実力行使を独占しているという点で支配的であるという理由から（それに対し、the dominant protective association はその文脈上、他の協会を淘汰しつつも競合的に複数存在しているという点も考慮し）、本書ではそれとは対比的に「優勢的保護協会」と訳している。

こうした支配的な国家のはじまりとしての保護協会は——それをノージックは「超最小国家 ultra-minimal state」と呼ぶが——、緊急の自己防衛に必要なものを除いてすべての実力行使を独占しており、国民個々人による報復や賠償のための私的な取り立てを禁じるが、それゆえの保護や賠償（のための取立て）を全国民のためにきちんと行うものである。そのような超最小国家における国民にとってみれば——元々はその原型は保護協会であるので——そこで正当性をもったルール（法）とは、「自身が保護を受けるための契約料については各人がその分を自己負担する」というものでしかない。つまり、合理的なクライアント（国民）からすると、安全保障のために用いられるために徴収される税金は正当なものとして受け入れるが、それを超過する分の課税については不当といえる。ただし、各人が支払う税金に差が生じるとしても（つまり、富者は多く払い、貧者はあまり払わないとしても）、安全保障という点からそれは擁護可能である。たとえば、ある超最小国家において、支払額が少ないゆえにあまり充実した保護サービスを受けていないような国民がいるとしよう。そうした国民は、その（超最小国家としての）協会制度に加入しているとはいえ、いつ襲われるかわからない自然状態に置かれているのとあまり変わらないゆえに、自身が不利益を被っていると感じているならばどうであろうか。もしその超最小国家がそうした弱小会員を——彼の自己負担額が少ないという理由から——不利に取り扱うならば、それは単なる一私企業であって「国家」とはいえないだろう。納める金額が少ないからといって、納める金額が多い人から家を燃やされたりしても守ってもらえなかったり、家財をすべて奪われても一割程度しか取り戻してもらえないとすれば、そんなルールを適用する社会とは縁を切って自力救済を試みたり、そんな協会を脱退しようとする人たちは当然出てくるであろうが、それもできないとすれば、それはその人にとって不条理極まりない状況である。そして、もし脱退できるとすれば、それは国家ではなく単なる一保護協会にすぎない。「国家」とはそこで暮らす人が簡単に脱退できるようなものでなく、だからこそ、その内部において生活する多種多様な人に公平な保護サービスと権利保障を与えるものでなくてはならないのである。そしてその正しい在り方のため、超最小国家はそれぞれの個々人から（金額の多寡はあれど）適正なサービス料を徴収した後にそれを一元化して、どのような人にも等しく保護・補償サービスを提供するような、いわば「税」によって運営される夜警国家の形をとることになる。こうしてようやく、支配的な独占企業にすぎなかった超最小国家は、その支配的構造のなか適正なサービスを提供する形での「最小国家 minimal state」となり、そこでは各人の身体と財産の保護がきちんと保障された状態が完成する（Ibid. 26-28/41-43）。各人の自由意志と選択を尊重しつつ、その「自由」に介入するための国家権力はここまでを上限とする形で正当化可能というわけである。ノージックがいうには、これ以上の拡張的国家（extensive state）は必要以上に課税を行うことで財の再分配を行ったりするし、大きな社会的目的のために、各人の身体・財産・居住などに関する介入的政策を行うが、それはリベラリズム特有の付随制約的な権利保障の仕方を逸脱していることになる。

「法の支配」としてのリバタリアニズム

道徳的命令には、行為指示的命令（「あれをしろ」など）だけでなく、禁止的命令（「あれをするな」）の両方が含まれているが、リベラリズムは後者の形式を最優先する形で、ある人に他者侵害を禁じつつその条件を満たすかぎりにおいてのみその人の自由を認めるというスタンスである。リベラリズム的国家がAさんに行為の自由を保障している場合、国家権力は、「Aさんが自由に振る舞う権利は、他人の財産権の尊重という制約の上に成り立つ」という条件を暗に突きつけており、自由を享受しているAさんはこれに同意していることになる。ノージックがいうには、正当な国家、つまり最小国家ではこうした付随制約[123]がそのクライアントたちに課されていることで、個々人の生命・身体・財産が権利としてその最小国家から保護されているのであるから、国家がそれを超えて「Aさんは余裕があるのだから、他の人たちの暮らしを豊かにするために多く持っているお金を払うべきだよ」と（道徳的に）強制するならば、それは、付随制約的なルールの遵守を国民に課している一方で、国家がそのルールに背くという矛盾した（しかも不正義な）行いということになる。リバタリアニズムにおいては、不正なものは不正であるので、個人が行おうが国家が行うがそれは不正であり、いくら人道的なお題目を唱えようが、再分配的のための課税・徴収は市民への財産権侵害ということになるのである。

そもそも、国家の原型であった保護協会において、そこでの所属会員Aは、別協会の会員Bのために何かをする義務などは負うものではなかった。所属会員Aは自分で稼いだ財産は自分が使いたいように使うことができ、その権利を守ってもらうため保護協会に加入して契約料を払っていた。他会員Bも他協会にて同様にしており、互いに相互不干渉であった。各協会の合併・吸収によって支配的な保護協会としての国家体制が確立されるなか、そこでのAおよびBには自力救済が禁じられ、一元的な安全保障のもとAとBが共存を果たすことになったわけであるが、この議論プロセスを通じて明らかであるのは、市民社会の成立において一貫して正当な法の支配というものは、個々人の自由と財産権を守るという社会のあり方である。本来の法の目的である保護と安全保障を一律的に実現するための税制度であればまだしも（司法機関と警察機構運営のため）、それ以外の目的のための税金徴収と再分配というものは、保護協会をベースとした国家本来の趣旨から逸脱しており、そのために国家がAから保護目的以上に多くの財産を——社会のための課税という名目で——吸い上げることは、Aに対する権利侵害として不正となるのである。

権原理論

たしかに社会にはお金持ちもいれば貧しい人もいるだろう。だが、前述のAが金持ちで、Bが貧者だとして、Aが稼いだお金がBに行き渡ることが「正義」であるとすれば（そしてそうしないことが不正義であるとすれば）、それはAのそのお金の所有の原始取得・専有に問題がある場合においてのみである。もし、そんな問題などがなく、しかし、そのお金をBに渡すことが許されるとしたら、その移転や贈与にAが同意することでしかありえない。もし、AがBとは無関係にお金を稼いで豊かになっているとすればその取得・専有に問題はないし、それをBへと贈与する意思がないのに、国家が勝手に、あるいはBの意向を汲んでAからその一部を取りあげてBに渡すというのはAの権利を侵害している、とノージックは指摘する。このように、個人の権利に対する介入に関しそれが正当もしくは不当であるかを判定するにあたり、そこに権原が認められるかどうか（あるいは権原上の瑕疵があるかどうか）を重視する考え方は、「権原理論 entitlement theory」と呼ばれる。[124] 個人Aが善を追い求めるために行ってきた活動とそ

---

123 Aさんの目的志向的行為自由（の方向性）が、Aさんが進む方向とは無関係な他者の諸権利によって制約されているという点で「側面的制約」という呼び方もされる（原著では"side constraint"となっている点ではそちらがより直訳的ともいえる）。

124 私法において「権原 entitlement」とは、一定の法律行為（法律効果を生じさせる目的で行われる意思表示行為）、もしくは事実的行為（法律行為のような意思表示的なものではないが、その行為事実のもとで法律効果を発生させるもの）を行うことを正当化する法律上の原因（権利）というものである。

こから得られた財産は、個人Bの財産を侵害していないかぎりは個人Aの所有権のもと正当に保障されるべきものであり（つまり個人Aの自主占有の権原がそこに認められるものとされ）、それを矯正的に徴収・再分配するということは、個人Aの善の構想とその人生に介入し、それを個人Bのために費やすよう強制しているともいえる。ノージックは以下の例をもってそのことをわかりやすく説明する。

> 勤労収入への課税は、強制労働と変わりがない。この主張を自明の真理と考える者もいる。n時間の労働の収入を奪うことは、その者からn時間を奪うようなものであり、それは彼を、他の者の目的のためにn時間強制的に働かせるようなものである。他の人々はこの主張をばかげたものと考える。しかし、そのような人々も、もし彼らが強制労働に反対なら、失業中のヒッピー達を困窮者（the needy）の利益のために強制的に働かせるのには反対するはずである。また彼らは、各人を困窮者の利益のために週に五時間余計に働くように強制することにも、反対するはずである。しかし彼らには、五時間分の賃金を税金に取るシステムは、誰かを五時間強制的に働かせるシステムと類似しているようにはみえない。その理由は、このシステムが、特定された個別の労働を伴う現物税の制度よりも広い活動の選択範囲を、強制される者に与えるためである。（『アナーキー・国家・ユートピア』169/284-5）

つまり、原初状態における付随制約的道徳を基礎的なものとし、そこから財産権保護のための優勢的保護協会、そして超最小国家を経てその役割が引き継がれるところの——もはやそこからの脱退が不可能な——最小国家が登場するに至り、そこで認められる税金の用途は、個々人の生命・身体・財産権の一律的保護のためまでであって、平等主義的配分や功利主義的使用はその範囲外ということになる。ある人の生活水準が高いとしても、生活水準が低い人に不正行為をしていないかぎりではその高さはなんら不当なものではなく、生活水準が低い人へのケアをどうするかという道徳的課題は独立的なものとして取り組まれなければならない（すると、善意の人物・団体に寄付を募る形になるだろう）。道路や港や灯台などのインフラが必要であれば、それを使用する個々人や企業がそれに出資すべきであって、車や船とは無縁の生活をしてるような人から徴収した税金をそこにつぎ込んでそれを公共財化することは、後者に対し前者がフリーライドすることを許すことになるので認められるべきではない（いわゆる受益者負担の原則）。このように、リバタリアニズムからすると、再分配や社会資本の共有化のための課税を行うような社会主義的国家とは、その活動そのものがそもそも不正であることになる。

　リバタリアニズム的な所有権理論をノージック同様に重視するロスバードは『自由の倫理学』（1982）にて、さらに強力に「リバタリアニズムこそが正義の法である」と主張する。ロスバードによれば、「法の支配」とは単なる共同体的慣習や、そのときどきの時代における人々の恣意的な政治的決定とは独立的に尊重されるべきであって、それは理性の法たる自然法として、不可侵な原理をもつものである。それは、「誰のものでもないものを手に入れて労働を加えた結果得られた産物はその人の所有物である」という権原と所有権の尊重であり、この原理に沿った法の支配こそが「正義」であって、その原理に背いたことをさせようとする場合、それは道徳的であっても、法の支配の理念のもと不正となりうる。たとえば、私があなたに「え？　結婚するの!?　それなら結婚式の日に20万円あげるね」と約束するとしよう。しかし急な出費を余儀なくされた私はあなたに20万円をあげることができなくなった。そのとき、もし法が「約束したのだから守るべきだ」という理由から国家による私の財産差し押さえ（20万円分）とその移転を強制するとすれば、それは法の支配という観点から不適切であろう。もちろん、期待をさせて裏切ったり、安易な口約束をした私は不道徳であったかもしれない。しかし、だからいって「正直」という道徳的目標を実現させるために国家が強制的に私の財産をあなたへ移転させることを、理性の法は認めはしないであろう。もちろんその理由は、そうしたことが――仮に誠実さのためというものであっても――所有権を認めるような正義の原理に背くからである。

かくして、人々を法的な暴力によって道徳的にすることは法――適切には、人身と財産を暴力的に防衛するためのルールと手段――の任務ではない。人々が嘘をつかなかったり約束を守ったりするようにさせることは、法の適切な任務ではない。人々とその財産を、暴力的な攻撃や本人の合意のない財産の妨害や横領から守ることが、法的暴力の任務である。(『自由の倫理学』79/94)

さて、こうしたリバタリアニズムの法思想と、それに基づく政治社会を論じるそのロジックは、いくつものいろんな道徳を否定しているわけではないのだが、しかし優先順位としては諸道徳よりも「個人の権利」が上位にあり、そしてその帰結として、国家に干渉されることのない「個人の自由」というものが打ち出されたことになる。このリバタリアニズムの理論は非常に強力であり、この理論において、社会内での個々の自由と価値多元主義は――そもそも異なる諸価値同士は互いに相互不干渉であるので――共存可能なものとなっている。それは正義の法の一元的ルールのもとでの価値多元的共生であり、リバタリアニズムからすれば「ロールズのような格差原理を使わないからこそ、個人の自由が侵害されない形での多元的価値の尊重が実現できる」ということになる。

ノージックに対する批判

ただし、これらリバタリアニズムの論調に対し、その理念的妥当性は認めつつも、実際の社会理論としていくつかの欠点を見ることができる。批判の一つとして、以下のようなものが考えられる。ノージックは国家を一種の警備保障会社のようにみなし、個々人の「生」が独立的であるがゆえに、誰かの財産が他人のために使用されるべき正当性がないと主張するが、国家には保険会社のような相互扶助的側面があることを見過ごしている(もしくは過小評価している)ようにみえる。無知のヴェールがなく、個々人が自身の善の構想や能力をある程度知っているとしても、依然として不確実な状況のもとでは各人はリスクを回避しようと相互扶助的協会をつくり、それが支配的国家となることもあるだろう。すると、そこではリバタリアニズム以外の法であっても正当性をもちうるのではないだろうか(ちょうどロールズの正義の二原理を反映した法の支配が採用されるように)。ノージックの議論には「合理的個々人は、どのように使用されるか曖昧であるような税金を各自が負担するような相互扶助的社会を選好することはなく、警備保障的な社会を選好する」という暗黙の前提があるようにもみえるし、だからこそ、仮説的な保護協会のストーリーをもってリバタリアニズム的最小国家論を正当化しようとしている。しかし、そのような個々人は自然的運に恵まれているがゆえに(健康であったり、気の合う商売仲間に恵まれていたり、など)たとえ苦境に陥る可能性があろうともそれを受け入れるような選択的運を許容できるのであって、そうでない人たちからするとそれを正しき社会として受け入れる理由は見当たらないであろう。

たとえば、平等主義的リベラリストであるドゥオーキンは、契約以前の原初状態から正義社会が導出されるプロセスにおいて、ノージックとは異なる議論を展開している。それは、リスクおよび費用便益の観点からどのような選択肢が受け入れ可能であるかを見極めた末の「仮想保険 hypothetical insurance」というものである（Dworkin［2000］77-80/110-114）。これは、さまざまな障害や不運を被るリスクを誰もが等しく負うような状況のもと、不合理でない人であればどのような保険を購入するかというアプローチ、すなわち、「不合理でなければ受け入れるであろう選択的運」を測るようなものであるが、そのアプローチでは、税徴収を行って再分配を行う保険会社的制度が受け入れ可能となるのは、適切な保険料と、不都合が生じたときのその補償額とが釣り合う場合、ということになる（保険料が高すぎたり、補償額が少なすぎたりするのは許容できない）。不確実性のもとリスクに怯えながら生きる人々にとって、こうした議論の枠組みは、大筋として――ノージックのそれよりも――説得力があり魅力的なものであるといえるだろう。

しかし、具体的な「保険料と補填額」について、どれくらいが適正であるのかは客観的に定まっているのではなく、そこに参加する人たちの意向のもと間主観的に定まっているという点を忘れるべきではない。さらにいえば、保険制度に参加したがる個々人の期待所得やリスク選好というものもさまざまであるので、[125]多数派の意向が適正な保険制度を維持するための妥当なものとは限らない。たとえば、多数派の意向がやや高望みであれば、環境や資質に恵まれなかったがゆえにそれが実際に無理な場合にそうした人々に支払われる補償額は「思ったよりも少ない」と感じてそれを不正とみなすであろう。そんな不正な（ようにみえる）システムを是正するためには、その補償額を「まあまあかな」といえる程度にするための財源として徴収額をそれなりに増やす必要があるが、多数派に課せられるそうした負担もまた「不正だ」と思われることだろう。すると、そのような多数派が望むところの仮想保険制度を維持するため、「経済的に成功したお金持ちは（結果として）恵まれていたんだから累進課税のもと、もっと負担金を払うべきだ」という決定がなされるかもしれないが、この決定そのものにどれくらい正当性はあるのだろうか。「恵まれていれば成功する」が真であるとしても、「成功すれば恵まれていた」が真であるとは限らない。決定論的解釈のもと、「成功したんだから恵まれていたんだ！　成功は、おまえの努力の成果とはいえないのだ」というのであれば、それは自由意志や努力、功績、ストーリーによって構成された「個人の人生」を無意味とみなすようなものであって、リベラリズムの根幹を否定するようなものではないだろうか。こうした決定論的解釈のもと、成功者の意向を軽視した、その他大勢の期待効用増大のために行われる強制的な課税制度こそが、リバタリアニズムが「不正」とみなすものである。本来の相互扶助的保険制度は、その負担額と補償額が明示され、それをきちんと確認した個々人が同意する形で参加するものであるのに（そして同意しない人には参加しない自由も保障されているべきであるのに）、ドゥオーキンの場合、合理的個人であれば事前に同意したであろう仮想保険を組み込んだ社会制度を想定し、それが間主観性を超えた客観的妥当性をもつものとみなしている点で、異なる選好や異なる事情、それぞれのストーリーのもと現実に多様な生き方をした個々人というものを捨象しているともいえる。[126] これはリバタリアニズム側からすると許容しがたいものであろう。とはいえ、ノージック流のリバタリ

125　基本的な仕組みとして、保険会社というものは、加入者が事故や病気になる確率とその場合にかかる費用から導出される期待値を算定し、それ以上の金額を保険料として徴収するからこそ成り立つシステムといえる。ゆえに、純粋な期待値のみをもって判断する人たちからすると保険に加入することそれ自体は「割に合わない」ということになる。しかし、期待効用でいえば、リスク回避的な人にとっての保険加入の価値は、期待値で見積もられる以上に高いものであり、ゆえにそれを受け入れることが「割に合う」ということもある。このように、どのような保険を選好するかについては、正解も不正解もない。だからこそ、リスク愛好的な人からすると、リスク回避的な人にとって「当たり前」の保険料というものであっても、それは許容しがたい「高すぎるもの」と認識されることもある。

アニズム的社会では、自然的運のもと不遇な生を送る人々は、その生をまともなものとするような相互扶助的システムにすら参加できないこともある。[127] 貧しい人々が放置されたり隔離されたりすることなく、しかし、努力をしたり頑張って豊かな人生を送っている人たちが不当なまでの負担を課せられることのない、そのようなちょうどよいバランスというものはどこにあるのだろうか。

こうした問題に関連しつつ、ノージックとは異なるリバタリアニズム的観点からバランスのとれた社会正義というものを論じたゴティエの議論を見てみよう。ゴティエからすると、ノージックのように（警備保障会社的な）保護協会に頼るその社会契約論はどこかロック的な枠組み――政治権力と市民との間の取り決め――にとらわれすぎるがゆえに、多種多様で自由な個人同士のバーゲン的なやり取り（相互的譲歩）が過小評価されている、ということになる。ゴティエは、現実において多種多様でさまざまな選好をもった自由な個々人、というものを所与として、そこから、それぞれが win-win となるような合理的な同意というものにこそ公共的な正義への道があるということを示唆している。以下では、この点を指摘したゴティエの『合意による道徳』（1986）での議論をみてみよう。

現実にはさまざまな人間がいて、資本家もいれば労働者もいるし、富者もいれば貧者もいる。富者である資本家同士が集まっても、実際に現場で働く労働者がいなければ生産活動はできずに富も生み出せない。だからこそ、原初状態において資本家と労働者はバーゲンを行うわけで、その分け前の配分はなにも資本家の思うままになるよう決まっているのでない（そもそも資本家は労働者をタダ同然で働かせたいわけだが、それは実質的には不可能であろう）。もし当事者双方が合理的であれば、労働者は（資本家が当たり前と思うよりも）やや多めにもらえるような取引がなされるが、それは、双方ともに長期的・安定的な利益を享受できる均衡点を意味する。これは、ゴティエの仮説的契約論の最大の特徴である「相対的譲歩のミニマックス原理」のもとで示される均衡点であるが（『合意による道徳』273/322）、そこで考慮に入れられるべきものとして、運がよかったり、たまたま能力や資質がある富者・強者の「レント」というものがある。簡単にいえば、それは原初状態における自然的運のもと与えられるようなプレミアムな利益のことである（つまりは運のよさから得られる恩恵である）。このレント的利益に恵まれている有利なバーゲン当事者（たとえば生まれついての資産家や天才アスリート）は、劣位にあるバーゲン当事者と交渉して同意契約を結ぶとき、そのレントに由来する利益の一部を相手に譲り渡すことで、互いに等しく譲歩したといえるような合理的な安定的協調が実現できる、とゴティエは主張する。[128] たとえば、レントに恵

126 問題はやはり、人々の相互作用とは独立的な形でリスク計算およびそのニーズというものを客観的に定めるようなドゥオーキンの議論の仕方にあるだろう。人々が客観的に妥当な保険に加入するようになるのは、そうした人たちが自身の実際の境遇や資産、そして他者との交流のなかいろいろなことを知りつつわきまえるようになるからであって、そうした経験的知識や交流もないまま、ほとんどの人々が事後的に同意するであろうという想定のもと、社会的な仮想保険に対し一般性・客観性を付与できるというのはかなり楽観的な見方であるように思われる。

127 ドゥオーキンの仮想保険の議論は、「もし人々が自身に降りかかる災難のリスクがどの程度のものであるかをおおよそ知っているならば」という反実仮想であり、それに応じた適正な保険制度というものを描き出すことで、それが国家的税徴収‐再分配システムとして正当化することを目指したものである。これには前述のようにいくつか問題点があるものの、通常の保険制度が不運な災難や病気に遭った人に対し排除的であるのに対し、そうした人々を排除することのない倫理的な保険制度システムであるというアドバンテージをもっている（Dworkin [2000] 78-79/112）。つまり、自然的運のもとで苦しむ人が保険に加入できないという状況を踏まえつつ、「そうした人たちでも、まだハードラックに見舞われていない状況において、選択的運を受け入れたうえでの適正な保険にもし入れるとすれば……」という形での修正をすることで、自然的運をできるかぎり排除した（しかし選択的運までは捨象することなく自己決定権と責任可能性を残す形での）相互扶助システムを描き出すことこそがドゥオーキンの狙いといえよう。

まれている経営者がそうでない労働者と労働契約を結んでいるとして、前者が後者に対し、「他に働くところないんだろ？　才能もないんだろう？　労働者なんて他にいくらでもいるのにここで働かせてやっているんだから月給10万円でもありがたいと思えよ！」という態度をとるよりも、「君がいてくれて助かるよ。月給18万円しかあげられないけど、本当にありがとうな。給与も次第にあげてゆくからさ」と伝えるほうが、労働者側も会社に貢献しようとするだろう。そしてそのほうが、社員として育てはじめた労働者がすぐに退職してしまい会社は短いスパンで募集・面接・採用・育成しなければならない状況を回避しやすいという点で理に適っている。なにしろ、不要にかかるであろう人事コストを削減できる点では経営者サイドにとっても長期的に利益となるわけだ。このように、恵まれている者や経済的強者であっても、いや、そうであるからこそ、ややもすれば多めに見えるかのような――しかし、それぞれの立場からすると相対的な意味で等しい――譲歩が必要というわけである。そしてそれは「公平」ともいえる財の再分配的状況と一致する。

これは集団規模でも同様であり、富裕層と貧困層とが共存する社会においては、前者から後者への財の配分は、国家的な思惑やモラルによって強制されるのではなく、そうした相対的譲歩のミニマックス原理のもとでうまく行われうるもの、ということをゴティエは示唆している。ゴティエはそのような均衡点に「合理性＝規範性」という両性質の一致をみいだし、もし現実がそうなっていないとすれば、現実をそれにアジャストさせるよう変えるべきであると主張する。たとえば、互いに等しい合理的譲歩の状態以上に財を得ている運のよい資本家は、その一部を貧しい労働者の給与へと移転させるべきであるし、恵まれた才能ゆえに多くの報酬を要求し実際手に入れている人は、その仕事へのモチベーションを失わない程度まではその余剰利益の一部を契約相手や顧客に還元すべきである。そうすることによって、共存する各当事者は長期的に共存のメリットを享受できる（『合意による道徳』第9章3.1）。この「当事者間における合理的な譲歩」というものは、その他のいろんな社会問題も解決できる可能性を秘めている。必要以上に被征服民（原住民）の土地を奪ってしまいそのまま世代を重ねた征服民も、あるいは、必要以上に社会保険料を国民から徴収する国家的な医療システムも、相手に譲歩させすぎている点では不公平な利益を得ており、いつそれはトラブルの火種となるかわからないわけで、それぞれが互いに公平に譲歩しているという程度まで相手に返すことこそ自分（たち）の長期的利益にもつながるというわけである（『合意による道徳』第9章5.3）。とするならば、財の移転の可能性をまったく認めず、個々人の独立性・個別性を尊重するような法にのみ「正義」をみいだすようなノージック型のリバタリアニズムは、異なるさまざまな人々が互いに自制しながら協調することで長期的恩恵を望むような現実社会の理論としては「不合理で不正である」、という言い方もできる。ただし、ゴティエのそれがバーゲン的状況からの当事者間の譲歩を基礎とする以上、バーゲンをすることのない当事者間（健常者／非健常者、前世代／後世代など）での不均衡をどのように是正するか、といった問題が残されているのであるが。

ノージックをはじめとするリバタリアニズムは、ロールズ流のリベラリズムに潜む（とりわけ格差原理に含まれる）「個」への介入可能性に異を唱えつつ、バーリン以降の課題である価値多元論に沿う形で正義の法とその合理性を描き出したわけであり、それはコミュニタリアニズムよりもさらに明確な原理・原則を打ち出しているという点では魅力的なものである。とはいえ、同じリバタリアニズム同士でも実はそれぞれ対立するケースはあるし、また、リバタリアニズムそのものに対する疑義それ自体もなかな

128　ただしここにはいくつかの問題点もある。詳しくは中村［2015］第2章を参照。

か拭い去れるものではない。とりわけ、(1)個々人に内在し、それぞれの自由で自律した生き方を可能としてくれる「合理性」に過剰な期待をかけすぎていること、そして、(2)個々人の選好を安定的なものとして想定していること、(3)「正義」という概念において、運に基づく格差を解消したり、不運な弱者を救済するということを「社会的義務」として要請するような倫理的理念を過小評価している、といった批判がなされうるだろう。

さて、ここにおいて、われわれは「自由」の意味をもう一度問い直したほうがよいのではないだろうか。つまり、リベラリズムやリバタリアニズムが思い描くように、バーリン的な消極的自由のもと、異なる人々同士が共存しつつ自分自身の幸福をそれぞれ実現してゆけるような理想郷は誰もが望むにしても、理念としての「自由」と、社会的実践における「自由」とはどのようなギャップがあるのかを考えなければ、リベラリズムは現実社会の政治理論たりえないだろう。「自由」を最大限にするということは、現実社会において「他者に干渉されない」ということをそもそも意味するものなのだろうか。「そもそも、自由であることはどういうことか?」「自由が保障されている社会とはいかなるものであるのか?」「合理的であれば自由な選択ができるというが、人はそもそも合理的であるのか?」「誰の自由を最大化しようとしているのか?」などをきちんと問い直しながら「自由」の意味を再確認することで、リベラリズムがどうあるべきかがクリアにみえてくるかもしれない。おそらくは、その作業をいち早く、そして画期的な仕方で始めたのが、アマルティア・センのケイパビリティ論であろう。

第4章　「自由」と「合理性」の限界とその先へ

第1節　潜在可能性――センのケイパビリティアプローチ

さて、自由を尊重するリベラリズムといっても、それぞれの時代状況や焦点を合わせるところの対象によってその内実は異なる。それまでの抑圧的な封建社会に対して解放と寛容さを求めたかつての市民たちは、今度は自由市場のもと労働者として過酷な労働を強いられるようになったのでその改善を求めたり、格差や貧困を防ぐためにも参政権を通じた公平な政治参加を求めたりもした。しかし、各個人に形式上の等しい権利を保障するだけのリベラリズムでは不足であるとして、公共圏におけるコミュニケーションと討議を推奨したり、あるいは、マイノリティであっても公共において堂々と振る舞い発言できるような熟議の場を復権させることこそが真なる自由への道である、と主張する論者もいる。

このように、自分で決めたことを選択・実現できるという意味での「自己決定の自由」にはさまざまなものが含まれるが、それが意味あるものであることの前提として、(a)する・しないことも含めた

「選択の自由」、そして、（b）選択する際に自分の選好に沿った判断・行為をするための「合理性」、これら二つが必要となるであろう。これらが欠落している状態において「あなたは自由だよ。自由な存在者として、好きに振る舞っていいんだよ」と言っても、そこにはたいした意味などないわけで、もし、（a）が欠落している人に対しそんなことを言ってもそれは単なる気休めでしかなく、もし、（b）が欠落している場合にそんなことをいうのであればそれは悪趣味な放任主義でしかない。ゆえに、「自由」を社会的に意味あるものとみなすリベラリズムは、単なる寛容や解放、社会的格差の是正といった政治的目標を叫ぶだけではなく、「自由」のための条件としてこの（a）と（b）についてなんらかの形でコミットせざるをえない。本節ではこのことを踏まえ、（a）に関するものとして、センのケイパビリティ論をみてゆこう。

センのケイパビリティ論

まず、われわれが気をつけるべきは、「社会において自由な個人であること」と、「社会とは無関係な自由人であること」とは別という点である。後者について、たとえば山奥で自給自足のもと、選挙制度のことを何も知らずに世俗と断絶されながら暮らす個人を想像すれば、それが公民的な意味で自由な個人ではないことは明らかであろう。もちろんその人は選挙に参加する権利はあるが、しかしその権利を行使する術を知らないならば、そこに公民としての社会的自由は存在していないも同然である。他方、寝たきりになり生活保護のもと暮らしているが意識はハッキリしているような人が不在者投票をできるとすれば、それは選挙権が保障された公民的に自由な個人といえるだろう。つまり、自由の意味とは、「〇〇することを誰からも邪魔・干渉されない」というだけでなく、「他の人が普通に可能であるようなことを普通にできるし、また意図的にそれをしないこともできる」ということも含むものでなくてはならない。「自己決定の自由」が、単に「干渉されることなく放任されている」ということを意味するだけではそれは実質上なんの意味もないのである。この点で、自由の意味——すなわち、「何を自由にできるか」という問いとその答え——は、社会的に構成されるところの人間活動の「幅」に依拠している、といってよいであろう。

社会的な意味での「自由な人間」の活動とは、その人の特性（健康状態や基礎的教養など）のもと、その人が使用できる財（金銭・生産手段・住居・公共サービスなど）を用いて行われるという点から、財の機能性とその変換効率のもとで描くことができる。それぞれが豊かであればあるほどその人は自由にいろいろできるし、逆にそれが貧しければその人は他の人同様の自由はない。たとえば、重度の障害をもっており、生活保護や要介護認定のもと、健常者が稼ぐ程度の生活費X円を与えられているからといって、そのままでは政治参加することはなかなかできないかもしれない。ヘルプのない環境であれば、その金銭は政治参加の機能をもっているとはいえないし、もしヘルプしてくれる人をそうした状況で雇おうとしても、その結果、普通の人ができているような趣味や娯楽に手を出す金銭的余裕が一切なくなるとすれば、その人は政治参加はできても生活を楽しむことができなくなるかもしれない（この場合、政治参加とそれ以外の趣味とはトレードオフ関係といえる）。つまり、その人が受け取っている財（X円）は、他の人が所有する同じ財（X円）よりも機能的に貧しいわけで、ゆえに、他の人が受け取っていないような金銭的補助を受けている状況であっても、その人が他の人たちより不自由なことは十分ありうる。

このように、同じ財をもっていても、同じような活動ができるわけでもないし、同じような満足が得られるわけでもない。とはいえ、結果が等しくなるよう、同様の満足や福利をただ提供すればよいとい

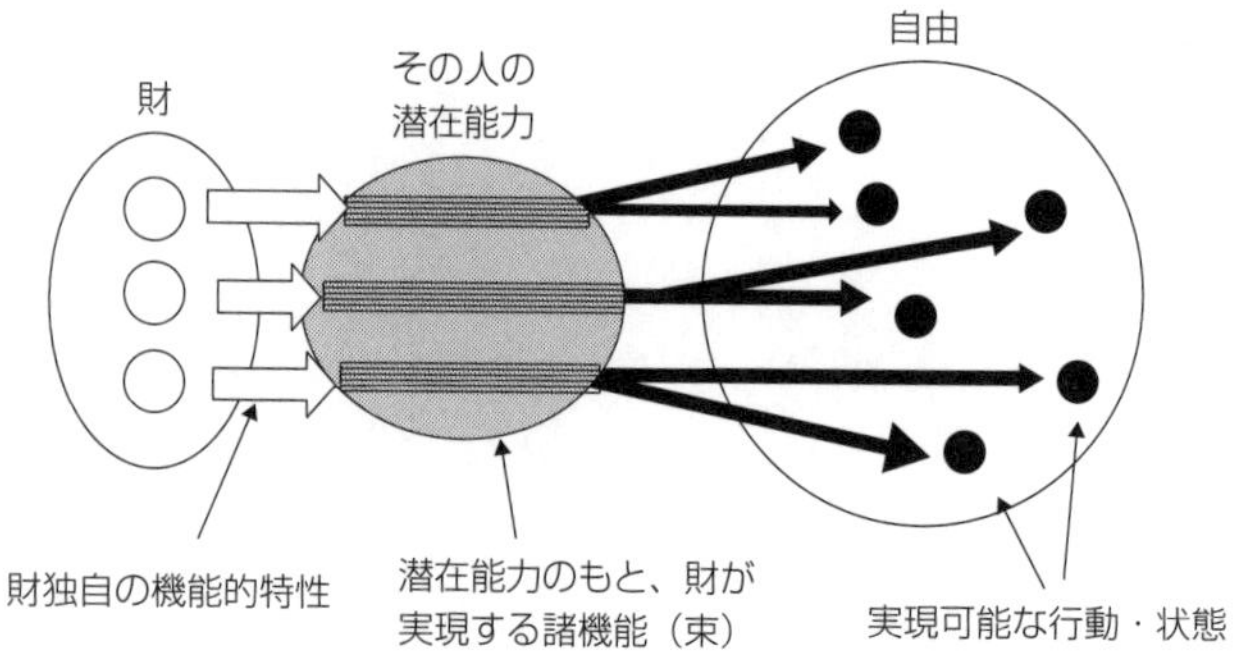

図１　ケイパビリティ概念図（中村による）

うわけではない。もし、無職の貧困層を一生そのままにしておきながら、富裕層からかなりの税金を徴収してそれを貧者へ分配しつつ、「お金は十分もらってますよね？　それで十分な食事はもちろんお酒も飲めますよね？　だったら満足しなきゃだめじゃないですか。あなたは文句いう権利ないですよ」といった恩着せがましい社会政策に終始するのであれば、それはその人の主体性・自律性・労働を通じた社会参加といった活動性を無視しており、ひいては人格の尊厳を軽視しているともいえる。その人自身の選択や活動をぬきに、ただ快楽だけを与え満足させればよいというものではない。他人と等しい自由が保障されているということは、ある財をもってどのような生活を選択できるかについての範囲が――仕事に就くことも含め――他人と等しいことを意味している。このとき大事になってくるのが「ケイパビリティ capability」、日本語で「潜在能力」と一般的に訳される概念であり、それは「さまざまなタイプの生活を送る」という個人の自由を反映した機能のベクトルの集合としてあらわすことができる（『不平等の再検討』39–40/60）。この概念を図にしてみると、図１のようになるであろう。

●は、ある財に対する潜在能力がもつ機能（の束）によって実現可能なところの活動や状態を意味する。ある財に対する潜在能力が高いということは、財をそうした多種多様な活動や状態へと活用できるような優れた変換効率を備えているということである。そして、多くの種類の機能の束を備えている個人には多くの可能性が開かれているのであり、ゆえに「自由」とは、ケイパビリティであるところの機能の束の集合が実現可能なところの多種多様な可能性、いわゆる「生き方の幅」と言い換えることができる。各人に等しい自由が保障されているかどうかはこの観点から判別されるべきであって、財が与えられていれば自由というわけではない。機能の束が異なれば、自然と自由な個人としての在り方も変わってくるわけで、ゆえに個々人の潜在能力をぬきに、単に干渉されないこと、あるいは、十分な量の基本財が与えられていることをもって、「ほら、ちゃんと自由が保障されているだろ?」と主張することは、「自由」の意味を捉えそこなうことにもなる、とセンは警鐘を鳴らす。

機能の束が細かったり、その本数が少ないような「潜在能力が低い人」は財の機能的特性を活かしにくいので、さらなる財か、もしくはその効率をサポートする別の財、あるいは社会的サポートによって機能の束を太くしたり補うことで、実現可能な行動や状態の範囲を拡張させ、自由を充実させるべきとなる。たとえば、選挙権を与えられているXさんは山奥に住む、少し身体が不自由で貧しい人であるとしよう。仕事はすでに引退しており、最近視力が低下したので、車の免許も更新はしていない。こうしたXさんに対し、「選挙権を認めているんだから、投票所に行くも行かないも本人の自由だ」と言っても、そのときのXさんの自由には内実というものはほとんどない。Xさんの自由が内実を伴うとすれば、車を使用できない人向けの無料バスを利用する機会(利便性)がきちんと与えられていたり、タクシーを利用できるお金もしくはタクシーチケットが提供されていたり、あるいは在宅投票が可能であるような社会制度を用意する必要がある。そうすることなく、Aさんや似たような境遇の人たちが実質上排除されたまま選挙が行われて議員や首長が選ばれたり、そこでなんらかの政治的決定がなされたとしよう。その結果、そうした人々の境遇がいつまでも改善されなかったり、あるいはそうした人たちが望むところの習慣や文化がどんどん社会から消え去ってゆきそうなとき、「嫌ならちゃんと選挙に行けばいいんだよ！」と彼らに言い放つことは正義に適っているといえるだろうか。これはなにも身体が不自由な人たちだけに限らない。地域格差についても同様で、インフラ整備や文化的施設が少ない田舎の人は、都市部の人よりも選挙に行きにくかったり、教養を拡げるチャンスに恵まれず政治参加への動機づけがなされることなく、そこでの選択の自由の幅が狭まっていることも考えられる。

ここには「運の平等主義 luck egalitarianism」も大きく関わっている。運の悪さに由来する不利益を社会的な形でできるだけ改善しようとしたものとして、前述のロールズの格差原理などがすぐに思い浮かぶであろう。しかし、恵まれない人々の不運をよそに、幸運のもと多大な幸福を享受している人たちが、そのポジションを維持しつつ（その維持をあたかも条件とするかのように）恵まれない人々の福利増大に寄与することは、そうしないよりもマシではあるがそれだけで正義に適っているとは言い難い、ということもできる。[129] つまり、功利主義的に正当化できるし、公平な状態にわずかながら近づいているとしても、そもそもの正義からズレている、ということである。社会的不正義を矯正するにあたり、直視すべき本質的な点として、「本人のせいではなく本人がそれを選択してもいないのに、他者がもっている可能性の束よりも少なく細い」ということが問題であるのだ。こうした議論の背後には、「本人が意図的に選択した結果の運」（option luck）と、「意図的選択をしているわけでもなく自然に押しつけられた運」（brute luck）とを区別し、後者に関しては改善してゆく——正確にいえば「中立化 neutralization」

してゆく――ことこそが正義である、という主張が存在する。[130] センの文脈に戻していうならば、こうした運の平等論に基づく正義（公平）の実現こそが、「自由」の有意味性を社会的に確保するものといえるであろう。

これは単なる財の配分についての話だけではない。個々人の自己実現、マイノリティの政治参加や公共的議論への参画といった問題とも関わっている。日々の生活に追われる貧困者や、差別的視線に曝されているマイノリティが公共的な活動へとなかなか積極的に参加しにくいとき、「誰も禁止していないんだから、その権利を行使すればいいじゃん！」というように、あたかもその人たちに自由が保障されているかのように感じている人がいるとしよう。しかし、その人がそのように感じるのは自由を行使するに十分な潜在能力をもつからであって、その手の自由を行使しにくいそうした人々の苦悩がそこでは見落とされているかもしれない。ゆえに、マイノリティが連帯したり、安心・安全のもとでその主張を公然と表明する機会の用意、貧困者が単に富者の恩恵を受けるだけでなく自助努力や自立を可能とすべく社会的制度を充実させることが、多種多様な人々の自由な自己決定を真に有意義なものとするといえ

129　こうした論法としては Cohen［2008］70–73 などがある。

130　もっとも、運の平等論に関しては、そうした option luck と brute luck をきちんと区分できるかという問題も残されている。本人の意図的選択自体が悲惨なものとなるよう運命づけられているとか、そうした悪い選択をするような資質もまた brute luck ゆえそのように因果的に決まっていた、という解釈もできるからである。そうした決定論的解釈の行き着く先は、自由－責任主体の否定という反リベラリズムとなるであろうし、そうした決定論的解釈が社会科学における有意味性を保ちうるか――つまり、「真」「偽」という二値のもと、当該事例に関する予測可能性・反証可能性を保ち、さらには、有責か免責かに関する裁定そのものを有意味たらしめるものであるか――については議論の余地があるだろう（こうした平等主義的リベラリズムを正義論の観点から丁寧に解説したものとして井上［2017］を参照）。

るだろう。これは、価値多元主義的な社会をリベラリズムのもとできちんと実現する試みともいえる。[131]

もちろんリベラリズム社会といえるためには、マイノリティや貧困層だけでなく、その他大勢もそうした公共的議論へ参加したり、異なる他者の意見を聞く機会、そのための素養（リテラシー能力など）といったケイパビリティが充実していなければならないわけで、ある国家にそうしたケイパビリティがある場合とそうでない場合とでは、その国家全体の文化的水準や、そこでの人々の生き方の幅にも大きな差が生じる。たとえば、経済グローバリゼーションのもと貧困国の国民においてそうしたケイパビリティが寡少である場合、そこでの人々は経済的利益だけを追い求めて刹那的な生き方をすることで、その国独自の文化的資産が毀損されるかもしれない。そのとき、たまたま経済的に成功しつつ独自の文化を保護することにもうまくいった国の人々が、「あなたたちは自分たちで文化を捨てたのだから、仕方ないじゃない。あきらめなさいよ」と言い放つことは正義に反した物言いであるが、それはやはり「自由」の概念について矮小で歪んだ理解をしているからに他ならない。もちろん、民主主義的なリベラリズム社会は人々がそれを自発的に選択することを妨げるものではないが、少なくとも、自分たちが何をしているのかを俯瞰的観点から自覚し、そして、経済的豊かさを求めつつも、自らのよりどころたる文化的アイデンティティを保持するため、それについて互いに考えをぶつけ、理解を深め、よりよき答えを導き出せるような状態であることが望ましい（これはある意味で、アレントの「人間の条件」に関するセンなりのアプローチともいえる）。これについて、センは以下のようにも述べている。

ここで潜在能力の考え方に立ち戻ることになる。社会の中のさまざまな異なった階層（社会的に恵まれた人たちだけでなく）が、何を保存し何を捨てるかについての決定に積極的に参加できなければならない。

消えゆく生活様式をどれほどのコストがかかろうとすべて保存することが強制されるわけではない。しかし人々がそれを選択するならばこうした社会的決定に参加できることが——社会的正義のために——必要なのである。こうして、読んだり書いたりすること（基礎教育を通じて）、十分な情報を与えられ説明を受けること（自由なメディアを通じて）、自由に参加すること（選挙、住民投票、市民的権利の一般的行使を通じて）などの基本的な能力を重視すべき理由が増すのである。最も広い意味での人権はこのようなことの実践にも含まれる。（『自由と経済開発』242/276-277）

こうしたセンの議論は、「資本主義vs.社会主義」「自由主義vs.平等主義」「多数派vs.少数派」などの二項対立図式において常に後者を支持するようなイデオロギー的なものではない。センからいわせると、リベラリズムやリバタリアニズムも、ある意味では、みんなに等しい自由を——絶対的か暫定的かの違いはあれ——権利として認めようとしている点では平等主義である（『不平等の再検討』第1章）。ただし、みんな等しく足枷がないとしても、スタート地点のコンディションが違っていたり、コースごとに障害の多さが違ってくると、それは公平な競争ではない。「まともな社会」というものが理知的な人であれ

131　こうした公共的議論に関する平等論者としてはAnderson［1999］などの議論もある。なお、個々人において価値ある活動のもとその人にとっての善を追及・実現することを推奨するラズの卓越主義的リベラリズムにおいても、行政主導のもと教育や文化といった公共的性質のものを整備したり、そこへのアクセスしやすさなどを確保する必要性が述べられている（Raz［1994］16-23）。ただし、それはちょうどプラトンの普遍主義・理想主義に対するアリストテレスの個別主義・現実主義のように、個々人それぞれにおける内在的かつ多元的な善（幸福）の実現可能性をその議論の前提としているので、正義論における平等論者たちのそれと——政策的にオーバーラップするとしても——同じ趣旨であるとは限らない。

ばそこに正当性を認めるような公平なものとするならば、個々人の自由と自己責任、その成果の個人帰属を肯定するにしても、その活動全体がある程度の公平性のもとで保障されるものでなければならないだろう。

ここで注意してほしいのは、センがケイパビリティを持ち出すのはあくまで自由の内実のためであって、全員に同じ幸福状態——経済学的にいえば等しい厚生（welfare）——を保障するためのものではない、という点である。センは次の例を挙げる。ある疾病に対して同じケアを受けた場合、一般的には女性のほうが男性よりもその効果が大きく、女性のほうが長生きできるとする。この場合、「男性」は「女性」よりもその潜在能力（ケイパビリティ）は低い（あるいは、健康を回復し、いろいろな活動が自由にできるための機能集合が限定的である）といえなくもないが、だからといって、その病気に実際罹患している男性に対し、実際に罹患している女性以上の多めの治療と手厚いケアを常時保障することまでもが公平だとはいえない。統計的にみれば、そうした男性優遇措置によって社会全体の厚生が増大するとしても、である。なぜなら、同じ病に同じように苦しむ人であるのに、女性だからという理由でその個人が他者と等しく取り扱われないとすればそれは不正義だからである。もちろん、なかなか回復しにくい男性患者、あるいは回復しないであろう男性患者に対しては多めの治療が施される必要があるが、しかしそれは女性患者に対しても同じであるべきである。「生命」「死」「幸福」といった個々の人生に関わる問題だからこそ、大ざっぱな統計的区分からそれぞれのケイパビリティをステレオタイプ的にまとめた政策を行うべきではない。もしそんな大雑把な政策のもと、大きな枠組みで社会的効用を増大させたとしても、それはリベラリズムにおいて公平な自由を意味するものではない、とセンは指摘している（『正義のアイデア』295-296/424）。ケイパビリティとはあくまで個々人の潜在可能性であって、それは事前に、そして一般的に「男性」という属性の持ち主へと優先的な保護・保障を約束するものではない、ということである。

このことは競争においてもある程度は同様である。センが「努力に重要な意味を認めるような考え方や、搾取のような規範的概念を生み出す労働に基づく報酬といった考え方は、ケイパビリティの平等だけをひたすら追求する前に、立ち止まって考える必要があることを示唆している」(『正義のアイデア』297/426)というように、「個人の生」においてその人がその人なりにどのようなことを欲しながら行為しているかが重要であるとみなしている。「同様の幸福さ」や「よき厚生」を実現するための社会政策へとあまりに傾倒してしまうことは、リベラリズムにおいて本質的であるところの個々人の行為者性(agency)を捨象してしまうことになりかねない。ゆえに、センの平等論・自由論・正義論は一般理論の確立を目指したものというよりは、具体的実践を意識しながら、個別事例をひとつずつ丁寧に取り扱う類のものといえる(ケイパビリティはそのための汎用的な道具的概念にすぎず、ゆえに有用ではあってもそれによって一般理論を確立できるほどのものではない、とセンは考えている)。センの正義論の特徴としては、「完全に公正な社会」の条件を示そうとすることに終始するのではなく(もちろん目指すべきではあろうが)、むしろ、不正義を減らし、正義を促進するかどうかを判断する方向性をもつもの、ともいえる(『正義のアイデア』ix-xi/4-6)。これはいわば漸進的な社会改良主義ともいえるものであり、その方向性は社会的リベラリズム、あるいは、平等主義的リベラリズムの文脈のもと社会改良を目指すものではあるのだが、その方法論としては、わかりやすく一般理論を振りかざすことなく、個々のイシューに向き合うことで、そこでの「個人」の自由のどの部分が妨げられているのかを見極める、といった慎重なリベラリズムといえよう。

第2節　熟議の難しさ――理性の限界

「リベラリズム社会において意義ある自由とは何か？」という問いに対し、センのケイパビリティ論は「可能性としての自由」「生き方の幅」を示すことで、従来のリベラリズムにおいて欠落していた、「自由」の内実、「個」の尊重、人格の尊厳、これらの意義を明らかにしたといってよいだろう。ただ、こうしたリベラリズム／正義論の理論的発展・洗練と比べ、実際の民主主義的リベラリズム（あるいはリベラルデモクラシー）はどうであろうか。市民それぞれのケイパビリティの尊重は政治家に託され、政治家たちはそれを充実させるべく政策立案・実行しているかといえば必ずしもそうではないだろう。不運な境遇で苦しみつづける人、貧困の再生産、マイノリティが感じる息苦しさと不自由さなど、「自由」に関する諸問題はまだまだ残されたままである。それは利権にとらわれたロビイストや利益団体の跋扈、党派的目的の複雑な絡まりからなる政治的混迷といった「政治」の構造的問題もあろうが、おそらくはそれだけではない。われわれ市民社会の側も、それぞれの利益を優先しつつそれに沿った投票行動を行ったり、あるいは、社会的弱者に対し共感をもちえなかったり、あるいは、現状のシステムで苦しんでいる人々に対し「仕方ない」「自業自得」などと考えているのではないだろうか。さらには、自分たちと異なる文化的アイデンティティをもった人々を「気持ち悪い」とみなし、「それを公共の場に持ち込まないでくれ」とけなしたり、あるいは暗にプレッシャーをかけているのではないだろうか。

もしそうだとすると、われわれはいまだにルソーが残した課題をクリアできていないことになる。たしかに、社会はルソーの時代よりも進歩し、人々の自由の幅は大きく広がったかもしれない。しかし、政治社会の一員としての個々人は成熟しているかと問われるとどうであろうか。知的な政治哲学者・法哲学者たちの切磋琢磨のもと、社会理論は洗練され、「自由」の内実やそれに対するアプローチ、政治的言説は多種多様なものへと発展し、それはまるで片田舎の古風な喫茶店のメニューとは比べ物にならないスターバックスばりの豊富さをいまや誇っている。しかし、市民全体としてはそれらメニューを真剣にながめ、状況にマッチしたものを選ぼうとしているのであろうか。もしかすると、多くの人は単なる慣習、あるいはオピニオンリーダーやマスコミに流されて人気メニューを選んでいるだけかもしれないし、逆に、知的エリートを気取る少数派は、自分の趣味をあたかも絶対的正義のように偽装し、「おまえらは大衆だから、本当によいものがわからないんだな……」と見下して悦に浸っているのかもしれない。もちろん、全員一致などはそうそうありえないし、またきちんと意見がバランスよく二分されることばかりではないので、多数派と少数派はいつの時代にも存在するし、意見がバラバラになることもある。そこでの政治的決定を単純な多数決に委ねざるを得ないこともあるだろうが、その場合であっても、「それはおかしい」という批判的意見、そしてそれぞれの言説を公共の場で吟味することで、政治は公共化できるはずである。だが現実は、そうした諸言説の理由すら一顧だにされることなく、「各人が等しく政治的参加が認められたこの状況で、民主主義的手続きを経て決定したことに不満を言うべきではない」という冷淡な態度をもって退けられることも多い。こうした状況は、もはや、よりよき民主主義社会への可能性が閉ざされた「錆びたリベラリズム」であり、リベラリズムの根幹にあった「個人の尊重」「人格の尊厳」も形だけのものとなっているようにみえる。

熟議のため

こうした状況に対し、特定のバックグラウンドをもった個々人のアイデンティティを踏まえつつ共和主義的社会を目指すサンデルなどのコミュニタリアニズム、抽象的な合理主義ではなく、実質的な討議のなかに妥当性要求を満たすような規範の発見を目指すハーバーマスの討議倫理、多元的レベルでのフォーラムにおいてさまざまな言説を通じた関わり合いを期待する熟議民主主義（Dryzek [2000]; [2006]）、さらには、「マイノリティに恥辱を感じさせかねない政治的・法的制度は、政治社会における個人的自由への実質上の侵害である」としてその根絶を訴えるヌスバウムの政治的リベラリズムなど（Nussbaum [2004]）、数多くの論者は「形だけのリベラリズム」「手続き主義的リベラリズム」の打破を試みてはいる。論者によってそのスタンスはさまざまであるが、この手の問題と向き合いそれに対応するための要件となるのは、「熟慮」「熟議」「反省」「共通理解」である。

しかし、われわれの合理性というものは万能ではないし限りがある。もちろん、そんな限定的な合理性のもとでもおおよその目標に到達できたり（Simon [1947]）、最低限の情報活用のもとで環境適応的な最小合理的な行動をとることもできるが（Cherniak [1986]）、しかし、ヒューリスティックに頼りがちなわれわれはいとも容易くバイアスのもと不適切な推論・判断をしてしまう。さらには、「自分こそがきちんと正しく判断している」と考え、自分と判断が異なる相手を間違いと決めつけて対立する傾向にある。ある価値を別の価値よりも優先的に考えてそれを絶対視する傾向は、右派であろうが左派であろうが、保守派であろうがリベラル派であろうが変わらない[132]。

もちろん、だからこそ、それを乗り越えるための「熟議」が必要であるし、そこで求められる合理性とは、単なる利己的思惑を実現するだけの知性ではなく、そうした熟議のためのものという言い方もできる。前述のハーバーマスは、道具的理性とコミュニケーション的理性とを区分し、後者が発揮されるところの公的な政治的領域においては、そこでは誰も正解を最初から知ることなく互いに等しく尊重しながら政治に参加し、討議することを重視していた。その後、補足的に説明する形で、実践理性の三つのアスペクトとして「実行可能な合理的プログラムの選択に関わるプラグマティックな討議」「生活実践全体の方向づけに関わる倫理的な討議」「行為と格率についての道徳的な討議」を併せもつ、統合的なコミュニケーション的理性について述べている（Habermas［1991］5.2）。いずれにせよ、個人内在的な理性にのみ頼るような古典的な個人主義的リベラリズムの延長線上において確立される政治理論には欠損が多いため、対等な他者人格の尊重のもとでの熟議にこそ正しき政治理論の在り方がある、とみなす点では重要な示唆を含んでいる。ただし、やはり熟議といってもそれは簡単なものではないし、いきなり「よし、やるぞ」といって熟議できれば苦労はしない。それに、当人たちは熟議しているつもりでも、客観的にみればそれは単なる馴れ合いか、あるいはパフォーマンスか、さらには悪口の言い合いにすぎないこともある。ゆえに、市民生活において、熟議ができるようフォーラムは日常的な形でできるかぎり多く用意され、日々それを意識し、熟議に慣れていかなければならない。

熟議の難しさ

しかし、冷静に議論をしようと集まった市民たちが、ハーバーマスが期待するような熟議を生み出すとは限らない。そこは熟議のための場として、さまざまな人種・所得・性的嗜好・政治的スタンスの人

132　Haidt, J.［2012］. とりわけ、第8章「保守主義者の優位」を参照されたい。

たちが参加可能であり、かつ透明でオープンな議論が保障されているとしても、当の個々人が――まさにコミュニタリアニズムが主張しているように――それぞれのアイデンティティのバックグラウンドたる善の構想に依拠しつつ議論に臨むのであれば、当事者たちの柔軟な思考や反省能力はある程度制約を受けていると言わざるを得ない。そして、それぞれの善の構想が対立してしまうこともあるだろう。もちろん、その対立自体がいけないということはないし、対立があることを隠蔽すべきではない。この点では、それぞれの差異と対立をきちんと表に出し、必要があればどれがまっとうであるのか、どの言説がもっともらしいかをフェアで対等な議論の場で競うような競争的民主主義（agonistic democracy）もまた一理あるものである（Connolly［1991］など）[133]。

ただし、いくらコミュニケーションや公平な討論会を行おうとしても、それがうまくゆかないことは大いにありえる。たとえば、あるフォーラムに出席して積極的に発言する人が、（まさにサンデルが考えるように）自身のバックグラウンドたる価値を共有するところの社会集団の一員としてそうした公共的場面において発言しているとしよう。もしそこで（きちんと理に適った判断のもと）他集団に対しわずかばかりの寛容さ・柔軟さを示す言動をしてしまうと、自身が所属する集団において「裏切り者」とみなされ、仲間から非難・糾弾・攻撃されてしまい、自身のアイデンティティの喪失、さらには生命の危機すら招きかねないこともあるだろう[134]。だとするならば、せめてそのリスクは政治家が負うべきものであって、だからこそ、各社会集団や共同体同士の重なり合うコンセンサスとは各アイデンティティから切り離された中立的なものでなくてはならず、そしてそうした中立性は、市民の代表者たる政治家・法曹たちに対してより強く求められるべき、ということもできるだろう。とはいえ、政治家・法曹もまたそれぞれのバックグラウンドたる集団や文化から逃れているわけではなく、そこでの「正義」「当たり前」

を反映した議論をすることになる。

それに、政治家であれ一般市民であれ、なんとかそれを乗り越えようと寛容的・譲歩的に振る舞ったとしても、それを見ている（聞いている）その他大勢がどのように思うかといえば、「これはフォーラムという特殊な場でのことだからな……」というふうに、いわば非現実的な舞台のようなものとしてそれを解釈するかもしれない。そして、「この問題は大事なことだから、俺たち自身できちんと話し合おうぜ」となり、自分たちの狭いサークル内での従来の議論（と本人たちが考えているもの）を重ねるとすればどうなるであろうか。たとえ、そのサークル内に、コミュニケーション理性を意識しながらよりよき政治的判断に至ろうとする人たちがいたとしても、集団心理のもと、「みんな」がどんどん偏った――そして間違った――方向へ進んでしまうことは、数多くの社会心理学的知見によって示唆されている。

認知心理学からの警告

きちんと熟議しようとするグループであっても、集団心理のもと「みんな」がどんどん間違った方向

133　この立場では、個々の対立する政治的当事者の情念をポジティヴなものとして捉える点でダイナミクスな議論を期待するものであり、ハーバーマスやロールズなどの熟慮や理性に偏重した（やや静的ともいえる）理想主義とのコントラストとしてそれが意識されているようにもみえる。

134　もちろん、こうした事態に対しては、「そのような偏狭な糾弾を行う社会集団は、政治的に他文化と共存しようとする政治的スタンスを持ち合わせていないという点で、多元主義的な政治社会において政治的一員となれるようなモジュールを欠落している」というロールズ的な（政治的リベラリズム的な）解釈ができる。逆にいえば、ロールズの政治的リベラリズムそれ自体はハーバーマス的なコミュニケーション理論を排除するものではないし、むしろそれと相互補完的な形で両立する、とさえいえるかもしれない（ハーバーマス自身が『他者の受容』第2部においてその趣旨のことを述べている）。

へと進んでしまいかねないことを説明するものとして「カスケード効果 cascade effect」というものがある。カスケードとは本来は段々状に連なる滝のことであるが、これはつまり、ほんの小さな錯誤や勘違いなどが連なることによって、明らかなバイアス含みの信念を「そうでしかありえない！」というように疑いの余地がない常識として、グループ全体が次第に信じ込むようになってゆく集団心理のことである。カスケードが起きやすい理由として、①自分以外の（先行する）個々人がもつ情報が開示されぬまま「結論（回答）」だけが開示されていること、そして、②同様の意見が二回以上続く形で現われた場合、それ以降は「みんながそのように回答しているから……」というふうに自身の判断を歪め、「それが正しい」という確信が生じやすくなる、ということがある。[135] つまり、誰でも意見を述べる機会が与えられ、そのうえで正しい判断に到達すべく多数決が実施されたとしても、「みんながそう思っているから、自分の意見よりもそちらが正しいのだろう……」と流されやすくなってしまう、ということである。

それに、最初から暗黙のうちに正解が定まっているかのような共通知をもつ集団は、「みんなが知っている当たり前」のほうを重視し、そうでない情報を軽視する傾向がある。たとえば、ある集団において議論以前に情報Xを多数派が共有していたとして、それより有益な情報Yを少数派の誰かが発言したとしても、それは黙殺され、よりよい判断や正しい結論を導出できないことがしばしばある。共有情報・共有信念というものは過大評価される傾向にあるもので、そんな傾向そのままに話し合いをしたとしても、その集団が最初から備えていた性質をより強め、集団的意思決定や、そこに属する個々人の考え方を極端なものにしてしまう。つまり、最初からある程度類似した意見を共有している個々人が集まって議論をすると、それを極端に反映する形での集団的意思決定が行われることがあるし、そうした議論を通じた個々人は、極端な意見を次第に当たり前と思うようになり、そのグループの意思決定が極端に先鋭化された形で表出してしまうこともある。これがいわゆる集団極化やチョイスシフトという現象であり[136]、このことは一般人だけでなく、その代表者が集まる立法府でも、さらには法のプロたる裁判官が集う司法府においても生じる。

一つの社会内においてそれぞれ異なる価値観をもった集団・共同体が複数存在している場合、それぞれの共同体内部でのみ議論・熟議をしても（だからこそ）かえって自分たちの価値観に固執したり、それを極端化した政策を提言しそうな政治家を応援・投票することで、他集団やその価値観に対し排他的態度をとるような社会的分断が引き起こされることもある（Sunstein [2000]）。本人たち（とりわけマジョリティたち）はルソーのいうような「一般意志」に従っているという意識であっても、それはバイアスによってそのように歪められた特殊意志でしかないこともあるのだ。それが政治権力化した全体意志となると、特定のマイノリティが排他的扱いを受け、公共的議論領域から追いやられることになる。するとどうなるか。そのマイノリティは多数派との議論を諦め、自分たちのうちに籠り、自分たちだけで議論を重ねることだろう。その結果、集団極化が進み、自分たちに対し抑圧的な態度をとる多数派への極端な対抗措置（暴力的なデモ、テロ行為など）をとるようシフトし、自分たちの行動を「当然のもの」「正義の実現のために仕方ない」と思い込むようになる。もちろんそうするとマジョリティ側の反発は避け

135 Anderson & Holt [1997]; Willinger & Ziegelmeyer [1998]; Sunstein & Hastie [2015]（これらの解説については中村[2017] 15章を参照）。

136 その集団において、討論前よりも討論後のほうが集団を構成する個々人の意見（の中間値）が極端な方向へと変化することは「集団極化 group polarization」、そして、集団的意思決定が極端な選択をとる形で現れることは「チョイスシフト choice shift」と呼ばれる。

られないし、また、対立するマイノリティ同士であってもそうした現象は起きるので、その行き着く先は、「公共善」の喪失、不寛容の蔓延、不信感と不協和である。このような集団極化が起きる背景として、それぞれが、自分たちと明らかに異なるものとして互いを「外集団 outgroups」と認識しているということがある。もちろん、ときに対立する（外）集団同士で討論が行われることもあるが、それはなるべく早い段階のほうがよい。というのも、集団極化が進行すればするほど、その討論がうまくいきにくくなるからである。すでに集団極化が行き着くところまで行き着いた集団同士であれば、自身の集団において当たり前となっている意見に対する反論・批判を耳にすると――その反論者・批判者が身内であろうが部外者であろうが――なんとか粗を探そうと徹底的にしつこく（重箱の隅をつつくように）攻撃してしまい、相手のもっともらしい言い分を聞こうとしないし、ときに意図的に相手に「わからず屋」「思慮の浅い人」「勉強不足」「差別主義者」などのレッテルを貼り、「議論にならないのは相手のせいだ」と言いがちになる。

さて、そのような状況が続くとどうなるであろうか。おそらく、健全な批判的意見の持ち主であってもそうした風潮に疲れてくると、討論の場に姿を現さなくなったり、大っぴらに意見を言わないようになってしまう。すると、党派的・カルト的な口喧嘩のみがいかにも公共的な議論をしているかのようになり、党派性にあまり縛られない市民からすると、議論のフォーラムはますますその意義を失うことになる。その結果、そうした市民は無党派層として影に潜み、選挙によってのみ自らの政治的意志を示そうとするであろう。[137] 気をつけるべきは、そうした無党派層も、結局は自分自身の価値観のみに依拠しつつ投票行動を行うことによって、自分の意見が間違っているかもしれないという可能性に無頓着気味になるという点である。現在の価値観や社会的選好というものは、熟慮の折に所与として参考とするものではあるが、それは既存の実践の一関数にすぎない。だからこそ、ある一時点の多数派のそれを所与として功利主義的に計算・集計しても、望ましい社会的意思決定が実現できるとは限らない。よい政策や法へのコンセンサスを得るにあたり、多少なりとも変化が必要であることは誰にとってもありうることであり、その可変性を無視した固着的な態度こそが熟議の、そして相互理解の妨げとなっている。

もちろん、そうしたことへの対策として、フォーラムでの討論における冷静な第三者による司会進行や、党派性が排除されつつ時間的にも熟議が可能な少人数制の討論グループをつくるなど、いくつかの工夫が考えられる。提案としては、(i) 仲間はずれになったり暴力を受けるなどのリスクなく、健全な公共的議論に参加できるような制度(討論型世論調査など)、(ii) 無条件的に多種多様な意見を議論のテーブルに乗せるのではなく、熟議を拒絶しようとする不適切な意見(差別的発言やヘイトスピーチなど)の排除、(iii) メディアにおいて一定範囲のそれなりに筋の通った複数の見解に触れられるような報道の公平性の確保、(iv) 集団極化に基づく民意が選挙や政策に反映されかねないとき、冷静な議論をしたり、それを食い止めるようなセーフティな仕組みを用意しておくこと(二院制、権力分散など)、(v) 極化した裁定を排除すべく、一方的な政党性を排除したバランスのとれた裁判関係者の編成、などがありえるだろう(Sunstein [2000])。こうしたスタンスは熟議民主主義の改良版ともいえるが、それは個々人の人間理性の限界や、人間の不合理性やバイアスが集団化した場合のデメリットを防ぐためであって、方法論は異なれど、目指す方向はサンデルやハーバーマス、ロールズなどと同じであるようにみえる。

137 そうした無党派層が多数派となれば、積極的にインタヴューやアンケートに答える党派的な人々を調査したマスコミによる選挙予想と、実際の選挙結果とが大きく食い違ってしまうという現象が生じることになる。

ただし、こうした工夫を提唱するサンスティーンの場合、人間の合理性の限界を考慮しつつ制度的工夫を用いた意思決定への介入をよしとするその姿勢はパターナリズム的でもある。

このように、二一世紀のリベラリズムは、二〇世紀に復権を果たした個々人の「理性」の重要性を認めつつも、その限界を踏まえたうえで、人々の「自由」をいかにうまく実現するかという方向へと向かうことになる。認知心理学やその知見を活かした行動経済学などのアプローチを援用しつつ、やや不合理ではあるがそれでも合理的判断ができるような個々人がその自由を駆使しつつ、みんながハッピーになれるリベラリズムとは何であろうか。それに関する議論として、昨今さかんに論じられている「リバタリアン・パターナリズム」をみてみよう。

第3節　よりよい自由へと誘導してあげる——リバタリアン・パターナリズム[138]

熟議民主主義をうまくまわすためには、合理的で自由な個人モデルに頼るのではなく、人間の不合理さや流されやすさを踏まえたうえで、そんな人間同士がどのように意義ある議論を経てよりよい集団的意思決定や協調関係へと到達しうるかを考えるべき、というものであった。しかし、これはなにも熟議だけでなく、日常の選択的行動についても当てはまる。一般化する形でこれを述べるならば、「人間は不合理で流されやすくはあるが、きちんと環境が設定されていれば、自由にかつ合理的な結論へと至ることができる」となるだろう。このように、個人の自由（選択の自由、行動の自由）を否定することなく、しかし、結果としてうまくゆくような意図をもった条件・環境をパターナリズム的に用意するやり方は、サンスティーンとその共同研究者であるリチャード・セイラーによって「リバタリアン・パターナリズム Libertarian Paternalism」（以下ＬＰ）と名づけられた（Sunstein & Thaler [2003]）。

「強制」ではない「誘導」

こうしたＬＰは、盲目的・感情的なわれわれが極端な意見へと流されてしまわぬよう、熟議や熟慮できる環境を整えるにとどまらず、認知バイアスや意志の弱さから不幸や不利益に陥ることなく――もしそうした不合理性を克服できているならば実現できるであろう――幸福や利益を得られるような制度作りを提唱する。もちろん、そうした環境・制度から抜け出す自由も保障されてはいるが、流されやすく、間違えやすい人たちは――そしてさらに大事なポイントとして、その人が「面倒くさがり屋」であれば――わざわざ自分から素晴らしいデフォルト設定から抜け出すことなく、最終的には幸福になれる。たとえば、退職後の貯蓄は大事だとわかっているが、日々欲望に流されがちな人たちはなかなかお金を貯めることができない。日本の年金制度においては一階部分の国民年金、二階部分の厚生年金[139]（あるいは国民年金基金）などがあるが、昨今の年金支給額の減額傾向のもと、それだけに頼っていても不安な人はいるだろう。とりわけ貯蓄習慣がない人は、（公的年金制度の上乗せ部分の）確定拠出年金などにも加入しておくほうがよいが、山のような書類を書いて拠出率を自分で決めて、いろいろ運用の仕方について頭を悩ませるのは誰でも嫌がるものである。目先の誘惑に流されやすく、きちんと考えることが面倒で

138　二〇〇〇年以降のサンスティーンらのリバタリアン・パターナリズムの動きをわかりやすく説明したものとして、那須[2016]を参照されたい。

139　二〇一五年に、共済年金は厚生年金に一元化されている。

あるという人たちは――おそらく多くの人々がそうであろうが――「近いうちにそうしなければ……」と思いつつも先延ばしをしてしまい、いざ老後が迫ってくると後悔したり困ることにもなる。だとすればどうすべきであろうか。それは、最初から老後にはそれなりに暮らせるような拠出率が設定されていたり、規定のオススメ運用商品のような制度への加入をデフォルト（初期設定）とし、その一方で脱退する権利（拒絶の自由）が保障されていればよい。自己コントロールに自信がない面倒くさがり屋は――そうであるからこそ――そのまま加入し続けていき、その結果、老後の生活が楽になるというわけだ。もちろん、きちんと自分で考える人は拠出率を変更できるし、自分なりにそのお金を別のやり方で投資したほうがよいという確信をもっている人はそこから脱退することを自由意志のもとで行うこともできる。[140] その自由が認められてこそ、この制度は単なるパターナリズム以上の意義があるのである。つまり、LPは、その人の首根っこを摑むような強要的パターナリズムではなく、その人を支援するための選択アーキテクチャによって望ましい行動を推奨しているともいえる。

　LP提唱者であるセイラーとサンスティーンは「ナッジ Nudge」という手法をその代表的なものとしている。ナッジとは「軽く肘でつついて促す」という動詞であり、ある行為を促されてもそれをしないことは可能であるが、それをする方向へと誘導されやすくなる、というものである。二〇〇八年の時点においては、彼らはLP的手法というものはすべてナッジであるかのように説明しているようであった。しかし、必ずしもそうとはいえない。ナッジであればたしかにLP的ではあるのだが、LP的であるからといってナッジとは限らないことには注意が必要である。以下、ナッジの定義をみながら、LPとの関連性について少し言及しよう。

ナッジの定義[141]

バイアスや認知的障害などがない状態のもと、本人自身は従来もよりよいと同意するであろう方向へと、設計者の予測可能な形でその主体（本人）の行動を変容させるアーキテクチャであり、それは、

（a）実効力のある禁止や束縛、強要などがなく
（b）報奨や処罰、課税や減税、称賛や非難の形で主体のインセンティブに変更を加えることなく
（c）そこから逸脱するコストをそこまで課さない

というものである。

ナッジで有名なのは「男性用小便器に描かれたハエの絵」であり、たしかにこれは上記ナッジの定義を満たしたうえで主体の行動をよりよく変容させている（ただしこれは行動選択といえるようなものではないが）。これはLP的なナッジといえよう。他にも、住民の平均エネルギー使用量と、個人の使用量との差を知らせるサインについて、記述的・数字的情報ではなく感情に訴えかけやすいスマイルマークにすることでエネルギーの無駄遣いを抑制できた例などもそうである（Thaler & Sunstein [2008] 69-70/114）。

しかし、年金加入のデフォルト設定やカフェテリアのレイアウト（ハイカロリーのものを取りにくくする）というものは、LP的ではあるものの、定義上それをナッジと呼ぶにはいささか問題がある。とい

140　この議論は、リチャード・セイラー著／遠藤真美訳（2016）『行動経済学の逆襲』第31章で行われている。
141　Thaler & Sunstein [2008] 6/17-18, および、Hansen [2016] 160をアレンジしたもの。

うのも、それは面倒くさがり屋の行動を変容させているというよりは、面倒くさがり屋の行動がそのままであることを利用しているからである（現状維持的な行動そのものは変容していない）。さらにいえば、そうした面倒くさがり屋にとっては、そのデフォルトからの逸脱はかなりコストがかかるものであり——書類を読むのが苦手な人がデフォルト以外の年金オプションの書類を精読するのが苦手なように——結局そのアーキテクチャは高い潜在的コストをその人に課しているともいえる。

もっとも、それらがナッジであろうが非ナッジであろうが、LPの趣旨そのものに沿った効果的なアーキテクチャであることに違いはない。というのも、逸脱コストがかかるとはいえ、個々人にはそれを拒否する（しない）権利が保障されているので、リベラリズム的観点からそれらは受け入れ可能だからである（程度にもよるのではあるが）。そして、何も考えることなく流されたとしても、その結果、その人のケイパビリティは狭まるどころか広がることであろう。積み立て個人年金などの貯蓄型アーキテクチャの場合、退職後に口座に振り込まれているお金がたくさんあればあるほど、それを使ってできることはたくさんあるので、センのケイパビリティ論的にも問題がないようにみえる[142]（とはいえ、別の言い方をするならば、それは若いころのケイパビリティを削減しているわけで、そのことに当人の意識を集中させないような「狡猾な介入」という言い方もできるのだが）。

また、これは健康のための社会政策へも応用可能である。タバコのパッケージについては、二〇一九年時点での日本ではその警告表示が30パーセント以上と定められているが（たばこ事業法第三九条および同法施行規則第三六条）、その文言は「喫煙は、あなたにとって肺がんの原因の一つとなります」など記述的なものでしかなく、情動に訴えかけて行動を変容させるにはややインパクトに欠ける。EU加盟国では"Smoking kills"に該当する表現を課したり、オーストラリアのように写真を使用して弊害を訴えるパッケージなど、より効果的な形での（しかし喫煙する自由は認めつつ）LP的手法がとられている。[143]これは、喫煙者本人の健康を長期的な形で増進し、機会費用的に他の意義あることの実現をサポートしているといえるし、マクロな観点からすれば、タバコをその一因とする不健康な人々が減ってゆけばその分の医療費や保険負担分も削減できるので（さらに労働人口を維持しやすくもなるので）、功利主義的観点からも望ましいパターナリズムといえよう。これはさらに、アルコール依存症対策、ギャンブル依存症対策、買い物依存症対策、景気対策、少子化対策、社会的分断対策など、さまざまな形で拡張可能である。

LPはテクノクラシーなのか？[144]

とはいえ、こうしたLPがあまりにも社会に蔓延しすぎると、しかもそれが政治権力の側にとって都合のよい社会設計という形で一般化してしまうと、見過ごせなくなってしまうこともある。まず、LPが制度設計・環境整備に関わる以上、そこには人為的な意図が存在するはずである。では誰が意図し、

142　もっとも日本における公的年金制度それ自体については、形式上は nudge というよりも shove（押しやる）であって、パターナリズムの印象は強いものであるのだが。

143　ただし、デフォルトとしてのそうしたパッケージからの逸脱的な行為（喫煙）をするにあたって、喫煙者にある程度の心理的コスト（抵抗感、罪悪感）を課しているという点でこれをナッジと呼んでよいかどうかは議論の余地があるだろう。

144　「テクノクラシー technocracy」とは、高度な科学技術の知見をもって政策決定に関与できる技術者「テクノクラート technocrat」による政治権力体制のこと。この文脈では、認知心理学者や行動経済学者、さらには脳神経学者たちもテクノクラートに分類される。

その目的を実現しようとしているかといえば、それはその権限を正当に――よりよい目的実現のために――駆使するところの知的エリート集団である。こうした知的エリートは、目的実現のためにはどうすればよいのかを大衆以上に知っており、どんなリスクや不確実性があり、そのなかでどうすればよいのかについての最適解を導出できる存在とされる。ただし、そうした知的エリートが政治に関わったとしてもうまく行く保証がないのはこれまでの歴史が示すことでもある。いくら科学者や研究者などの知的エリートの知見が政治に反映されようとも、それら知的エリートも人間である以上、バイアスやカスケードに引きずられることもある。そうした知的エリートが自身の認知の歪みや偏りに無頓着なまま、「国民のため」という名目のもと、アーキテクチャを駆使して自分たちが理想とする社会を――しかも国民はその思惑に気づかないままで――設計しようとすることは、いくらなんでも正義に反しているようにも思われる。

しかし、知的エリート集団が下す判断は、そうでない素人の群れが、そのまま流れに身を任せるような判断をすることよりもよい結果をもたらす、と考えること自体は歪んだエリート主義というわけではない。たとえば、群衆は過剰な不安からリスクを避けるために過剰な防衛策をとり、ときにそれは政治権力と結びつき、自由の抑圧や人権侵害にも繋がりうる（ある商品を販売禁止にしたり、テロを怖れて特定人種を収容所に閉じ込め拷問を許容するなど）。このように、一般市民が情動に流されて間違った選択をしてしまうことはあるのだから、リスクをきちんと認知できる知的エリート集団によって市民が冷静に判断しているのと同様の適正な選択へと誘導されるような制度設計をすることで、そうした人々の暴走は抑えられるし、それこそが結果として法の支配のもと市民的自由を守ることにも繋がる、とLP擁護者は主張する（Sunstein [2005], ch.9)。

しかし、こうした言い分に対して、「ある政治社会におけるリスク判断とは、単なる経済的指標や統計的情報によって推定されるリスクの高低にではなく、その文化的世界観（cultural worldviews）に依存するものであり、専門家のリスク判断をあたかも普遍的に正しいかのように想定すること自体、専門家サイドの傲慢である」と批判することもできる。たとえば、銃規制やＨＩＶ、原発などの問題について、何が受け入れ可能であり何がそうでないかは、その社会の文化的背景やライフスタイルによって異なるものである。ＨＩＶや原発事故への懸念から、その予防策を高コストをかけても講じようとする人たちは経済学的視点からするとリスクに怯えすぎているようにみえるが、しかしそれは別に不合理だからそうというわけではなく、自分たちが暮らすその社会においてその類のリスクは受け入れたくないというライフスタイルの話ではないだろうか。つまり、それ自体が一つの「選好」であって、それを不合理な選択とみなし別方向へと誘導させることについては議論の余地がある。たとえば、アメリカの銃規制問題において、銃所持の権利が保障されるところのアメリカの文化的・歴史的背景ゆえにアメリカの保守派はそのリスクを受け入れていることもある。それは、そうした保守派がリスク計算すらまともにできない愚か者ということを意味するものではない（文化超越的な価値認識を標榜するリベラル派からすればそれは愚かしいのかもしれないが）。別の例でいえば、先進国において多発する自動車事故が社会的損失を生み出していようとも、個人主義的なライフスタイルを肯定するその文化的スタンスがそれに対する積極的な規制を思いとどまらせているわけで、先進国の人々がリスク計算もできない間抜けであることをただちに意味するものではない（別の事柄については、期待値や効用、リスク計算を組み込んだ政策決定を支持することでバランスをとっているかもしれない）。それに、リスク計算をして政策提言や制度設計を行うところの知的エリートである専門家集団も、なんらかの文化的背景のもとで政策判断をする「一市民」にすぎないわけで、それをあたかも普遍性をもった優越的・卓越的意見として政策に反映させることを許容するサンスティーンたちのスタンスは、単なる知的エリートの独裁的管理主義のようにみえなくもない（こうしたリスク評価論争については、Kahan et al.［2006］およびそのリプライとしてのSunstein［2006］など）。つまり、「有識者」「知的エリート」たちが自分たちの理念を「公共的理念」と偽装して思い通りに実現しようとしているのではないか、という疑念がそこにある。

LPは、市民に「熟慮」と「反省」を求めているのか？

別の問題としては、LP的な干渉者が用いる設計・操作によって、人々から主体性が失われていくことなどもある。実力行使や強要に頼ることなく、しかし、一定以上の改善が見込めるよう、よりよい選択を自発的に行うよう誘導するための環境設計は「選択アーキテクチャ choice architecture」と呼ばれるもので（ナッジもその一つ）、その選択アーキテクチャのもと人々は自由に振る舞うことが可能ではあるが、しかし、失敗するための自由、あるいは、よくないことをする自由は「かなり」行使しにくくなっているし――「しにくく」なっているとすら気づかせないものもある――そうした操作的介入はむしろ肯定されている。なぜなら、アーキテクチャを擁護するLPサイドからすれば、「失敗する自由」「不幸になる自由」「周囲を悲しませる自由」「節制することで節約できるはずの自身にかかる医療費の一部を社会全体に負担させる自由」には意味がないとされるからだ。これはちょうど、殺人が「いけないこと」として禁止されている社会において、「殺人を行う自由は保障されているんだ」と主張する犯罪者の言い分が法的に無意味であることに類似している。つまり、「できる」といっても、それが社会的な意味で保障されるべきところの「自由」とは限らないのだ。社会的に有意義な「自由」とは、社会的事実としてそこで許容されているか、あるいは禁止・制約されることなく個々人に保障されるところの権利・権限とみなすべきであろう。ゆえに、LP擁護論者にとってみれば、自身を不幸にし、さらに社会的に悪影響を与える行動を阻害するための選択アーキテクチャの導入は自由の侵害に該当するものではない。

しかし、リベラリズムにおける自由な市民とは、許される・許されない行為の区別を自分自身で理解し、「する」「しない」という選択をその意志のもとで行える人物ではないだろうか。だとすれば、市民のそうした自律的意志を信用せずに、あるいは、われわれが「よき市民」となれるわけがないと決めつけ、制度設計によってよき市民としてしか生きられないようにしてしまおうとするLPのやり方は、リバタリアニズム（リベラリズム）という冠が単なる建前でしかないことを物語っているような感もある。

もちろん、LP側からすれば、それが必ずしも反省や成長の機会を奪っているというわけではない、と主張することはできる。LP擁護論者であっても、反省とよりよき議論を促すようなアーキテクチャとして、たとえば、「幸福な生き方について多様な考え方を（最低三種類は）パンフレットで紹介する」とか「テレビなどのマスメディアでは中立的なコメントや有識者も用意する」とか「いつも左派的な本や映画を読んでいる人のウェブ広告には、右派的な論調の本や映画の面白そうな宣伝文句をやや多めに表示する（あるいはその逆）」などのやり方を提唱するかもしれない。現代社会ではエコーチェンバー[145]（echo chamber）を引き起こしかねないオンライン検索や電子公告などであふれかえっており、それはフ

145　自身と同様の意見とのやり取りが繰り返される閉鎖的コミュニティーにおいて、その意見への確信が増幅・強化される現象のこと。

ィルターバブル（filter bubble）として個々人をその人が触れたくない情報から遮断しがちである。そこでは個々人の価値観が断片化されてしまい、公共的コミュニケーションを機能不全に陥らせることもある。だとすれば（だからこそ）、その反対の機能をもつアーキテクチャ（本人の嗜好や価値観とは異なる意見を含んだ各種情報をランダムに混ぜてゆくようなもの）をLPとして導入することでそれを予防できるかもしれない。LPはあくまで人間の不合理性を踏まえた上でのアーキテクチャの設計・導入を提唱しているだけであり、LP的政策のもと、公的な場やメディアなどにおける扇動や、人々が集団極化するリスクを抑え、反省的・熟慮的な「よき市民」への道を用意することもできる。もちろん、そこでは、特定の行動・発言を強制しているわけではないので、それぞれの個人には「選択の自由」「成長する自由」、そして「選択しない自由」「成長しない自由」もまた保障されているといえるのである。

とはいえ、こうした措置を真に効果的なものとして駆使できるということは、政治社会におけるコントロールは設計者の意のままである、ということを含意している。アーキテクチャ設計者がヘイトスピーチを拡大解釈すれば、それだけ公的空間における人々の自由な発言が表に出にくくなる制度設計を行うであろうし、「バランスをとろう」という名目のもと、ある派閥の意見を好き勝手に増減することもできるだろう。それは、人の支配ならぬ「法の支配」として、そして自由と自己実現をよしとするリベラリズムとして適正といえるのであろうか。[146]

たとえば、リベラリストとしてのJ・S・ミルは『自由論』の第二章において、有益性・公共性の観点のもと「間違った意見」「あるべきでない意見」というものを封じることは、その意見の持ち主たちはもちろん、それ以外の公衆にとってもよくない、ということを主張する。その理由は大まかには次のとおりである。

ミルにおける「思想・表現の自由」の擁護の理由

（i）間違った意見は、議論を通じて論破されるべきであって、最初からそれを封じるような社会では、批判的思考・熟慮・反省が失われてしまう。

（ii）科学であれ政策論であれ、あらゆる判断は可謬的であり、反証可能性がある。

（iii）「社会にとって有益かどうか」よりも、大事なことはその人の意見が正しいかどうか、であり、有益性そのものさえも、議論と経験的検証を経ることなくしてそれを最初から決定することはできない（というのも、「意見Aが有益かどうか」ですら、その言明が正当化可能かどうかについての真偽判定問題が関わっているので）。

ミルにとっては、人間社会における各種言説は相互作用を通じてブラッシュアップされてゆき、真なる言説は最終的には生き残るわけで、そのプロセスにおいて人々は間違いに気づいたり、正しき知見が何であるのかを理解するようになる。これに対し、事前制約的・コントロール的なＬＰ的制度設計では——もしそれが本当に実現可能であると仮定しての話であるが——設計者の思惑内での予定調和型の判断・議論・決定・行為しか行われないだろう。そこでは表向きは自由な市民同士の公共的議論を経た意

146 アーキテクチャとは基本的に政治的・政策的なものであり、その正当性について検討する場合には、法的観点、正義論的観点がやはり必要になってくる。（積極的にアーキテクチャを認めるとはいえ）サンスティーンのような法学者も、それが法的にどこまで許容できうるかについてコミットしているという点ではそうした関わり方をしているといえよう。気鋭の法哲学者たちによるいくつかの著作も（最近では松尾［2017］）そのことを如実に示しているように思われる。

思決定がなされているかもしれないが、議論のテーブルに載せられるはずの意見の選別がすでに終わっているとすれば、そこでは真なる公共的議論と真偽の検証というものが形骸化しているといえる。もちろん、ヘイト的発言・差別的発言は好ましくないし、マスメディアは極論をもって大衆を扇動するべきではない。しかし、だからこそ、まともな言説をそうでないものと対比しつつわかりやすく提示したり、ヘイトスピーチや扇動的言動の何が間違っているのかを指摘することが有意義といえる。[147] もし、議論ぬきで、よくない可能性を孕むものを最初から規制するのであれば、「ヘイトスピーチはいけないんだ！」「扇動して社会的対立を煽ることなどは悪しきことだ！」という規範的主張が正しいものだとしても、人々はそれらを単に字面として知っている程度でしかない（確かなものとして信じるような「確信」ではないかもしれない）。それに、単なる知識だけでなく「知恵」を身につけるには、経験を通じた自律的な学習・試行錯誤・討議・成長が必要になるわけで、ＬＰのパターナリズム面において「失敗」「逸脱」「間違った意見」がそもそも生じないよう設計された社会は、そうした主体性・成長性すらも排除した管理社会となりかねない（Rebonato [2012] 41-42）。そしてそれは責任を負うという「自由」の否定、リベラリズムの拒絶にもつながりかねない（自分が間違ったことをしたのは社会がそれを阻止するようなアーキテクチャを整備していなかったからだ、というように）。

古いリベラリズムと新しいリベラリズム

古典的なリベラリズムからすると、失敗や悪意ある言動を行う市民は、自身が自律した自由な主体として非難を浴びたり社会的制裁を受けるリスクをその人自身が負うべきということになる。犯罪行為をすればきちんと処罰を受けるように、その社会においては非難に値することをした場合にはそれを請け負うべき責任があって、そのプロセスのなか反省し、成長し、個々人が話し合いを通じてわかり合える方向へ進めばそのほうが望ましい、とされる。集団レベルでいえば、熟議民主主義が目指す道もそのような方向ではあるのだが、もし、政府やそれに連なる有識者たちが、市井の人々を信用することなく、最初からコントロールしようとする「不信」の体制では、そこでの調和的共存は真なる意味での熟議的民主主義とはいえないであろう。失敗や衝突をすべて取り除いた社会は、ユートピアであると同時に、失敗を乗り越えて成長してゆく個人的ストーリーをもった人間がそこには存在しないようなディストピアではないだろうか。そもそも、失敗を回避するようなアーキテクチャやナッジを無条件でよしとするような価値観自体が、リベラリズム的な「人間の条件」を暗に否定しているようにみえる。

以上を踏まえると、サンスティーンの意向はリバタリアニズムそのものを実現しようというよりは、リバタリアンが支持せざるをえないパターナリズムの提案であるようにみえてしまう（那須［2016］18）。結局のところ、そこでなされる熟慮や熟議、フィードバックなどというものは後づけ的な「おまけ」であって——「おまけ」はないよりはあったほうがよいが——自由に人々が生活している（と思い込んで泳がされている）その様子を観察しながら、あたかも金魚の水槽を管理する飼い主のように、必要に応

147 ただし、センのところでも述べたように、ヘイトスピーチや差別的言説のさなか、なかなか思うがままに発言できない雰囲気で暮らす被差別者はやはり「不自由」であること、そして、時代を経てそれが解消されればよいとはいっても、ある人（たち）の有限な人生の期間内にそれが解消されなければ、結局はその人たちの人生は効用計算から除外されているに等しいとさえいえる。このように、「実際にそこで暮らす特定の個人（たち）」に焦点を当てた場合、ミルのような自由と功利主義との両立が成り立つかは疑わしいし、両立どころかどちらもうまくいっていないようにさえみえることもあるだろう。

じて工夫を仕掛けるといった功利主義的パターナリズムではないだろうか。もっとも、水槽のなかで自由に泳ぐことは許されてはいるし、個々人の意義ある自由を最大限にしたものがそうであるとすれば、それは社会構成主義的な一種のリベラリズムともいえるのだが、水槽の構造そのものを民主的自治のもとで人々が変更しようとすることができなければ、それはリベラリズムと呼べるものではないようにも思われる。少なくとも、今どのような選択アーキテクチャのもとで暮らしているのかを随時確認しながら、あるアーキテクチャについてはそれを弱め、別のものには強め、というような多元的な調節のつまみを政治的権利をもった市民が担うことが法の支配のもとで保障されていなければ、そこに「自由」はないだろう。

　われわれは単に「快楽」や「安全」を望むだけではなく、「自由」「自治」「成長」とさまざまなものを望んでいる。おそらく、その総体こそが「幸福」であろう。もちろん、われわれが多種多様であり、その選好もさまざまである以上、何が幸福であるか、決定的な解を特定することは困難である。その社会が幸福へと至るためには自由をどのように位置づけるか、その答えは存在するのか、「答えが存在する！」と考えてよいのかすらもわからない。しかし、現在のわれわれは間違いなく重大な岐路に立たされている。認知心理学や行動経済学などの知見を援用したLP的な制度設計に身を委ね、安全で限定された自由を享受して生きてゆくか、あるいは、リスキーでありながらもそれぞれが自分で自分の行き先を決め、そして自分たちの社会を自分たちで決めながらその都度責任を負ってゆくような「自由」と「自治」の伝統を保持しつづけてゆくか、[148]という分かれ道に。

まとめ　リベラリズムと合理主義――法の「理」と、政治の「意」

これまでリベラリズムに関わる各種思想を紹介・分析してきたが、「自由を求める」「自由を実現する」といってもそれが簡単なことではないことが示されたのではないだろうか。ある時代における問題提起が行われ、それが解決したようにみえてもさらなる問題提起が……といった感じでリベラリズムの歴史は続いてきており、これだけでみると、「結局、これがリベラリズムだ！　ってハッキリとしたことを言っていないじゃないか。リベラリズムって幻想なんじゃないの？」という疑問の声が聞こえてきそうである。たしかにそのとおりではあるのだが、「これがリベラリズムだ！」とハッキリ定義し、そこで閉じてしまうと、それはそれでわかりやすくはあるが危険でもある。なぜなら、その定義的条件を満たした社会において「自由」が保障されていることになると、そこで誰かが不満を訴えても、「あなたは自由になんでもできるでしょ？　え？　不自由を感じる？　それはあなたの気持ちの問題でしょ？」と冷たく突き放されかねないからだ。現状への不満、社会改良への意志というものがあっても、それが「個人的な願望にすぎない」とみなされてしまい、社会的に共有されないのであれば、社会をよりよく変えてゆくための情熱やエネルギーは過小気味といえるだろう。リベラリズムをあまりにも厳密に定義することは、「自由」という概念の自由度を削減してしまい、リベラリズム社会の可能性を狭めてしまうことにもなりかねない。

148　同様の論点は、大屋［2007］第3章でも提示されている。

もちろんだからといって、「なんでもアリなのがリベラリズムだ！」というわけではない。本書で繰り返し示唆してきたように、リベラリズムとは法の支配と民主主義とがうまくバランスをとって機能することにより実現されるところの「個人の生き方の幅」を最大限広げようとするスタンスである。少なくとも、その可能性を狭めようとすることはリベラリズムに反する。そして、そのバランスにこそ、リベラリズム独自の「理」が存在するように思われるので、ここではそれについて考えてゆこう。

不合理な在り方のなかでの「理」とは何か？

法の支配と民主主義とのバランスを考える前に、まずは「意図」や「合理性」について考えてみよう。通常、ある意図的あり方に関して「それは合理的だね」とか「理に適っている」とわれわれが評価するとき、それは、①誰かにとって望ましいものであること（その行為主体であれ、社会全体にとってであれ）、②その計画において効果的な手段がみてとれること、③その意思決定の仕方には一貫性・整合性がみてとれること、などの条件をある程度満たしているとみなされる場合である。これを個人主義的なリベラリズム風に言い換えると、①は、その人自身が「望ましい」と信じるような選好を満たすものであること、そして、②は、その人自身が具体的で効果的な手段を実行できること、そして、③は、安定的で整合的な継続的自己意識のもとでの自律的決定、というものになるだろう。それはその人にとってなすべきことをなすような「実践理性 practical reason」と呼んでもよい。[149] ここには、「蓋然性」「不確実性」「意志の強さ」「自己理解」さらには「十分な情報・計算能力」などいろいろな要素も関わってくるが、それをまとめると、およそ以下のように定式化できるだろう。

実践理性を備えた自律的行為者

（a）自身にとっての「望ましさ」を示す選好について理解している（選好が一貫するにしても、変化するにしても、ある程度はそのパターンを理解している）。

（b）（a）の選好充足のための効果的手段を知っている（十分な情報・計算能力・認知能力）。

（c）大きな障害がなければ、（b）の手段を遂行できる（意志の強さ・流されにくさ）。

（d）許容範囲内での意図どおりの成果をあげることができる。

こうした合理的な行為者は選択的運のもとでの不確実さも織り込み済みで決断をしているわけで、基本的には「後悔しない」であろうし、「外部からの介入・強制は不要」であるため、リベラリズム的にはその自由を保障されるべき主体といえるであろう。しかし、実際の「われわれ」はどうであろうか。リベラリズム社会においてわれわれは「自由人」として扱われ、それなりの実践理性をそなえつつ生活しているとされているが（完全ではないにしても）、しかし、ほとんどの人は自分についても世界につい

149　ただし実践理性のとらえ方は論者によって異なる場合がある。カントであればそれは理論理性とは異なる道徳的実践に関わるものとして、叡智界における倫理法則を理解しつつ善意志をもって定言命法に従うような規範性を意味するが、アリストテレスなどにおいてはそこまでの普遍的な倫理的規範性があるわけではなく、その人自身にとっての最高善（幸福）を実現するためのフロネーシス（実践知）に沿いつつなすべきことをなせることを意味する（もっとも、そのフロネーシスの実践には普遍的な学術知としてのエピステーメーが必要となるので、アリストテレスにおける——その倫理学における——実践知が主観的というわけではない）。本文の文脈における「実践理性」はアリストテレスの用法に従っているが、しかし、そこで目指すべき目的に「公平性」「明証性」といった正義の法の話が加わってくると、それはカント的な実践理性における規範性が要請されることになるだろう。

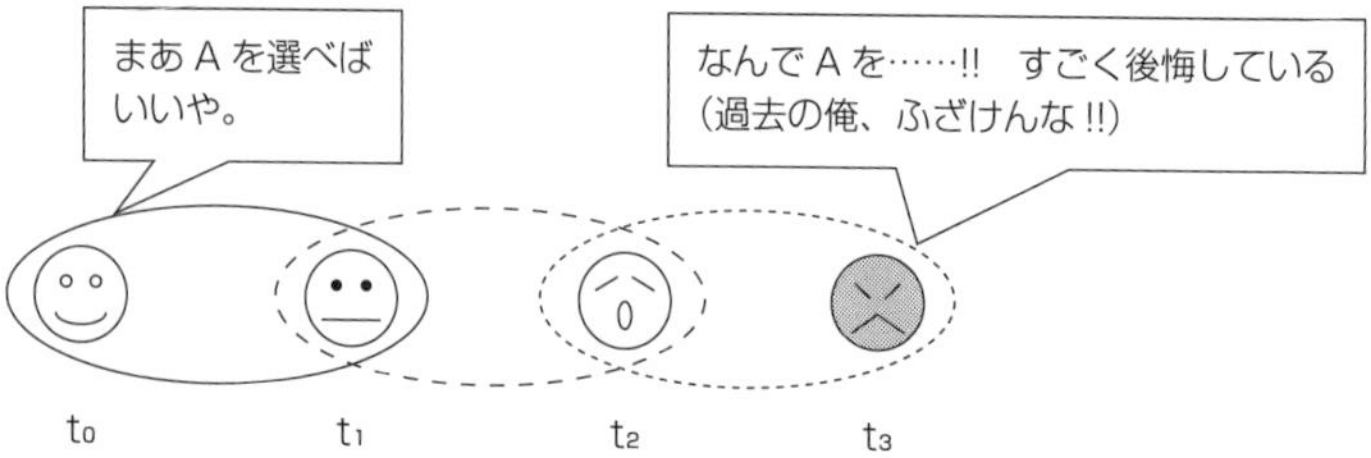

図２　後悔しがちな行為者の構造：Ｒ関係[150]（心理的な連結性と継続性[151]）の観点から

てもはっきりと知っているわけでもなければ不確実性を織り込み済みであるわけでもなく、ゆえに不運を嘆き、たびたび後悔しがちであるし、なんらかの介入をされたほうがよいケースもある（事後的に承諾することもある）。これはわれわれの限定合理性やバイアスなどのせいでもあるだろうが、では、そうした構造とはどのようなものであるのか。それは、おそらく図2のようなものであろう。

これは、t_0の〈私〉の判断が、通時的な意図的計画として整合性を欠落しているとt_3の〈私〉によって判断されるケースである。つまり、そこでのR関係において、「A」を選んだ理由はそれぞれの時間点上の存在者の選好として共有されるものではない。これは、未来の〈私〉が過去の〈私〉決定によって最低限得られるべき利益を得ることなく苦しめられている、という点でそうであり、だからこそ、こうした選択を行った人格は後に激しく後悔するし、「合理的ではなかった」と自分を責める。もちろん、A選択時の〈私〉（t_0）にとってAを選ぶことにはたしかに「理由」があったであろう（リスクの受け入れや、それ以外の選択可能性を探る手間・コストなど）。そしてt_1〜t_2の〈私〉たちにとってそれは同様に受け入れ可能であったのかもしれないが、明らかに不利益を被る（あるいは不満足な）t_3の〈私〉にとってそれはとうてい受け入れ不可能なものである。

もちろん、A選択時の〈私〉（t_0）に、未来の〈私〉への悪意・害意があるわけではなく、情報の非対称性ゆえにこうした事態が生じることもあるだろう（この場合、より多くの情報をより先の未来の〈私〉はもっているわけで、それは自身の環境の変化だけでなく、自身の選好の変化についても知っているともいえる）。ヒューム的にいえば、A選択時の〈私〉（t_0）を含め、どこの時点であれ、各〈私〉の意図的選択や意思決定は「理に反しているわけではない not contrary to reason」のだが、とはいえ後悔はするかもしれないし、責任を自分自身が負わざるをえないという意味では、こうした〈私〉シリーズによって構成される「私」は、実践理性をもとに意図的計画を遂行しようとしても後悔することがある。もっとも、後悔するかもしれないとしても、もし可能であるならば、その都度ごとに、間違

150　パーフィットは人格同一性を否定しつつ、われわれが将来の自己利益にこだわるその構造にはR関係というものがあると指摘する。そこで本来行われるべき合理的意思決定とは、人格同一性の概念にとらわれたエゴイズム的な利益最大化ではなく、各時点の関係当事者たちの利益をすべからく尊重しつつそれを積み重ねてゆくような帰結主義的なものであり、ゆえに、ある時点における自己利益や特定の選好に過剰に固執することのない（非人称的な）帰結主義的配慮およびそれに基づく行為にこそ規範的正当性があると主張する（Parfit [1984] 第14—16章）：パーフィットの帰結主義は功利主義的ではあるものの、なかなか簡単に分類できにくい点では注意が必要である。たとえば、Parfit [1984] 第19章「単純追加パラドックス」では総量説的な功利主義を擁護するかのような議論もあるが、一定水準以下の（悪いレベルの）生を生み出すような「どんな生でも産めや増やせや」型の総量説は拒絶している。また、とてつもなく幸福な生を一方で生み出すことで平均効用増大を成し遂げたとしても、悪いレベルの生をよりよいものへと改善することがなければ、それはパーフィットの帰結主義としては「倫理的に善いものではない」とされる（このロジックは、後に優先主義（prioritarianism）として、目的論的平等主義を批判する際にも援用されている（Parfit [2000]））。

151　心理的連結性（psychological connectedness）とは異なる複数時点の間で直接的な心理的連結があること（意識的な繋がり、理由の共有など）。心理的継続性（psychological continuity）とは、強い心理的連結性の重なり合った一連の繋がり（継続的な連鎖）があること（Parfit [1984] 206/288）。

った意思決定をできるだけ修正したほうがよい。それこそが、限定的で有限な能力をもったその主体にとっての**合理的な方策**といえる。

われわれが暮らす社会における「理に適った法の支配」とは何か?

これは、その主体が個人ではなく国家（あるいは社会）であっても同様である。合理的な法治国家とはちょうど合理的な行為者のように、「すべての時期における最低限の権利保障」「長期的な社会的安定」などの性質を備えていることだろう。これらの性質を備えた法の総体を「**法**」とここでは呼ぶことにしよう。ある時点（t_0）における法制定や司法的判断はその時点において「理由」をもつものであろうが、時代や状況が変わると、それが「理に適っていない」という事態も発生しうるだろう。たとえば、もしt_0における法制定者の意思というものがt_0以降の将来世代を不幸にしつづけるとすればどうであろうか。それはちょうど、過去の意思決定を途中変更できるにも関わらず「いったん決めたことだから……」といって不幸に突き進むような不合理な人物のようなものである。とするならば、「合理的な方策をもつ法の支配」においては、R関係を内在する法治国家のもと、[152]変えるべきところは変更し、そのままにすべきところは大事にするといった、「理に適った意思決定」を認めることになるだろう（t_0における意思決定が不可謬のものでないかぎりは）。そうした意志決定の権限は、各時代における政治社会に認められるべきものであり、かつてはそれが専制的な政治的権力にであったが、現在ではそれは民主制（および代議制）に委ねられている。そうした政体は、図3のような構造となるように思われる。

このように、有限な情報と知性に制約を受けるわれわれ人間にとって必要な「法の支配」では、その時代ごとに、そこでの人々が過去の意思決定を理に適った形で修正できる政治的権限、いわゆる「自治

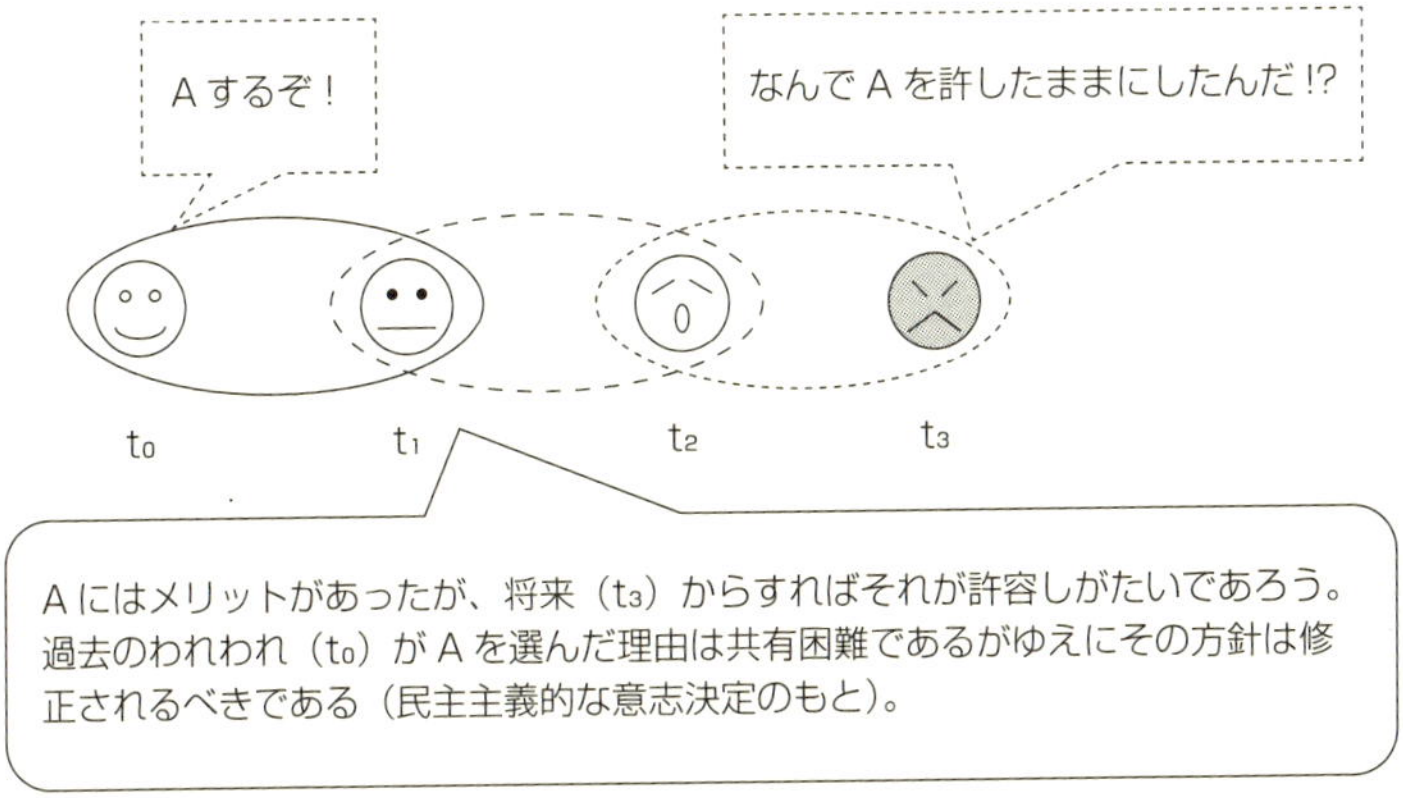

図3　合理的な「法の支配と民主主義」（限定合理性のもとでの反省・修正可能なものとして[153]）

の自由」、そしてそれと同時に、そうした権限の行使に関し、先例拘束性との関連上、従来の判例においてみいだされる原理とは別の（そしてそれ以上の）説得力あるロジックのもとそれを合法かどうかを判断するような「司法的観点および司法的権限」が備わっていなければならない。前者の「自治の自由」とは、個々人が思想・良心・表現の自由のもと社会生活を送りながら必要なときにそれぞれの信念に従いつつ政治参加することがなんらかの形で政治的意思決定に作用することを許容するシステムあってのものである。以上のことを踏まえるならば、こうした法の支配の条件とは、以下のようになるだろう。

理に適った法の支配の条件

（i）各時代を通じた個人主義的リベラリズムの徹底
（生命・財産・思想・表現などの諸自由）

（ii）個々人の自由な相互行為のもとで醸成されてゆく「意」をなるべくうまくすくいあげる役割を負った民主主義システム[154]（排除されない権利、教育を受ける権利、政治参加の自由、自治の自由といった、

（iii）コンヴェンショナルな正義や幸福の観念を考慮しつつ、法の支配の理念（一般性、公平性、明示性、etc.）のもと裁量権を行使できる司法システム（三権分立体制における司法権の尊重）

社会的な諸自由の保障

こうした法の支配は、各時代において実際にそこで暮らす市民たちによって醸成された可変的な正義観やそれに基づく政治的決定によって「法」が修正されてゆくことを認めている点で、実在論的な自然法思想と呼べるものではない。とはいえ、それは既存の社会的事実のうえに「法」というものが付随している（supervene している）とみなすような法実証主義とも異なるものである。その理由としては、人々の交流のもとで醸成された正義観が具体的な法内容変更に及ぶほどに妥当性をもつかどうかは、「合理的な法」という理念のもと既存の制度・先例が却下されるに相応しい正当化理由が存在するかどうかにかかっており、その基準は多数派の政治的意見や嗜好とは独立的なものとして採用されるべきだからである。そして、この正当化理由を見定めるのは（iii）における司法の役目ということになる。ただし、やはりそれが「法の支配」である以上、司法的裁量は認めるとしても、それが完全に恣意的・人為的な自由裁量というわけではない。

もっとも、法実証主義者のH・L・A・ハートのような立場からすれば、そうした制度をもつような——いわゆる「承認」「変更」「裁判」の機能を備えた二次的ルール[155]（secondary rules）をそなえた——法体系とそこで採用される基準もまた、不確実性・不合理性に対応するための法実証主義的な「法」として分類することは可能である（ハート『法の概念』第5章第3節）。この二次的ルールを組み込んだ法体系の「理」というものが、社会的事実としてそれを重要なものとみなしているわれわれが従っているもののにすぎないか、あるいは、それとはまったく別の「法」の理念それ自体の内在的規範性に基づくものであるか、という法実証主義vs.自然法論の対立についてはここでコミットするつもりはない。[156] 私としては、多種多様な協調関係と対立関係、そして時代の移り変わりによる価値観の変化、人間関係や国際関係の変化などの不確定要素が混在する人間社会において、「理に適った法」を求め、それに頼らざるを得ない――そして頼ることができてしまう――ところの**「人間本性 human nature」**にこそその源泉がある、とだけいっておこう。[157]

152　この「法」を発見可能なものとみなすか、既存の法的事実のもとで暮らすR関係上の人々の信念（およびそれに従うところの行為パターン）の産物とみなすかによって、自然法論か法実証主義か、あるいは、法に関する認知主義か非‐認知主義か、などの立場が変わってくるだろう。

153　ここで「限定合理的な」というのは、あらゆる時点における法的・政治的判断というものは実践理性に沿ったものと解釈されることはあっても、なお可謬的であることを意味している。

154　状況に応じて、「直接民主制／間接民主制」「小選挙区制／比例代表制」「議員内閣制／大統領制」「議員定数の削減／増加」、さらには選挙システムや集計方法の変更など、包括的かつ柔軟な政策がとられることもあるだろう（ただし、それが社会における安定性・公平性を維持するという条件つきではあるが）。

155　一次的ルールとは責務のもと、ある人々に対し（殺人禁止の場合にはすべての人々に）一般的な形である行為を禁止したり課したりするような――そしてそれを逸脱した場合には処罰を加えることもあるような――義務賦課的ルール（duty-imposing rules）のことである。これに対し、二次的ルールとは権能付与的ルール（power-conferring rules）というものであり、そのうちの「承認のルール」では、どの一次的ルールが法として認められるような特徴をもつものであることを示す（あるいは示さない）「何か」を権威あるものとして参照することを認めるものである（ちょうど、イギリス憲法においてマグナ・カルタをその重要な一部と位置づけるように）。「変更のルール」では新しい一次的ルールを導入し古いものを排除する機能を個人もしくは団体に与えるものであり、「裁判のルール」では一次的ルールが破られたかどうかを権威的に判定する機能を裁判官に与えるようなものである。

「自由」と「理に適った制約」

前述の社会モデルはあたかも閉鎖系のように描かれているが、必ずしもそういうわけではない。もちろん、主に念頭に置かれているのは政体として「自治」を行っている法治国家であり、形式上は外部／内部（国外／国内）のラインが引かれるものであろうが、しかし、その意思決定はその外側からも影響を受けざるを得ないし、その規模や在り方も可変的である。たとえば、不透明で不確実な国際状況のさなか、グローバルレベルでの環境破壊や資源枯渇、国際的な経済格差や紛争、移民問題に対しいかに国際的に協調してゆくような在り方が求められるが、それと同時にうまく内政を行うためのバランス感覚も必要となる。さらにいえば、国際的に強制力のある「法」を想定しそれに従うことをよしとするか、あるいは紳士協定的な相互尊重の方針でゆくべきかは一国だけの問題ではないし、国家内においても、地方自治や多文化主義的あり方を尊重する法的責務を受け入れるかどうかについては、非常に難しい問題である。というのも、そこでの「法」とは一元的で一律的なものであるとは限らないからである（こうした問題は法多元主義というテーマとも関わっている）。それに、異なる時間点において生じる世代間格差の問題についても、後の世代の人々にしてみれば同意していないものを前の世代から押しつけられているわけで、政体としては連続性を保っていながらも、その構成員たちが暮らす時間点がバラバラである以上、政体内部において後づけ的にコンセンサスをそこにみいだせるような整合性が成り立たないこともたびたびであろう。このように、われわれが暮らすこの社会は——政治や経済、文化などの面で——内外の諸事情のもとどのように判断すべきかが未確定・不確定である。そして、だからこそ、通時的な政体としての法治国家においては、民主主義と法の支配のもとで随時バランスをとりながら、どの世代の「自由」であっても——時代ごとの事情ゆえの不均衡があるとしても——不正義とならぬよう、それらの自由が可能なかぎり保障された社会を実現するため、継承すべきところは継承し、対応・変化すべきところはそうしてゆく必要がある。

　この鍵となっているのはやはり（ⅰ）のリベラリズムの状態であろう。その実質的内容とは、①人間本性[158]を備えた自由な個々人同士の相互作用のもと（オープンな議論や取引など）、人々が多元的な活動をしつつさまざまな個人的生き方や文化的アイデンティティを形成・維持してゆけるような「リベラリズム」、そして、②そのような個々人の自由が制度上守られながら、①において形成・醸成・共有された常識や正義の観念を——たとえそれが一元的なものではなく多元的であるとしても、ある程度の「幅」をもった枠に収まるものとして——当然守るべきものとみなし、人々がそれらに沿った行動・生活をするような「コンヴェンション」、この二つが組み合わさった市民領域を意味するものである。[159] 理に適

156　ハートからすればそれは捉え方の問題にすぎない。規範として捉える「内的観点 internal point of view」と、事実として捉える「外的観点 external point of view」、この二つの観点からそれぞれ見た場合、法的ルールとは規範でもあり事実でもあるような実体ということになる。

157　そうした人間本性から生じた「理」のあるシステムを自然法と呼ぶかどうかは、私にとっては呼び方の問題であり、その実在性が真偽に関わるかどうかという話をここでするつもりはない。

158　ここでの人間本性（human nature）には、利得追及やそのための推論、理性だけでなく、共感や同情、怒りや嫉妬、誇りや卑下など、さまざまな思惟的能力・情動・感性を含むものとして考えている。

159　これはヒュームのコンヴェンション（convention）、あるいは、ハイエクの自生的秩序（spontaneous order）が意味するところのものである。そこでは人間の「理」だけでなく、「意」や、その原動力となる「情」などが渦巻きながらも、しかし、のちに「正義」「公平」「法」に理由を与えるところの規則や秩序が形成されてゆく。

ったものとして社会的に成立している自由、そしてこれから実現されゆくであろうさまざまな自由とは、そうしたリベラリズム↓コンヴェンションの市民領域におけるエネルギー源であり、そして、そのエネルギーによって稼働するところの「法の支配」と「民主主義」という二本柱のシステムが再生産してゆくところのものでもある。だからこそ、「自由」の動態性、および発展可能性の基礎であるこの市民的領域を縮小・削減・管理するような、テクノクラート的な政治的エリート主義や、特権的なエリート裁判官の裁量には目を光らせるべきであろう。[160]

もちろん、こうした合理的な法の支配といっても、不完全な人間社会におけるものである以上、それが歪むリスクは常に存在する。これまでの社会体制（t_0での意思決定など）を反省したうえでなされるようなt_1での政治的決定であっても、それ自体が実は近視眼的であったり失敗してしまうことは十分考えられる。そのときは、その歪みがどこかでもう一度見直されるようになっていなければならないが、その見直しもまた人間によるものである以上、その歪みを看過したり、さらに歪ませたりすることもあるだろう。われわれ一般市民も間違えやすく、ポピュリズムに陥り政治的混迷を招くこともある。しかし、優れた政治家も、優れた裁判官も、卓越したジャーナリストも、高名な大学教授も、政府が集めた有識者たちも、みんな人間である以上はどこかで間違えるものである。大事なことは、そのとき、「政治が決定したこと」「行政がそれに従って行うこと」「裁判所が決めたこと」に対し、オープンにそれに文句をいったり、いろいろ評価したり、それを今後修正してゆくことを求めるような「表現の自由」「政治参加の自由」がその社会において残されていることである。各人はさまざまな「政治的」「経済的」「文化的」な多元的活動へと従事でき、そして、そこで姿を見せはじめるような新たな社会的常識・正義観・幸福観があってこそ、政治家や裁判官、有識者たちがそれを鑑み、よい社会を変化を伴いつつも継続させてゆこうとする。この意味で、市民相互の交流によって形成されたコンヴェンショナルな価値観は政治と法を動かすためにも必要と考えられるが、しかしそれは、各市民が自由かつ自発的にさまざまな多元的活動のもとで交流できるからであり、ゆえに、上述の三条件の一番最初のものである個人主義的リベラリズムはいかなる時代においても常に保障されていなければならず、それは不合理な人間社会のための「理に適った法の支配」のための土壌、あるいはその原動力ともいえるのである。

とはいえ、表現の自由と政治参加が保障され、人々に多種多様な活動が許されているだけで、リベラリズムとしてそれで十分という話にはならない。そもそも、ある社会における個人の自由とは、それが自然的なものであれ社会的なものであれなんらかの制約を受けており、そこでの人々はいまだ何かが達成されていないからこそ、社会参加や政治参加をすることで新たな自由を獲得しようとする。つまり、(i)で認められている個人の自由とはあくまで暫定的で制限的なものにすぎないが、だからこそ、そうした自由は、その後のさまざまな時代のさまざま人々が「自由」を獲得するための運動を行う土壌なのである。そのような土壌からいろんな政治的・経済的・文化的な意見が芽生え、さまざまなリベラリズムが実際の社会において実現するためには、社会を変革するための(ii)の自治の自由、すなわち、民主主義という駆動システムと、(iii)の法の支配という制御システム、この二つの柱が必要となり、理に適った社会はそうしたシステムによって動きつづけることになる。

160 ただし、法の専門家としての裁判官の存在意義はやはり大きいもので、一般的な正義感覚のなかから歪みや不公平を排除し、これまでの法の理念との接合可能性のもとどれが妥当でどれがそうでないかをロジックを用いてまとめるという役割を負うものである。

以上のように、間違えやすいわれわれ（ヒューマン）の社会・国家において「リベラリズム」がいかに重要となるか、そして、それが法の支配と民主主義といかに関わっているのかを長々と述べてきた。そして、このリベラリズムに関する議論は、ここで完結されて閉じられることはない。思うに、リベラリズムとは、現状のもどかしさをなんとかしようと、いまだ見ぬ可能性を実現させようと社会を変革するようなプロジェクト、あるいはそのプロジェクトの参加者たちの「運動」や「生き方」の連続ともいえる。人類は二千年以上もそうした運動に従事してきており、だからこそ、われわれは今のような社会でそれなりの決断をすること、そしてその実現の障害となっているものに対して文句をいえる自由などを享受できているし、おそらくはこれからもそうなのであろう。そして、これがもし停止させられるのであれば、それは人間が人間を信じられなくなったときである。[161] たしかに、人間は、感情的で、好き嫌いが激しく、面倒くさがり屋で、大事なことは先延ばしにし、自分のことは棚にあげて他人や社会を批判し、そのくせ自分の利益を保障してほしいときだけは声高に「自由」「平等」「公平」を叫び、自分の思い通りにならないとふてくされてしまう。これは法の支配のもとにあろうが、民主主義が機能していようが、いかんともしがたい人間の本性である。しかし、そんな愚かな人間であっても、それを個々人がきちんと踏まえつつ、議論し合い、反省し合い、そして協調してゆく可能性に賭けてゆく。そのような可能性への扉を開いておくことこそ、リベラリズム本来の「寛容さ」ともいえるのではないだろうか。

161　しかしこれはリベラリズムだけでなく「平等論」にもいえることである。結局、自由論であろうが平等論であろうが、それは終わることなく、互いにときに反目し、またときに補完しながら人間社会を幸福にしてゆく運動といえるであろう。

あとがき

つい最近私は、新しい職場で働くことになった。これは誰かに強制されたわけではなく、私の人生設計として私自身の決断によるものである。そのような選択肢を選ぶ自由が私にはあり、そして実際にそれを選んだわけである。しかし、そうした「私の自由」は、私の願望に沿った行為が実行できるような状況、さらにいえば、それが周囲によって許容されていたことに依拠するものであり、もしそうでなかったとすれば、私にはそれをする自由は存在しなかったかもしれない。もし周囲から強く非難されていたとすれば、気の弱い私のことだから転職は諦めていただろう（もっとも、実際は非難・糾弾されてはいて、それに気づかないくらい私が鈍感だったのかもしれないのだが）。こんな私を受け入れてくれた新しい職場、そして、転職のための時間と労力を奪おうとせず、出ていこうとする私を気遣いつつ別れを惜しんでくれた素晴らしい（かつての）職場があったからこそ、私は自由に振る舞うことができた。つまり、私の周囲には、私のそうした人生設計の可能性を許容する寛容さが遍在しており、そうであるからこそ私の自由が成り立っていたともいえる。もし、私に対する周囲の寛容さが過少気味であれば、その分だけ私の自由もまた狭められていたことであろう。私を受け入れてくれたり、送り出してくれたり、あるいは、これまでと変わらず交際しつづけてくれる多くの人々の寛容さに心より感謝している。

私にとっての「自由に生きる」とは、これまでは常にここではないどこかを目指すものであった。それは、今いる場所を抜け出そうと一人で足掻きながら、自身の努力と責任のもとでまったくの新天地をみるために海を渡るような感じであった。しかし、最近思うに、かつて目指していた、そして到達したその場所はそれまでの（かつての自分が立っていた）場所と地続きであり、かつていた場所で周囲の支えのなか頑張ることができたからこそ、そこから続く道を見つけ、そこを歩み、新たな景色を見ることができた。そして振り返ってみると、いろんな時間を共に過ごしたそうした人たちのいる場所には橋が架けられていて、ときどきそこに戻ることもできるという贅沢ぶりである。なんというか、結果としてはあちこちうろうろ彷徨いつつ、いろんな人々とのネットワークをいつのまにか拡張している感じである。なので、自分の気持ちとしてはお気楽で自分勝手な自由人の人生なのであるが、そのように感じさせてくれるような周囲の支えと寛容さがあってのそのポジションであって、結局私という人間は独りで生きてはいけないタイプの人間であるようにしみじみ思う。物質的な意味でも、そして精神的な意味でも。

「人は独りでは生きていけない」という台詞は、他人に向かって言えば、それはいかにも感謝の気持ちを強要するかのようなお説教にも聞こえるものであり、私個人としてはそれを他人に言いたくもないし、言われたくもない。しかし、私が自分自身についてそれを実感し、自身の弱さや寂しがり気質を自覚するとき、周囲の人たちと共に生きていることを自発的にありがたく思い、他者に感謝し、尊敬し、その人たちが苦しんでいると悲しくなり、なにかの助けになりたいと自然に思うようになった。この時点において、私にはこれまで気づくことのなかった自由の可能性、つまり、夢を追いながらも他者と共に生きてゆこうとすることができる可能性が宿った、といえるのではないだろうか。そうであるとすれば、私としてはこの自分の弱さから目を背けることなく、できるだけそこで手に入れたさらなる自由のもとで生き、相互承認・相互尊重できる人間関係が構築されてゆくなら他に望むべくもない。もちろん、それが当たり前に手に入るものではないことも重々承知している。だからこそ、これは私にとっての自由として大きな意義があるのだ。

さて、こうしたことは、別の観点からみればこうもいえるのではないだろうか。私が、そして、私たちがもし他者に対して見下し気味であったり不寛容であれば、その分だけ他者が何ものかになれる可能性を減らすだけでなく、それに応じて、そうした他者との相互尊重的な関係構築の可能性も失われてゆく、と。気に入らない他者が許せないからといって無視を決め込んだり不当に低い評価を下したり、あるいは、その人をなんとかして自身のコミュニティやサークルから排除しようとする状況では、相手が幸福になる可能性だけでなく、互いに（わかり合えないところも含めて）わかり合える可能性、そして、活気ある多種多様な交流が生まれる可能性もまたそこでは遮断されているといえるだろう。当然、そこでは、自身と異なる価値観のもとで生きる「他者」に対する尊敬の念は生じることがなく、徳のもと互いが互いを自発的に思いやるような関係へと至ることもない。リベラリズムの系譜をたどるなか、本書では法と政治という二本柱に焦点をあてていたが、意義ある「生」として目指されるところの「自由」についていうならば、制度的には目につきにくいが、そこにはやはり「寛容」と「徳」が関連しているようにも思われる。これらは本書のテーマではないのでほとんど論じなかったが、かなり大事なものだろう。

なにより、本書そのものが、私の周囲の方々の寛容さと徳の産物といってよい代物である。私のような若輩者が、本書のような大きなテーマで執筆することを決断し、そして、実際に執筆してしまったことには、それを可能にしてくれた多くの人々の助けがあった。獨協大学特任教授の（元千葉大学所属の）法哲学がご専門の嶋津格先生、釧路公立大学現学長であるドイツ哲学がご専門の高野敏行先生、同じく釧路公立大学現図書館長である民法がご専門の岩澤哲先生、これら御三方はそれぞれの学会業務や学内運営、授業準備などでご多忙のところ私の稚拙な原稿をチェックしていただき、理解が行き届いていない点などをご指摘いただいた（それでも残っている問題点については、当然ながら著者である私の責任である）。釧路公立大学経済学部長の白川欽哉先生には、異動が決まった後での私の負担などについて格別の配慮をいただいた。みすず書房の田所俊介氏には執筆の後押しをしていただいただけでなく、原稿のやり取りや打ち合わせのなかで、物を作り世に出すということの重みを教えていただいた。これらの方々は、未熟な私に対して「発展途上」ということでとても寛容に、しかし、一研究者としてきちんとするように毅然と接してくださった。まさに寛容と徳の体現者として私が見本するところの諸先輩方であり、心より感謝申し上げる。

その他にも、前勤務地の釧路市では、蝦名大也市長をはじめ、私の執筆活動を応援してくださる心暖かい方々が数多くいらっしゃった。釧路市役所および釧路公立大学で働いている（そしてかつて働いていた）スタッフの支援がなければそもそも研究が進むことはなく、それゆえこの本が完成することもなかった。また、釧路新聞社様、北海道新聞社様にはたびたび私の著作や活動についてとりあげていただいた。中小企業家同友会くしろ支部様には市内の企業関係者の方々との交流の機会をたくさんいただいた。カキキンの中嶋均社長、オイコスの森川浩一社長、アイリッシュパブCOYの中川巧オーナーには、ウイスキー仲間としてとても親しくしていただいた。近所のギャラリーカフェ「ラ・メール」のオーナー上邑紅緒さんには、私が釧路に赴任した当初から離れるそのときまでとてもよくしていただいた。これらの方々には厚くお礼申し上げたい。本務校の釧路公立大学、そして非常勤先の北海道教育大学釧路校、釧路市立高等看護学院、釧路市孝仁会看護専門学校、釧路労災看護専門学校の学生たちは私の講義に真摯に耳を傾けてくれただけでなく、講義中のやり取りのなかで、いろんなインスピレーションを与えてくれた。とりわけ、本務校において、偏屈な変わり者として有名な私のゼミを好き好んで選んでくれた中村ゼミの卒業生および現役学生たちは、私の教員生活においていろんな閃きと体験、そしてよい思い出をくれたかけがえのない存在である。本当にありがとう。また、私がかつて網膜剝離を患ったり転職の悩みを独りで抱えていたときに、いろいろ話を聞いてくれて気分を和ませてくれたかけがえのない恩人もいる。その人には本当に感謝しているし、その人が苦しんでいるときには力になりたいとも思う。離れてはいても、いつもその幸せを祈っている。

自由人としての私の人生の一部——しかし、かけがえのない人生のピース——はこうした方々から授かったものであり、それは、同一性を保ちながらも変化してゆく「私」のアイデンティティの核ともいえる部分となっている。このことを思い出すたびに、見知らぬ土地での不安と緊張のなかであっても希望をみいだせるし、どこか優しく穏やかな気持ちになり、前向きに生きてゆける気がする。私にこうした自由を与えてくれた人たちが私と知り合ったことを誇りに思ってもらえるような自分になるように、そして、これから出会うであろう誰かにもそう思ってもらえるように生きていきたい、とも思う。もちろん、それは私自身が自分で決めた自由な決断として。

中村隆文

桜が舞い散る季節、多種多様な文化と人々が交わる街、横浜にて

参考文献

＊［　］は参照したテキストの最初の刊行年．（　）は，本書において参照・引用した版・翻訳が最初の刊行と異なる場合の出版年である．並びは，和書・洋書を問わず，著者・訳者・編者の姓をアルファベット順で列記している．

Anderson, E. S. [1999]. "What Is the Point of Equality?," in *Ethics*, Vol. 109, No. 2, 287-337.

Anderson, L. R., & Holt, C. A. [1997]. "Information Cascades in the Laboratory," in *The American Economic Review*, 87 (5): 847-862.

Arendt, H. [1958] (1998). *The Human Condition*, 2nd ed, University of Chicago Press（ハンナ・アーレント著／志水速雄訳（1994）『人間の条件』ちくま学芸文庫）.

Aristotle (1957). *Aristotelis Politica*, recognovit brevique adnotatione critica instruxi, W. D. Ross, Oxonii（アリストテレス著／牛田徳子訳（2001）『政治学』京都大学学術出版会）.

トマス・アクィナス著／稲垣良典訳（1985）『神学大全 17』創文社.

Baxter, R. [1659] (1994). *A Holy Commonwealth*, ed. William Lamont, Cambridge University Press.

Bentham, J. [1776] (1977). *A Comment on the Commentaries and A Fragment on Government*, eds. J. H. Burns and H. L. A. Hart, Oxford: Oxford University Press.

——— [1789] (1996). *An Introduction to the Principles of Morals and Legislation*, eds. J. H. Burns and H. L. A Hart, Oxford: Clarendon Press（J・ベンサム著／関嘉彦編集・山下重一訳（1967）「道徳と立法の諸原理序説」『世界の名著 38』中央公論社）.

Berlin, I. [1969] (1984). *Four Essays on Liberty*, Oxford: Oxford University Press（アイザイア・バーリン著／小川晃一他訳（1979）『自由論』みすず書房）.

Burke, E. [1790] (1987) *Reflections on the Revolution in France*, edited by J. G. Pocock, Hackett（エドマンド・バーク著／半澤孝麿訳（1997）『フランス革命の省察』みすず書房）.

Chartier, R. [1990]. *Les Origines culturelles de la Révolution française*, Seuil（ロジェ・シャルチエ著／松浦義弘訳（1994）『フランス革命の文化的起源』岩波書店）.

Cherniak, C. [1986]. *Minimal Rationality*, MIT Press（C・チャーニアク著／柴田正良監訳（2009）『最小合理性』勁草書房）.

千葉正士 [2007].『世界の法思想入門』講談社学術文庫.

Cicero (1928). *De Legibus*, ed. by G. P. Goold, *Cicero XVI: De Re Public, De Legibus* in twenty-eight volumes (translated by Clinton W. Keyes, *On the Republic. On the Laws*),

The Loeb Classical Library, Harvard University Press. 287-519（キケロー著／岡道男（1999）『キケロー選集〈8〉哲学Ⅰ――国家について 法律について』岩波書店，177-307 頁）.
Connolly, W. E. [1991]. *Identity/Difference: Democratic Negotiations of Political Paradox*, Cornell University Press.
Daniels, N. [1979]. "Wide reflective equilibrium and theory acceptance in ethics," in *The Journal of Philosophy*, Vol. 76, No. 5, 256-282.
――― [1980]. "Reflective equilibrium and Archimedean Points," in *Canadian Journal of Philosophy*, Vol. 10, No. 1, 83-103.
Dryzek, J. S. [2000]. *Deliberative Democracy and Beyond*, New York: Oxford University Press.
――― [2006]. *Deliberative Global Politics: Discourse and Democracy in a Divided World*, Polity.
Dworkin, R. [1977]. *Taking Rights Seriously*, 2nd ed. Harvard University Press（ロナルド・ドゥウォーキン著／木下毅・野坂泰司・小林公訳（2003）『権利論』木鐸社）.
――― [1977b] "Why Bakke has no case," in *New York Review of Books*, (November 10), 11-15.
――― [1986]. *Law' Empire*, Harvard University Press（ロナルド・ドゥウォーキン著／小林公訳（1995）『法の帝国』未來社）.
――― [2000]. *Sovereign Virtue: The Theory and Practice of Equality*, Cambridge, Mass: Harvard University Press（ドゥオーキン著／小林公・大江洋・高橋秀治・高橋文彦訳（2002）『平等とは何か』木鐸社）.
藤本温 [2011].『中世思想研究』53 号，中世哲学会，47-161 頁.
Fuller, L. L. [1964] (1969). *The Morality of Law*, revised edition, Yale University Press.
Gauthier, D. [1986]. *Morals by Agreement*, Oxford University Press（D・ゴティエ著／小林公訳（1999）『合意による道徳』木鐸社）.
ガーイウス著／佐藤篤士監訳・早稲田大学ローマ法研究会訳（2002）.『ガーイウス法学提要』敬文堂.
Gray, J. [1996]. *Isaiah Berlin*, Princeton, Princeton University Press（ジョン・グレイ著／河合秀和訳（2009）『バーリンの政治哲学入門』）.
Grotius, H. [1625] (2005). *The Rights of War and Peace*, edited by Richard Tuck, Indianapolis: Liberty Fund（グローチウス著／一又正雄訳（1989）『戦争と平和の法』全 3 巻，酒井書店）.
Habermas, J. [1981]. *Theorie des kommunikativen Handelns*, 2 Bde, Suhrkamp Verlag（J・ハーバーマス著／河上倫逸，M・フーブリヒト訳（1985-87）『コミュニケイション的行為の理論』全 3 巻，未來社）.
――― [1991]. *Erläuterungen zur Diskursethik*, Suhrkamp, Verlag（J・ハーバーマス著／清水多吉・朝倉輝一訳（2005）『討議倫理』法政大学出版局）.

——— [1996]. *Die Einbeziehung des Anderen: Studien zur politischen Theorie*, Suhrkamp, Verlag（J・ハーバーマス著／高野昌行訳（2004）『他者の受容——多文化社会の政治理論に関する研究』法政大学出版局）.
Haidt, J. [2012]. *The Righteous Mind: Why Group People Are Divided by Politics and Religion*, Vintage Books（ジョナサン・ハイト著／高橋洋訳（2014）『社会はなぜ左と右にわかれるのか——対立を超えるための道徳心理学』紀伊國屋書店）.
A・ハミルトン，J・ジュイ，J・マディソン著／斎藤眞・中野勝郎訳（1999）『ザ・フェデラリスト』岩波文庫.
濱真一郎 [2008].『バーリンの自由論——多元的リベラリズムの系譜』勁草書房.
Hansen, P. G. [2016]. "The Definition of Nudge and Libertarian Paternalism: Does the Hand Fit the Glove?" in *The European Journal of Risk Regulation*, Vol.7, No. 1, 155-174.
原田哲史 [2006].「ヘーゲルの国家・経済論における共和主義的側面について——初期から後期へと結ぶモンテスキューの理念」『共和主義の思想空間』田中秀夫・山脇直司編，名古屋大学出版会，418-453 頁.
Hare, T. [1857]（2012）. *The Machinery of Representation*, General Books LLC.
Hart, H. L. A. [1961]（2012）. *The Concept of Law*, 3rd ed., Oxford University Press（H. L. A. ハート著／長谷部恭男訳『法の概念 第 3 版』ちくま学芸文庫）.
長谷川博隆 [2001].『古代ローマの自由と隷属』名古屋大学出版会.
Hegel, G. W. F. [1807]（1988）. *Phänomenologie des Geistes, hrsg.* Von Hans Frierich Wessels u. Heinrich Clairmont, Hamburg（ヘーゲル著／金子武蔵訳（1971/1995）『ヘーゲル全集 4 精神の現象学 上』岩波書店）.
——— [1821]（2004）. *Grundlinien der Philosophie des Rechts*, in *Werke in 20 Bänden mit Registerband*, Bd 7, Suhrkamp Verlag（ヘーゲル著／上妻精・佐藤康邦・山田忠彰訳（2001）『ヘーゲル全集 9b 法の哲学——自然法と国家学の要綱（下）』岩波書店）.
Herman, A. [2001]. *How the Scots Invented the Modern World: The True Story of How Western Europe's Poorest Nation Created Our World and Everything in It*, Broadway Books（アーサー・ハーマン著／篠原久・守田道夫訳（2012）『近代を創ったスコットランド人——啓蒙思想のグローバルな転回』昭和堂）.
Hobbes, T. [1651]（2006）. *Leviathan*, Dover Publications（トマス・ホッブズ著／水田洋訳（2008-2009）『リヴァイアサン』全 4 巻，岩波文庫）.
——— [1668-1682]. *Behemoth or The Long Parliament*, edited by Ferdinand Tönnies, The University of Chicago Press（トマス・ホッブズ著／山田園子訳（2014）『ビヒモス』岩波文庫）.
Hutcheson, F. [1725]（2004）. *An Inquiry into the Original of Our Ideas of Beauty and Virtue*, revised edition, Liberty Fund（F・ハチスン著／山田英彦訳（2010）『美と徳の観念の起源』玉川大学出版部）.
市原靖久 [2010].「権利 right－主観的 ius とは何か？——ホッブズ『リヴァイアサン

／イェーリング『権利のための闘争』」，竹下賢・角田猛之・市原靖久・櫻井徹編『はじめて学ぶ法哲学・法思想』ミネルヴァ書房，16-27 頁.
井上彰［2017］.『正義・平等・責任――平等主義的正義論の新たなる展開』岩波書店.
犬塚元［2017］.「受容史・解釈史のなかのバーク」『バーク読本』昭和堂.
Kahan, D. M., Slovic, P., Braman, D., and Gastil, J. [2006]. "Fear of Democracy: A Cultural Evaluation of Sunstein on Risk," in *Yale Law School Legal Scholarship Repository*, 1071-1109.
甲斐祥子［2004］.「比例代表制運動とイギリス政治―― 1884-85 年を中心に」『帝京国際文化』第 17 号，帝京大学文学部，153-171 頁.
Kant, I. [1797] (1914). *Die Metaphysik der Sitten*, in *Kant's Gesammelte Schriften*. Herausgegeben von der Königlich Preußischen Akademie der Wissenschaften, Band VI（I・カント著／樽井正義，池尾恭一訳（2002）『カント全集 11 人倫の形而上学』岩波書店）.
Kelsen, H. [1929] (1981). *Vom Wesen und Wert der Demokratie*, 2. Aufl, J. C. B. Mohr (Paul Siebeck), Tübingen（ハンス・ケルゼン著／長尾龍一・植田俊太郎訳（2015）『民主主義の本質と価値』岩波文庫）.
小林公［2008］.「自然権の神学的基礎――ウィリアム・オッカム」『法哲学年報 2007』日本法哲学会編，27-39 頁.
児玉誠［2014］.「ヘンリ 2 世と司法改革 I ――イギリス中世憲法における法の支配への道」『明星大学経済学研究紀要』Vol. 46, No. 1, 25-33.
――――［2016］.「ヘンリ 2 世と司法改革 II ――イギリス中世憲法における法の支配への道」『明星大学経済学研究紀要』Vol. 48, No. 1, 1-15.
Kymlicka, W. [1995] (2007). *Multicultural Citizenship: A Liberal Theory of Minority Rights*. Oxford University Press（ウィル・キムリッカ著／角田猛之・石山文彦・山崎康仕訳（1998）『多文化時代の市民権――マイノリティの権利と自由主義』晃洋書房）.
―――― [2001]. "Territorial Boundaries: A Liberal Egalitarian Perspective," in Miller, D. and Hashmi, S. H. (eds.), *Boundaries and Justice: Diverse Ethical Perspectives*, Princeton University Press.
―――― [2002]. *Contemporary Political Philosophy: An Introduction*, 2nd ed., Oxford University Press（W・キムリッカ著／千葉眞・岡崎晴輝訳（2005）『新版 現代政治理論』日本経済評論社）.
Locke, J. [1689] (1955). *A Letter Concerning Toleration*, 2nd ed.,The Liberal Art Press（ロック著／生松敬三訳（1968）「寛容についての書簡」『世界の名著 ロック ヒューム』中央公論社，347-402 頁）.
―――― [1690] (2010). *Two Treatises of Covernment*, edited by Peter Laslett, Cambridge: Cambridge University Press（ジョン・ロック著／加藤節訳（2010）『完訳 統治二論』岩波書店）.

MacIntyre, A. [1981] (2010). *After Virtue: A Study in Moral Theory*, third edition, Notre Dame: University of Notre Dame Press（A. マッキンタイア著／篠崎榮訳（1993）『美徳なき時代』みすず書房）.

J・P・マハフィー著／遠藤光・遠藤輝代訳（1991）.『古代ギリシア人の生活文化』八潮出版社.

Masters, R. D. [1968]. *The Political Philosophy of Rousseau*, Princeton University Press.

F・W・メートランド著／森泉章（1992）『イングランド法史概説』学陽書房.

松尾陽編 [2017].『アーキテクチャと法』弘文堂.

Mckechnie, W. S. [1914] (2018). *Magna Carta: A Commentary on the Great Charter of King John, with an historical introduction*, second edition, MacLehose Press（Online Library of Liberty の以下のページからこの版を参照することができる：http://oll.libertyfund.org/titles/mckechnie-magna-carta-a-commentary）（W・S・マッケクニ著／禿氏好文訳（1999）『マグナ・カルタ――イギリス封建制度の法と歴史 新装版』ミネルヴァ書房）.

Mendus, S. [1989]. *Toleration and The Limits of Liberalism*, Macmillan Educational LTD（スーザン・メンダス著／谷本光男・北尾宏之・平石隆敏訳（1997）『寛容と自由主義の限界』ナカニシヤ出版）.

Mill, J. S. [1859] (2008). "On Liberty" in *On Liberty and Other Essays (Oxford World's Classics)* New York: Oxford University Press, 5-130（J・S・ミル著／塩尻公明・木村健康訳（1971）『自由論』岩波書店）.

――――― [1861] (2008). "Considerations on Representative Government," in *On Liberty and Other Essays*（Oxford World's Classics）New York: Oxford University Press, 205-470（J・S・ミル著／水田洋訳（1997）『代議制統治論』岩波文庫）.

Montesquieu, Charles de Secondat. [1748] (1951). *De l'Esprit des lois,* in ed. Caillois, Roger, *Euvres complètes de Montesquieu*, Paris, Gallimard（モンテスキュー著／野田良之他訳（1989）『法の精神』全 3 巻，岩波文庫）.

村岡健次 [1991].「19 世紀の光と影」，青山吉信・今井宏編『新版 概説イギリス史――伝統的理解をこえて』有斐閣，161-184 頁.

中村隆文 [2015].『不合理性の哲学――利己的なわれわれはなぜ協調できるのか』みすず書房.

――――― [2017].『自信過剰な私たち――自分を知るための哲学』ナカニシヤ出版.

仲手川良雄 [2014].『古代ギリシアにおける自由と社会』創文社.

那須耕介 [2016].「リバタリアン・パターナリズムとその 10 年」『社会システム研究』19 号，1-35 頁.

野口雅弘 [2018].「比例代表制をめぐるウェーバーとケルゼン――「政治空白」という用語について」『成蹊法学』第 88 号，39-68 頁.

Noland J. D. [1969]. "Stare Decisis and the Overruling of Constitutional Decisions in the Warren Years," in *Valparaiso University Law Review*, Vol. 4, No. 1, 101-135.

Nozick, R. [1974] (2013). *Anarchy, State and Utopia*, New York, Basic Books（ロバート・ノージック著／嶋津格訳（2012）『アナーキー・国家・ユートピア』木鐸社).
Nussbaum, M. C. [2004] (2006). *Hiding from Humanity: Disgust, Shame, and the the Law*, Princeton University Press（マーサ・ヌスバウム著／河野哲也監訳（2010）『感情と法――現代アメリカ社会の政治的リベラリズム』慶應義塾大学出版会).
大屋雄裕 [2007].『自由とは何か――監視社会と「個人」の消滅』ちくま新書.
Parfit, D. [1984] (1987). *Reason and Persons*, Oxford: Clarendon Press（デレク・パーフィット著／森村進訳（1998）『理由と人格――非人格性の倫理へ』勁草書房).
――― [2000]. "Equality or Priority?", in *The Ideal of Equality*, ed. Matthew Clayton and Andrew Williams, St. Martin's Press, 81-125.
Pinker, S. [2011]. *The Better Angels of Our Nature: Why Violence has decline*, NewYork: Penguin Books（スティーブン・ピンカー著／幾島幸子・塩原通緒訳 [2015]『暴力の人類史』全 2 巻，青土社).
Rae, D. W., & Daudt, H. [1976]. "The Ostrogorski Paradox: a peculiarity of compound majority decision," in *European Journal of Political Research*. 4: 391-398.
Rawls, J. [1971] (2005). *A Theory of Justice*, revised edition, Cambridge, Mass: Harvard University Press（J・ロールズ著／川本隆史・福間聡・神島裕子訳（2010）『正義論 改訂版』紀伊國屋書店).
――― [1987]. "The Idea of Overlapping Consensus," in *Oxford Journal of Legal Studies*, Vol. 7, No. 1, pp. 1-25.
――― [1993] (2005). *Political Liberalism*, expanded edition, Columbia University Press.
Raz, J. [1986] (2009). *The Morality of Freedom*, Oxford University Press.
――― [1994]. *Ethics in the Public Domain: Essays in the Morality of Law and Politics*, Clarendon Press.
Rebonato, R. [2012]. *Taking Liberties: A Critical Examination of Libertarian Paternalism*, Palgrave Macmillan.
Rothbard, M. N. [1982] (1998). *The Ethics of Liberty*, New York: New York University Press（マリー・N・ロスバード著／森村進・森村たまき・鳥澤円訳（2003）『自由の倫理学――リバタリアニズムの理論体系』勁草書房).
Rousseau, J. J. [1754] (2004). *Discourse on the Origin of Inequality*, New York: Dover Publications（ルソー著／本田喜代治・平岡昇訳（2010）『人間不平等起源論』岩波文庫).
――― [1762] (2013). *Du contrat social ou Principes du droit politique*, Arvensa Éditions, J'ai lu（ジャン＝ジャック・ルソー著／作田啓一訳（2010）『社会契約論』白水社).
定森亮 [2007].「モンテスキュー『法の精神』における「シヴィル civil」概念の二重性――ハリントン『オシアナ共和国』との対比において」『経済学史研究』49 巻 1

号，19-36 頁.
Sadler, J. [1649] (1682). *Rights of the Kingdom: or, Customs of our ancestors*, London, printed for J. Kidgell, originated from Princeton University (Hathi Trust Digital library: https://catalog.hathitrust.org/Record/008975308).
Sandel, M. J. [1998]. *Liberalism and the Limits of Justice*, second edition, Cambridge University Press（マイケル・J・サンデル著／菊池理夫訳（2008）『リベラリズムと正義の限界 原著第二版』勁草書房）.
——— [1996]. *Democracy's Discontent: America in Search of a Public Philosophy*, Cambridge, Mass: Harvard University Press（マイケル・J・サンデル著／金原恭子・小林正弥監訳（2010-11）.『民主政の不満――公共哲学を求めるアメリカ』全2巻，勁草書房）.
——— [2005]. *Public Philosophy: Essays on Morality in Politics*, Harvard University Press（マイケル・サンデル著／鬼澤忍訳（2011）『公共哲学――政治における道徳を考える』ちくま学芸文庫）.
Schlag, P. [2010]. "Nudge, Choice Architecture, and Libertarian Paternalism," in *Michigan Law Review*, Vol, 108, No. 6, 913-924.
Sen, A. [2009]. *The Idea of Justice*, Cambridge, Mass: The Belknap Press of Harvard University Press（アマルティア・セン著／池本幸生訳（2011）『正義のアイデア』明石書店）.
——— [1992]. *Inequality Reexamined*, Oxford: Oxford University Press（アマルティア・セン著／池本幸生・野上裕生・佐藤仁訳（1999）『不平等の再検討』）.
——— [1999]. *Development as Freedom*, Oxford University Press（アマルティア・セン著／石塚雅彦訳（2000）『自由と経済開発』日本経済新聞社）.
嶋津格 [2014].「法の権威を立法の権威に解消することの愚かさについて――横濱報告へのコメント」『法哲学年報 2014』日本法哲学会編，23-32 頁.
Simon, H. [1947] (1997). *Administrative Behavior*, 4th ed. Free Press（H・サイモン著／桑田耕太郎他訳（2009）『経営行動 新版』ダイヤモンド社）.
Strauss, L. [1953] (1965). *Natural Right and History*, University of Chicago Press（レオ・シュトラウス著／塚崎智・石崎嘉彦訳（2013）『自然権と歴史』筑摩書房）.
Sunstein, C. R., & Hastie, R. [2015]. *Wiser: Getting Beyond Groupthink to Make Groups Smarter*, Harvard Business Review Press（キャス・R・サンスティーン＆リード・ヘイスティ著／田総恵子訳（2016）『賢い組織は「みんな」で決める』NTT 出版）.
Sunstein, C. R., & Thaler, R. H. [2003]. "Libertarian Paternalism Is Not an Oxymoron," in *The University of Chicago Law Review*, Vol. 70, No. 4, 1159-1202.
Sunstein, C. R. [2000]. "Deliberative Trouble? Why Groups Go To Extremes," in *Yale Law Journal*, Vol. 110, 71-119（キャス・サンスティーン著／早瀬勝明訳（2012）「熟議のトラブル」，那須耕助監訳『熟議が壊れるとき――民主政と憲法解釈の統治理論』5-74 頁）．なお，邦訳書にはその他 4 論文が収録されている（Sunstein, C. R.

[1988]. "Beyond the Republican Revival," in *Yale Law Journal*, Vol. 97, 1-48 ; [2008]. "Beyond Judicial Minimalism," in the 9th Kobe Lecture, 2008 ; [2007]. "Second-Order Perfectionism," in *Fordham Law Review*, Vol. 75, 1-14 ; Sunstein and Ullmann-Margalit, E. [1999]. "Second-Order Decisions," in *Ethics*, Vol. 110, 5-31).

——— [2005]. *Laws of Fear: Beyond the Precautionary Principle*, Cambridge University Press（キャス・サンスティーン著／角松生史・内野美穂監訳（2015）『恐怖の法則——予防原則を超えて』勁草書房）.

——— [2006]. "Misfearing: A Reply," in *Harvard Law Review*, Vol. 119, No. 4, 1110-1125.

田中成明・竹下賢・深田三徳・亀本洋・平野仁彦 [1997].『法思想史 第 2 版』有斐閣.

Thaler, R. H., & Sunstein, C. R. [2009]. *Nudge: Improving Decisions About Health, Wealth, and Happiness* (Revised and Expanded Edition), New York: Penguin Books（セイラー＆サンスティーン著／遠藤真美訳（2009）『実践 行動経済学——健康，富，幸福への聡明な選択』日経 BP 社）.

ヴォルテール著／中川信訳（1970）.『寛容論』現代思潮社.

Weber, Max, [1919] (1988). "Der Reichspräsident," in *Max Weber Gesamtausgabe*, Abt. I, Bd. 16. *Zur Neuordnung Deutschlands. Schriften und Reden 1918-1920*, J. C. B. Mohr (Paul Siebeck), Tübingen, 220-224（マックス・ヴェーバー著／山田高生訳（1982）「大統領」『政治論集 2』みすず書房，550-554 頁）.

Willinger, M. & Ziegelmeyer, A. [1998]. "Are More Informed Agents able to shatter Information Cascades in the Lab," P. Cohendet, P. Llerena, H. Stahn, and G. Umbhauer (eds). *The Economics of Networks: Interaction and Behaviours*, New York: Springer, pp. 291-305.

著者略歴

（なかむら・たかふみ）

1974年生まれ．千葉大学大学院社会文化科学研究科博士課程修了．千葉大学非常勤講師，鹿児島工業高等専門学校専任講師，同准教授，釧路公立大学経済学部准教授を経て，2019年4月より神奈川大学外国語学部准教授．博士（文学）．著書『不合理性の哲学――利己的なわれわれはなぜ協調できるのか』（みすず書房 2015）『カラスと亀と死刑囚――パラドックスからはじめる哲学』（2016）『自信過剰な私たち――自分を知るための哲学』（2017）『「正しさ」の理由――「なぜそうすべきなのか？」を考えるための倫理学入門』（以上ナカニシヤ出版 2018）．訳書『ハイエク全集 II-4 哲学論集』（共訳 春秋社 2010）．

中村隆文

リベラリズムの系譜学

法の支配と民主主義は「自由」に何をもたらすか

2019年 4月16日　第1刷発行

発行所 株式会社 みすず書房
〒113-0033 東京都文京区本郷2丁目20-7
電話 03-3814-0131(営業) 03-3815-9181(編集)
www.msz.co.jp

本文組版 キャップス
本文印刷・製本所 中央精版印刷
扉・表紙・カバー印刷所 リヒトプランニング
装丁 安藤剛史

Printed in Japan
ISBN 978-4-622-08792-2
[リベラリズムのけいふがく]